网络开设赌场罪与网游公司刑事合规研究

秦军启◎著

九州出版社 | 全国百佳图书出版单位

图书在版编目（CIP）数据

网络开设赌场罪与网游公司刑事合规研究 / 秦军启
著. — 北京 ：九州出版社，2023.5
ISBN 978-7-5225-1804-6

Ⅰ. ①网… Ⅱ. ①秦… Ⅲ. ①互联网络－赌博－犯罪
－法规－研究－中国 Ⅳ. ①D922.144

中国国家版本馆CIP数据核字(2023)第086378号

网络开设赌场罪与网游公司刑事合规研究

作　　者	秦军启　著
出版发行	九州出版社
责任编辑	肖润楷
地　　址	北京市西城区阜外大街甲 35 号（100037）
发行电话	(010)68992190/3/5/6
网　　址	www.jiuzhoupress.com
印　　刷	北京九州迅驰传媒文化有限公司
开　　本	720 毫米 ×1020 毫米　16 开
印　　张	17.5
字　　数	260 千字
版　　次	2023 年 5 月第 1 版
印　　次	2023 年 5 月第 1 次印刷
书　　号	ISBN 978-7-5225-1804-6
定　　价	56.00 元

序　言

随着网络技术的迅速发展，传统赌博犯罪向网络化转变，其中利用网络游戏开设赌场的犯罪日益猖獗，以"游戏网站型"赌场为典型方式，并引发一系列相关犯罪。网络开设赌场犯罪的特点是犯罪链条长、涉案人员多，犯罪集团化、资金规模大，流动性、隐蔽性强，形式多样化复杂化等，不仅增加了定罪量刑时的认定难度，对网络游戏公司的合规管理也提出了更高的要求。

《网络开设赌场罪与网游公司合规管理研究》作为以线上网络开设赌场犯罪为研究对象的专题著作，涵盖了开设赌场犯罪的法律知识点与相关实务问题，内容较为全面，并具有以下特点：

其一，本书对网络开设赌场犯罪进行了研究和分析，内容全面。本书概括介绍了网络开设赌场犯罪的行为特点、构成要件、共同犯罪认定及相关罪名区分等内容，特别是结合作者多年代理开设赌场罪案件的办案经验，对"网络游戏型"赌场疑难问题进行了探讨和研究，可以为进一步分析研究信息网络犯罪提供有益助力。

其二，本书对网络游戏公司合规管理特别是刑事合规问题进行了分析，实用性强。本书通过对行政监管部门相关监管政策和监管要求的概括总结，分析了网络游戏企业的行政、刑事法律风险与应对要点，探讨了其合法运营规则与行为边界，从法律实务的角度，为网络游戏公司的合规管理及实务操作提供建议，为相关人员自律从业、远离赌博违法犯罪等提供务实的行为规范参考。

其三，本书是研究网络开设赌场犯罪的案例书。作者精心挑选了开设赌场罪相关案例，有最高人民法院发布的指导案例、公告案例与典型案例，也有普通的网络开设赌场罪案例，通过对案件争议焦点的梳理，重点分析了罪与非罪、此罪与彼罪、罪数与罪轻、举证质证等相关疑难问题，总结了基本裁判规则，故本书可以为从事刑辩实务的读者提供具体案件分析路径的参考。

其四，本书部分内容专门以网络游戏企业合规管理、避免行政和刑事风险为研究重点，特别是对合法网络游戏平台被非法利用时是否构成犯罪等疑难问题，进行了详细的总结分析，而同类著作目前国内较少，具有一定的创新性。

本书内容深入浅出、通俗易懂，以实务案例为主、理论阐述为辅，具有一定的知识性、可读性以及可操作性。本书既是作者对代理相关案件的复盘反思，也力求在刑辩理论与实务方面不断总结，若书中的内容能对各位读者有所启发或者帮助，便是本书之幸。

本书将刑事理论、控辩实务与企业合规管理相结合，对网络开设赌场犯罪进行研究，虽已经尽力，但限于个人能力和学识有限，书中难免有疏漏和欠妥之处，恳请读者多多批评指正并提出宝贵意见。

目　录

第一章　网络开设赌场犯罪概述

随着网络技术的快速发展，赌博类犯罪朝着网络化、虚拟化方向发展，以"赌博网站"为典型的网络开设赌场犯罪多发。需特别注意的是，我国刑法并没有专门的"网络开设赌场罪"罪名，相关规定主要体现在有关司法解释之中。

第一节　网络开设赌场犯罪的案件特点

为了解开设赌场罪及赌博罪等犯罪的基本情况，本书依据中国裁判文书网公布的案例数据，结合聚法案例网等网站的案例情况，对近几年我国开设赌场犯罪部分数据统计分析，总结该类案件的特点如下：

一、案件多发、成逐年上升态势

传统赌博方式以线下开设实体赌场、设置赌博机、六合彩赌博活动等为主，但是网络赌博借助网络技术的支持而具备虚拟性、隐蔽性、参与便捷性等特点，方式和手段也不断变化升级，相关犯罪呈现出迅速蔓延的猖獗之势，对社会秩序造成了严重的冲击。

在裁判文书网上检索相关案件，以"网络开设赌场"和"刑事案由"为关键词，自 2019 年 1 月到 2023 年 1 月，裁判文书数量共计 2328 篇文书。以裁判文书年份进行分类统计，可以发现相关案件的数量有明显的逐年上升趋势，互联网时代大背景以及后疫情时代背景下，利用网络开设赌场已成为开设赌场

1

罪的主要方式。至于 2022 年的裁判文书数量剧减，可能是因为相关案件未全部录入中国裁判文书网的原因。相关检索结果如下图 1-1 所示：

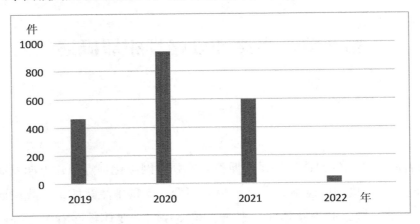

图 1-1：网络开设赌场案件数量图

数据来源：中国裁判文书网，截止日期：2023 年 1 月 1 日。

从裁判文书的来源地来看，对不同地区的"网络开设赌场"刑事案例进行统计，发现呈现出明显的地区性差异，不同地区间的案件数量分布明显不均，呈现出较为明显的差异化。东南沿海地区的裁判案例相对更多，内陆地区相对较少。2018 年以来网络开设赌场前五省市案件数量比重如下图 1-2 所示：

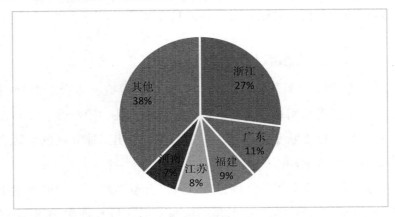

图 1-2：网络开设赌场案件分地域示意图

数据来源：中国裁判文书网，截止日期：2022 年 12 月 5 日。

以上是粗略统计，不区分刑事一审和二审判决。从裁判文书的来源地来看，出自浙江省最多，共计 534 件，其次广东省 222 件，福建省 175 件，江苏省 145 件，河南省 140 件。

通过图 1-1 可以直观地看出，我国开设赌场罪案件数量的整体趋势稳中有升。根据最高人民检察院发布的数据，[①]2021 年全国检察机关起诉人数最多的五个罪名中，开设赌场罪位列其中，高达 8.4 万人。2021 年 1 至 9 月，全国检察机关起诉开设赌场罪 63238 人，同比上升 40%，上升趋势明显。赌博类犯罪主要包括（聚众）赌博罪、开设赌场罪以及组织参与国（境）外赌博罪。其中，开设赌场罪占该类犯罪的八成以上，且占比逐年上升。例如 2021 年上半年起诉赌博类犯罪 46575 人，其中开设赌场罪 40217 人，占 86.3%，赌博类犯罪中超八成为开设赌场罪。

以上可见，近年来公安机关在全国范围内广泛开展了打击赌博专项行动，一定程度上遏制了犯罪频发，但是开设赌场犯罪仍然有所增长。因此，有必要对开设赌场罪尤其是网络开设赌场犯罪进行研究。

二、犯罪链条长、衍生犯罪多

从检索的案件特点来看，网络赌博与开设赌场逐步取代传统实体赌场，成为违法犯罪的主要形式，并呈现以下特点：

（一）犯罪链条长、涉案人员多

绝大部分开设赌场犯罪为共同犯罪，典型案件中的不法团伙已经形成集合技术链、资金链、人员链、推广链等各个环节勾连配合的完整链条，涉案人员众多，犯罪呈现出组织化、专业化以及团伙化态势。

在新型网络赌博和跨境赌博犯罪中，犯罪分子广泛利用信息网络技术，将招赌、揽赌、赌博以及赌资结算等环节分离开，形成全链条的集团犯罪，组织严密，层级分明。如由重庆市武隆区检察院办理的一起跨境网络赌博案，犯罪团伙利用手机开设赌场，参赌人员达 3.4 万余人，跨 20 余个省、市。李某等

① 史兆琨：《最高人民检察院召开以"依法履行检察职能，从严惩治开设赌场犯罪"为主题的新闻发布会》，《检察日报》2021 年 11 月 30 日。

64 名被告人因犯开设赌场罪分别被法院一审判处有期徒刑并处罚金。该案被公安部列为挂牌督办的重大跨境赌博案件。[①]

不法犯罪团伙结合时下移动互联网技术进行犯罪手段升级，创新出融合传统线下赌博本质和新兴电子游戏赛事特色的各种玩法及推广手法，促使该类犯罪的类型出现多元分化。[②] 尤其是涉网络游戏开设赌场案件，具有突破地域、参与便捷等优势，能够实现涉案人员和涉赌资金规模的迅速扩张。如本书作者代理的"某公司人员开设赌场案"为例，其运营期间每年涉案的资金流水就达上亿元。

（二）衍生犯罪多、社会危害大

最高检在以"依法履行检察职能，从严惩治开设赌场犯罪"为主题的新闻发布会上指出，[③] 当前开设赌场犯罪及案件特点是，相较传统开设赌场犯罪仅限于一地，新型开设赌场犯罪涉及的地域广，常常遍及全国，还伴随着网络诈骗、敲诈勒索、非法拘禁、偷越国（边）境等犯罪，社会影响大，甚至造成巨大的资金外流，影响国家经济安全，危害严重。

黑恶势力往往与赌博行为之间有关联。[④] 开设赌场是黑社会性质组织常见敛财的方式，而且开设赌场往往会伴随着寻衅滋事、故意伤害以及诈骗等行为。[⑤] 在一些涉黑案件中，如"叶健乐组织、领导、参加黑社会性质组织、非法拘禁、开设赌场一审刑事案"中，即具有利用赌博网站开设赌场的情形。[⑥]

近期出现较多的"套路贷"犯罪，行为人故意利用开设赌场便利被害人参与赌博，以产生资金需求而向其借贷，再实施相关犯罪。例如在文某某、张某

① 搜狐新闻 2022 年 8 月 2 日，http://news.sohu.com/a/573652256_121119353。
② 孙道萃：《网络平台犯罪的刑事制裁思维与路径》，载《东方法学》2018 年第 1 期。
③ 最高人民检察院网站 2021 年 11 月 29 日，https://www.spp.gov.cn/spp/cyczksdcfz/xwfbh.shtml。
④ 《关于办理黑恶势力犯罪案件若干问题的指导意见》法发〔2018〕1 号。
⑤ 陈兴良：《论黑社会性质组织的经济特征》，载《法学评论》2020 年第 7 期。
⑥ 东莞市第二人民法院〔2019〕粤 1972 刑初 359 号刑事判决书。

某民间借贷纠纷案中，[①]法院裁定本案不属民事纠纷案件，因文某经营并发放高利贷等业务，为被引诱参加网络赌博的参与者提供资金，实施"套路贷"等犯罪行为，其向张某非法追讨债务的事实已被人民法院生效判决认定为构成敲诈勒索罪并判处刑罚。在马某某等开设赌场一案判决书明确指出，网络开设赌场犯罪传播快速、范围广，易形成衍生违法犯罪活动，社会影响和危害性大，依法应予严惩。[②]

本书在查阅判决书过程中进行的案例统计也表明，网络赌博犯罪往往同其他犯罪紧密联系，比如洗钱罪、诈骗罪、非法拘禁罪、行贿受贿犯罪、黑恶势力犯罪以及涉及侵犯公民个人信息和计算机安全等犯罪，这些衍生出来犯罪行为同样具有较大的社会危害性，表明严厉打击开设赌场犯罪的必要性和迫切性。

三、社会危害大、治理紧迫

赌博最大的危害就是让人完全丧失了正常工作、发展和创造财富的思维认知，只想不劳而获和一夜暴富，没有任何社会责任感。对整个社会来说，则助长了做什么都是为了赚钱及"赚快钱"观念，很多年轻人沉迷成为网红，进入直播带货等一夜暴富的行业，这又导致许多真正需要长时间研发、积累的行业，得不到年轻人应有的重视，这种社会风气对整个社会的长远发展不利。

网络赌博、开设赌场这类新型犯罪，严重危害了人民群众财产安全和合法权益，损害了社会诚信和社会秩序。在一些案件中，有的参赌人员短时间内就输了百万财产，导致倾家荡产；有的参赌人员整天沉迷于网络赌博，玩物丧志；受害者深陷泥潭，花费时间精力但错失人生机遇并留下一生遗憾，沉溺放纵的代价，是自我放逐，是对亲情的遗弃。在本书作者代理的许多案件中，很多犯罪嫌疑人都是年轻人，他们原本应该用自己掌握的知识和技术为自己以及家人创造美好的生活，为社会创造财富，却因为法律意识淡薄，走上犯罪道

---

① 《文烈宏、张剑波民间借贷纠纷案》，长沙市望城区人民法院〔2019〕湘 0112 民再 1 号民事裁定书。

② 《马昭朋俎建华等开设赌场罪一案》，南通市中级人民法院〔2020〕苏 06 刑终 82 号刑事裁定书。

路，或成为他人网络犯罪的工具，前途毁于一旦。

跨境网络赌博犯罪也渐成突出问题，犯罪分子往往将网络赌场的服务器架设在菲律宾、越南等周边国家，主犯多隐匿于境外，向我国境内发展赌场代理，最后通过第三方支付平台或者聚合支付平台等渠道，将大量非法赌资汇往境外。此类案件的侦破、取证、抓捕罪犯、挽回损失等困难较大，并严重威胁我国的金融安全和外汇秩序稳定。

由于网络信息技术的发展，网络赌博超越时间和地理空间的限制，扩散速度快、传播范围广，其社会危害性也远远大于线下的传统实体赌博犯罪，因此，《刑法修正案（六）》将开设赌场罪从赌博罪中单列出来，以加大打击力度。

2019 年以来，公安机关开展了"断链""断卡"等专项行动，重拳打击网络赌博犯罪。同时，为了应对网络犯罪的新发展，逐渐改变网络犯罪的治理策略，对其进行全过程、系统化惩治，把治理网络犯罪的生存环境、打击其关联违法行为作为重要目标，力求掘除助长其滋生的"社会土壤"，遏制网络犯罪泛滥的态势，保护国家利益、社会安全和公众的合法利益。

综上，治理网络赌博和开设赌场犯罪不能仅靠传统的专项行动予以严厉打击，而应在了解掌握网络开设赌场犯罪的特征和规律的基础上，科学预防和综合治理，从根源上予以遏制。

第二节 "网络开设赌场"的数据分析

一、网络赌场的基本类型

根据司法解释的规定和指导性案例确立的裁判规则，当前网络开设赌场犯罪主要有两种类型：即作为网络开设赌场犯罪载体的"赌博网站型"和"赌博微信群型"。[①] 但随着网络技术的发展，"网络赌场"还出现了其他的表现形式，简要分析如下：

---

① 王刚：《非典型网络开设赌场行为的刑法适用》，载《山东警察学院学报》2019 年第 6 期。

在实务中，常见网络开设赌场主要表现为设立赌博网站、利用微信群、开发 App，以及利用 QQ 群和游戏网站等方式开设赌场。

（一）典型的网络赌场

《关于办理网络赌博犯罪案件适用法律若干问题的意见》（下文简称《意见》）① 对于网络赌场的界定定位在网站上，是以赌博网站为基准展开的行为类型划分。赌博网站是司法解释中明确规定的"网络赌场"形式，从行为方式来看，司法解释将其主要分为设立型、代理型和利润分成型三种。

赌博网站一直是目前开设赌场行为在网络空间中最常见的表现形式，网络游戏平台、手机 App 也是赌博网站的主要载体。传统的赌博网站类型，通过建立专门赌博网站（一般这些赌博网站都建立在境外），利用专门的赌博游戏方式，组织赌客在终端设备或者移动设备上进行赌博活动。

网站被认定为赌博网站后，则因存在网络赌场，行为人极可能被直接适用《意见》的规定构成开设赌场罪，故游戏网站、游戏平台等是否为"赌博网站"便成为控辩双方争议的焦点之一。

（二）非典型的网络赌场

当前利用网络开设赌场的行为已经不仅仅局限在"网站"这一载体上，新型网络赌博方式形成了非典型的网络赌场，常见的有以下类型：

1. 建群型网络赌场

近年来利用社交软件赌博的行为越来越多，如在微信群内利用"发红包"进行赌博等。从最高法 105、106 号指导案例来看，肯定了某些"微信抢红包"属于利用网络开设赌场的行为。微信群、QQ 群等成为赌博群，不需要复杂的技术支持，组建速度快，人数众多，查处难度较大，并衍生出了以红包尾数大小、单双、幸运位数等的赌博形式。②

2. 应用程序

2020 年《跨境赌博意见》（二）规定：以营利为目的，利用信息网络、通讯终端等传输赌博视频、数据，组织中华人民共和国公民跨境赌博活动，有下

---

① 两高一部《关于办理网络赌博犯罪案件适用法律若干问题的意见》，公通字〔2010〕40 号。

② 陈纯柱：《网络赌博的处罚困境与治理路径》，载《探索》2019 年第 2 期。

列情形之一的，属于刑法第三百零三条第二款规定的"开设赌场"，即建立赌博网站、应用程序并接受投注的。

由此规定可见，司法解释已经将"应用程序"作为与"赌博网站"并列的开设赌场的形式。当然，微信群也是应用程序的一种，是比较常见的开设赌场的应用程序形式，此外还包括其他应用程序，例如各种手机APP。

3.其他外部型网络赌场

这是基于外部结果作为赢输的赌博，例如通过一些知名的足球比赛来进行网络赌球，通过利用六合彩、体育彩票、福利彩票或其他地区性彩票的开奖结果来开设赌局等。外部的结果成为决定性因素，网络只是提供了一个工具。

非典型开设赌场的犯罪行为，仍然暗藏着黑灰产业，具有较大社会危害性。

二、赌博网站及其类型

在中国裁判文书网上，以"赌博网站"为关键词，并分别选择"开设赌场罪""赌博罪"和"刑事一审"，以2019年1月1日至2023年1月1日为时间段，检索到的年度刑事案件数量，如下图1-3所示：

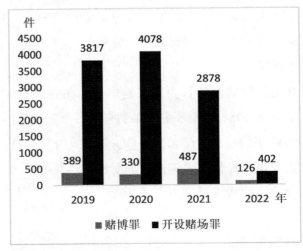

图1-3：赌博网站型年度案件数量对比图

从年度案件数量对比看，发案数本应更多的赌博罪，反而明显少于开设赌场罪。赌博属于没有被害人的违法犯罪行为，案件数量对比表明，对行为人行为的定性更多依赖于司法工作人员的裁量，且基于维持社会秩序的需要，存在聚众赌博重罪化的倾向。

对典型案例进行抽样分析，并参考《意见》中对于开设赌场的行为类型，开设赌场行为大致可以分为"设立型""代理型"和"寄附型"。本书在裁判文书网中，检索到的开设赌场罪且认定"网络赌场"的刑事一审案件中，随机抽取 100 份裁判文书进行分析，其中，设立型 13 件，代理型 51 件，寄附型 28 件，其他 8 件，案件比重如下图 1-4 所示：

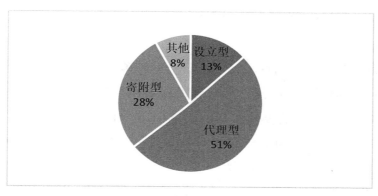

图 1-4：网络赌场基本类型图

（一）"设立型"网络赌场

此类开设赌场主要是指通过设立赌博网站的方式接受他人投注或者组织他人进行赌博的类型。根据《意见》的规定，行为人将网站作为赌场的平台，吸引赌客进行赌博。在实践中有直接设立和帮助设立两种方式：

其一是直接建立网站进行投注，运营模式为：建立独立的赌博网站→宣传推广→玩家或赌客充值（购买网站虚拟货币即上分）赌博→通过控制输赢率抽水→赌客将虚拟货币转换为法币（下分）→行为人抽水获利。

这是一种较为直接的设立型网络赌场，赌博特征比较明显，实践中比较容易认定。例如在杭州萧山"岳某某开设赌场罪"案件中，[①] 岳某某直接开设赌博网站，在赌博网站中可以进行注册，利用支付宝或者银行卡等结算业务，可以兑换网站中的虚拟货币进行赌博，之后还能够将虚拟货币在网站换取人民

---

① 《岳向明开设赌场案》，杭州市萧山区人民法院〔2020〕浙 0109 刑初 58 号刑事判决书。

币，岳某某在赌博网站中收取抽头或者提成。

其二是建立网站作为平台，提供给他人组织网络赌博活动，即"帮助型"开设网络赌场。在河南虞城"张某等开设赌场案"中，① 行为人建立了网络赌博平台，让其他用户通过平台可以组织其他用户进行赌博，张某等从中抽取费用。虽然其辩称自己并不知晓他人从事赌博活动的事实，但是在案证据表明这是较为典型的建设平台为他人组织赌博提供空间的行为。

（二）"代理型"网络赌场

从检索到达案例来看，担任"赌博网站代理"类型的案件数是最多的，占比为样本的一半左右。

代理型网络赌场的运营模式为：代理人基于牟利的目的成为赌博网站的代理人（取得代理账号）→发展下级代理或会员（拥有下级会员账号）→接受会员的投注并从中抽水→赌资结算（代理人抽水）→代理人获利。

此类"代理型"赌博网站特点是，层级分明、人数众多，能够在短时间之内在迅速发展，危害巨大。在"洪某某开设赌场"案件中，② 洪某某就是作为"皇冠"赌博网站的二级代理，通过 8 个会员账号接受国内赌客对欧洲杯足球赛事的投注，并从中抽水渔利，接受投注的金额共计 13636473 元。只是其没有使用具体的结算工具或者软件，而是通过现金的方式进行结算，但数额惊人。

（三）"寄附型"网络赌场

上述两种"网络赌场"类型相对容易判断，但是随着我国加大对网络赌场的打击力度，以及网络信息技术的发展，网络赌博发展出更多的形式。

所谓寄附型网络赌场，即依附于合法网络游戏进行赌博，③ 如寄附于合法的聊天软件、网络游戏、交友平台、销售平台等，利用其设立的在线棋牌类游戏房间进行赌博，从而把这些网站或者游戏改造成为了网络赌博的一部分。这是

---

① 河南省虞城县人民法院〔2018〕豫 1425 刑初 442 号刑事判决书。

② 《洪国豪开设赌场案》，广州市花都区人民法院〔2016〕粤 0114 刑初 1836 号刑事判决书。

③ 云和县人民法院课题组：《寄附型网络赌博关联犯罪问题实证研究——以对局型网络游戏为视角》，载《法治研究》2013 年第 7 期。

一种非典型的网络开设赌场犯罪形式，但在分类方式上还需要进一步探讨。

我国棋牌类游戏具有深厚的群众基础，麻将、扑克等娱乐游戏玩法众多，适度的棋牌类娱乐活动属于合法行为。但是，棋牌活动容易变成以营利为目的的赌博活动，由于寄附型开设网络赌场行为往往隐藏在网络游戏中，有庞大的用户作为基础，传播和发展迅速，且各种棋牌类游戏软件和玩法层出不穷，如上下分模式、茶馆代理模式、房卡模式等，① 导致实务部门的认定困难。

此类寄附型网络赌场，赌博活动如果没有相关人员进行举报，公安机关很难注意到这类隐藏在网络合法行为下的非法活动，而实践中因为没有明确的判断标准，是否入罪最终主要依赖于法官的判断，对于非典型的网络开设赌行为如何认定，存在一定争议和困难。

三、网络赌场认定的理由

相较于传统线下开设赌场行为的构成要素，网络赌场的认定标准并不是十分明确，存在一定争议，需要具体分析。

本书在裁判文书网中进行检索，并随机抽取 100 件判决书作为样本，对法院认定"网络赌场"的理由进行了粗略整理分析。从裁判理由来看，多数判决文书并没有直接说明何以认定为"网络赌场"，常见的是在"本院认为"部分进行理由阐述时，直接引用《关于办理赌博刑事案件具体应用法律若干问题的解释》（下文简称《解释》）或《关于办理网络赌博犯罪案件适用法律若干问题的意见》（下文简称《意见》）当中的具体规定，宣布行为人构成开设赌场罪。当然，其中部分判决文书也一定程度上分析了认定"网络赌场"的考量因素，主要包括赌场要素、人员要素、社会危害性要素。

（一）赌场要素

赌场要素主要包括"网络赌场"的呈现方式、专业性程度、赌博具体方式、涉赌金额的大小、开设时间长短、营运模式等等。从相关判决文书中可以看出，赌场要素是认定"网络赌场"最重要的标准。

---

① 周代宇：《寄附型网络赌博若干问题研究》，载《江西警察学院学报》2021 年第 1 期。

实务中的主要问题是合法游戏行为和网络赌博游戏之间的区分问题。《解释》第九条区分了赌博行为和日常行为之间的区别，但并不够细致。赌博最终目的是为了以小博大，赢得有价值的金钱或物，因此具有赌注、竞争、冒险和运气四个要素，而合法游戏往往没有赌注这个要素，这也是常见棋牌游戏具有娱乐性而非违法的体现。

对于网络游戏是否是赌博游戏的判断上，目前主要的依据是相关部门的管理规定，但违反部门规章只需要行政处罚即可，并不一定需要刑罚制裁，故将能够押输赢的游戏一概认定为赌博游戏进而认定"网络赌场"的情况较少，还需要依赖其他的要素综合认定"网络赌场"。

在运营时间长短问题上，因本罪是行为犯，故并不影响具体罪名的认定，只影响本罪的量刑。在上述河南虞城县"张某等开设赌场案"中，被告人主张的开设时间较短不构成"网络赌场"的理由没有被法官认可，只在量刑的过程中作为酌定情节考虑。

此外，《刑法》第303条将开设赌场罪和赌博罪分为两款进行规定，说明其具有一定的区分度，但实际上二者在犯罪构成上具备一定相似性和同质性，实务中很容易将其混淆，在罪名确定上常常产生争议。

（二）人员要素

参赌人数是法定量刑情节，《意见》中设立了具体标准来认定开设赌场的"情节严重"情形。故在检索的案件中，提到人员要素的占到八成左右。但因网络游戏的普通玩家和赌客数量庞大且难以区分，具体案件文书中并没有对网络赌场的玩家数量进行关注，参赌人员多是社会危害性明显的量刑影响因素。罪名认定侧重点是被告人对网络赌场运行维护人员的控制能力，并将被告人专业化程度作为判断的具体要素，包括赌场组织人员的结构和数量、相关专业化程度等相关内容，多数判决对此进行了详细的分析，组织人员及其专业化程度，是法庭衡量是否构成网络开设赌场罪的重要因素。

在网络开设赌场犯罪中共犯的认定方面，因覆盖范围广、参与人员多、虚拟登录、行为人之间单线联系、难以同时抓获等原因，如果在司法审判过程中将与网络开设赌场存在关系的行为人都认定为共犯，显然不合理，这需要对人员要素进行更加准确的分析和判断。[1]

（三）社会危害性要素

利用网络开设赌场的违法所得数额总体高于线下开设赌场，赌资金额越高越是如此，网络赌博案件涉案金额多在百万至亿元，社会危害巨大。法庭考量的社会危害性要素主要包括非法获利金额、是否诱发了其他犯罪等。尽管《意见》和《解释》规定了开设赌场罪当中"渔利数额""赌资数额""参赌人数"以及"违法所得"四种量化标准，但是在具体的司法适用中仍然存在争议，特别是具体的计算方法并无明确的标准，直接影响了对行为的定性和准确评价。

"网络赌场"一定存在收取法定货币或者将虚拟货币兑换成法定货币的环节，但多数赌博网站服务器位于境外，查处和证据收集难度较大，究竟如何认定赌资金额仍是争议问题，且有玩家兑换虚拟货币的金额（充值数额）、赌客投注金额、行为人非法获利金额等多个因素，特别是网络赌场当中经常以虚拟财物进行投注，如何对这些虚拟财物的价值进行准确的计算，也将直接影响到最终的量刑情况。

在是否引发其他犯罪问题上，多数判决没有直接阐述这方面的问题，而是直接按照涉案金额认定情节严重程度，即数额巨大的案件往往犯罪情节较为严重，直接影响量刑结果。

以上可见，在网络开设赌场诸多考量因素方面，需要准确理解和运用可信的定量标准，才能进行更加精确的判断，从而有效地打击网络开设赌场犯罪，并且做到罚当其罪。

第三节　涉开设赌场犯罪的法律规范依据

赌博活动本身不仅不能增加社会财富，反而引发人们的侥幸和投机心理，扰乱正常的社会秩序，诱发各种社会问题和其他犯罪，其危害性不言而喻。从历史传统看，赌博违背了中国社会主流文化传统和价值观念，因此自古以来一

---

[1]　孙运梁：《帮助信息网络犯罪活动罪的核心问题研究》，载《政法论坛》2019年第2期。

直为法律所禁止。①

一、我国古代开设赌场罪的立法

赌博活动自古有之,《史记·殷本纪》中说, 商纣王的太爷爷殷王武乙制作木偶人, 令人与 "与之博"。《穆天子传》也曾记载了周穆王与井公隐士进行六博棋游戏, "三日而决" 没有分出胜负的故事。

从学者的考证来看, 先秦时期就有了 "陆博""蹴鞠""弈棋" 等赌博行为, 其中最为盛行的是一种棋类游戏 "陆博"。赌博行为虽然源于先秦时期, 但当时只处于萌芽状态, 加上先秦时期的统治者受儒家思想的影响, 虽然也将赌博行为看成是 "恶" 的一种行为, 但属于吃饱喝足后无所事事的一种游手好闲博戏行为, 故并未将赌博和开设赌场行为列为犯罪。同时, 以《法经》为代表, 在这一时期的法家思想提出了对赌博行为予以法律规制的思想。

根据中国法制史的记载, 我国从春秋时即开始禁赌, 以后历代几乎都有禁赌的法律条文。作为战国时期的法家代表人物, 李悝所著的《法经》中规定: "博戏罚金三币; 太子博戏则笞; 不止, 则特笞; 不止, 则更立, 曰嬉禁。" 李悝较早地将禁赌规范写入杂律 ("其轻狡、越城、博戏……以为《杂律》一篇",《晋书》卷三十志第二十), 此后诸朝律例也都在 "杂律" 部分规定了禁止赌博的具体制度。

到了秦代, 李斯为秦始皇制订法律, 其中就有针对赌博的肉刑 "刺黥", 重者 "挞其股"。汉初, 凡官吏 "博戏" 财物者, 罢黜官职, 籍其财; 汉武帝时, 翩侯黄遂就因赌博而被判处仅次于死刑的带刑具服苦役, 另外两名翩侯张拾、蔡辟方也因赌博被削掉爵位, 至此赌风在官场敛迹。

唐朝统治者开始认识到赌博行为和开设赌场行为的社会危害性, 并立法予以惩治。在《唐律疏议》杂律中规定: "凡参赌者, 所得赃物不满绢价五匹者, 各杖一百。……"② 由于开设赌场犯罪的主观恶性和危害性远胜于赌博行为, 因此予以严厉打击, 规定 "其停止主人, 及出玖, 若和合者, 各如之。赌饮

---

① 程皓:《论中国古代法律对赌博的规制》, 载《行政与法》2009 年第 9 期。
② 高格:《比较刑法学》, 长春出版社, 1991 年版, 第 627 页。

者，不坐"。即对开场聚赌之人及提供赌具之人，不管取利多少都要论罪，若没有的从中获利则处杖刑一百；若从中获利并据为己有者，比照盗窃定罪。[①]

《宋刑统》对禁赌有明确的律文，基本延续了唐代关于赌博及开设赌场的犯罪和处罚的法律规定，但对法定刑做了相应的调整，提高了处罚的量刑标准。特别是宋朝时期，对赌博和开设赌场等侵犯善良风俗行为的人最高可以对其判处死刑。

《大明律》规定，开设赌场者无论是否参与赌博，都以共犯论处，但对于开设赌场并参与赌博者则另行处罚。

到了清朝可以说是对开设赌场罪的处罚最为严厉的一个朝代，根据记载，"对窝赌及开设赌场之人，应处以绞监候"。[②]直到清朝末年，清政府在维新派的推动下制定了《大清新刑律》，相关规定基本照抄照搬日本刑法，对于赌博规定了一般赌博、常业赌博、开设赌场及发行、购买彩票等的行为，纳入赌博犯罪法律规制之中。

在中国近代史上，政府也通过立法严厉打击开设赌场行为。民国时期的《中华民国刑法》第 268 条中的供给赌场就是开设赌场罪，并规定："为牟利，提供赌博场所并聚集赌徒，可判处三年以下有期徒刑，并处三千元以下罚金。"。

综上，赌博行为虽然由来已久，但历代均对赌博和开设赌场行为予以明令禁止，赌博成为真正的"高风险行为"，从罚款到死刑，都是有可能的。但对于开设赌场罪来说，大多归属于赌博犯罪，并没有单独设罪。

二、当前开设赌场罪的法律规范依据

新中国成立以后，党和人民政府所规定、列举的"三大公害"之一就有赌博行为，对赌博及开设赌场犯罪的打击一向都不遗余力。当前，网络游戏行业主要法律法规及政策涉及：宏观产业政策、网络游戏经营、互联网信息及互联网安全、游戏软件产品、和游戏场所经营等方面。

---

① 苏长青、于志刚：《中国惩治赌博犯罪的立法沿革》，载《中国人民大学学报》1998 年第 2 期。
② 陆珉、张海峰：《赌博罪的刑法适用研究》，载《法制与社会》，2007 年第 12 期。

（一）立法规定

从开设赌场罪的立法渊源来看，它属于赌博罪的衍生罪名。1979年的刑事立法没有具体规定开设赌场罪，只笼统地设立了赌博罪，涵盖以赌博为业和聚众赌博两种形式。1997年《刑法》修订时，考虑到司法实践中赌场开设数量众多，因此开设赌场行为才得以正式入法，不过仅从属于赌博罪，并未获得单独的罪名地位，但是其处罚力度和范围较之以往已经有了极大的进步。

此后司法实践中发现，就社会危害性而言，开设赌场远远大于聚众赌博及以赌博为业，按原有标准处以刑罚，不符合罪责刑相适应的原则，也不利于打击开设赌场这一犯罪行为。于是2006年《刑法修正案（六）》将开设赌场从赌博罪中分立出来，单独成罪，命名为开设赌场罪，法定刑为最高十年，在立法上进一步加大了惩治力度。

随着网络技术的快速发展，犯罪分子将传统的赌博犯罪发展到网络虚拟空间，演变为网络赌博以及"网络型"开设赌场的新型犯罪形态，与传统开设实体赌场相比，具有资金流转更快、涉案金额更大、涉案人数更多和社会危害性更大的特点，需要予以严厉打击。

随后2020年《刑法修正案（十一）》加大了对开设赌场犯罪刑事处罚力度，将开设赌场"情节严重的"的量刑提升为五年以上十年以下有期徒刑，并加大了对境外赌博犯罪的打击力度，增加了组织参与国（境）外赌博罪的新规定。

从上述立法规定的演进可以看出，我国一直对开设赌场犯罪持严厉打击态度，并不断地完善相关立法规定。

（二）司法解释

我国刑法对开设赌场罪的规定是简单罪状，实践中规制网络开设赌场罪依据的主要是司法解释，主要包括：

1. 2005年两高（中华人民共和国最高人民法院和最高人民检察院，以下简称两高）《关于办理赌博刑事案件具体应用法律若干问题的解释》（法释〔2005〕3号，简称《解释》）。《解释》首次将以网络为载体设立赌场的行为认定为开设赌场的一种形式，并增加了设立赌场行为的种类，规定了"网站型"

开设赌场犯罪的核心要件是"网络赌场"。当然，《解释》系发布在开设赌场罪单独入罪之前，有些规定已显得滞后。

2. 2010年两高一部（中华人民共和国最高人民法院和最高人民检察院、公安部，以下简称两高一部）《关于办理网络赌博犯罪案件适用法律若干问题的意见》（公通字〔2010〕40号，简称《意见》）。《意见》制定了关于网络开设赌场犯罪的定罪量刑标准，对开设赌场的法律适用进行了精细化规定，明确了利用赌博网站开设赌场行为成立犯罪的要件、处罚标准以及共同犯罪的认定标准等相关问题，特别是网络型"开设赌场"的四种表现形式，具有较强的指导意义，为严厉打击网络赌博活动提供法律依据。但在刑事司法实践中，对此类犯罪的定罪量刑标准仍旧未能达成共识，存在一定的争议。

3. 2014年两高一部《关于办理利用赌博机开设赌场案件适用法律若干问题的意见》（公通字〔2014〕17号，简称《赌博机意见》）。为了打击电子游戏厅利用赌博机进行的赌博活动，意见规定了利用赌博机组织赌博的性质认定及其定罪量刑标准、对赌博机生产者的法律责任认定及国家工作人员参与犯罪的认定和处罚等问题，为利用赌博机开设赌场的司法认定提供了依据。

4. 2019年两高《关于办理非法利用信息网络、帮助信息网络犯罪活动等刑事案件适用法律若干问题的解释》（法释〔2019〕15号，简称《帮信罪解释》），进一步明确有关法律适用问题，以维护正常网络秩序。

5. 2020年12月两高一部《关于办理跨境赌博犯罪案件若干问题的意见》（公通字〔2020〕14号，简称《跨境赌博意见》），第二条规定了涉境外"开设赌场"的情形，具有重要意义。2021年11月29日，最高检发布五个涉及网络赌博犯罪典型案例，[①] 就近年来跨境赌博犯罪活动向互联网迁移作为背景，分别从网络型开设赌场罪的社会危害性、办案难度、跨境参赌、衍生犯罪、手段花样、电子证据以及缓刑和量刑的建议等维度，梳理案情、简要介绍办公经过并且展开对案列进行评论，发挥了较强的指导作用。

尽管关于规制赌博及开设赌场犯罪的法律法规不断出台，但面对日趋网络

---

① 最高人民检察院官网，https://www.spp.gov.cn/spp/xwfbh/wsfbh/202111/t20211129_536894.shtml，访问时间：2021年11月29日。

化、多元化的开设赌场犯罪形态和特征，司法实务中对于此类行为如何准确定性、是否构成犯罪以及构成何种罪名、是否符合情节严重标准等内容，仍然存在争议问题，值得深入讨论。

（三）部门规章

对网络游戏等进行管理的部门规章，在判断是否构成网络开设赌场犯罪时也具有重要的参考意义。本书对网络游戏行业监管主要法律法规及政策进行了列表展示，对其中重要部分简述如下：

1. 2005 年 1 月两高一部《关于开展集中打击赌博违法犯罪活动专项行动有关工作的通知》（简称《2005 通知》），明确提出将网络赌博作为重点惩处对象。2005 年新闻出版总署发布的《关于禁止利用网络游戏从事赌博活动的通知》（新出音〔2005〕25 号）规定，不得研发、运营各类诸如梭哈、赌大小、扎金花等赌博游戏或变相赌博游戏。

2. 2007 年公安部等部委出台的《关于规范网络游戏经营秩序查禁利用网络游戏赌博的通知》（公通字〔2007〕3 号，简称《查禁赌博通知》），对利用网络游戏赌博的行为进行了规定。文化部等十四部委《关于进一步加强网吧及网络游戏管理工作的通知》（文市发〔2007〕10 号）对网络游戏进行管理。

3. 2009 年文化部、商务部《关于加强网络游戏虚拟货币管理工作通知》（文市发〔2009〕20 号，简称《虚拟货币管理通知》），规范了网络游戏虚拟货币的发行和交易行为；文化部 2010 年出台《网络游戏虚拟货币监管和执法要点指引》（办市发〔2010〕33 号，简称《虚拟货币监管指引》）严厉打击利用虚拟货币从事赌博等违法犯罪行为。

4. 2010《网络游戏管理暂行办法》（文化部令第 49 号，简称《办法》）是一部专门针对网络游戏进行管理和规范的部门规章，规定从事网络游戏经营活动的单位，应当向省级文化行政部门申请并取得网络文化经营许可证，系统地建立起了主体资格准入、内容与产品的审查备案、虚拟货币发行及交易规范、日常巡查监管、法律后果等基本制度，对网络游戏的发展具有重大且深远的影响。

5. 2011 年《互联网文化管理暂行规定》（文化部令第 51 号）加强对网络

游戏等互联网文化的管理。

6. 2016 年《文化部关于规范网络游戏运营加强事中事后监管工作的通知》（文市发〔2016〕32 号，简称《监管通知》），强化网络游戏运营主体责任，首次明确规定网络游戏虚拟货币、虚拟道具不得兑换法定货币。

7. 2018 年文化部印发《关于加强棋牌类网络游戏市场管理工作的通知》，规定各平台不得提供德州类游戏的下载，不得提供某些主要由系统自动按照概率性分配方式决定对局结果及类似机制的棋牌游戏。

8. 2018 年人民银行支付结算司发布了《关于将非银行支付机构网络支付业务由直连模式迁移至网联平台处理的通知》，将第三方支付机构纳入监管，使游戏内支付行为合规运营。

在部门规章以及规范性文件层面，由于"多头管理"导致责任不明。文化和旅游部 2019 年 8 月正式印发了《文化和旅游部关于行政规范性文件清理结果的公告》，《监管通知》及《办法》等被废止，导致目前我国针对游戏行业的监管出现了一定的空白。但是，该通知和办法确立的监管机制等诸多细致的规定，极具针对性和可操作性，相信其中的有益部分会被将来的网络游戏管理新规所吸收。

上述刑法规定及司法解释、部门规章等更为细化、严格的规定，表明我国严厉禁止、打击赌博的态度，是实务中界定开设赌场犯罪的重要参考规范。

第二章　网络开设赌场犯罪构成

网络开设赌场指的是在网络空间中开设赌场，与传统意义上现实空间的开设赌场行为，只有犯罪空间上的差异，但犯罪的主、客体等都是一样的，本质上并没有不同。

第一节　网络开设赌场犯罪的客观方面

犯罪的客观方面，即犯罪行为的客观外在表现，也即实施的各种危害性行为、带来的危害性后果以及危害性行为具体实施时所依附的基本客观条件。网络开设赌场罪的客观方面表现为实施了开设网络赌场的行为。

一、基本概念

所谓"开设赌场罪"，通常是指以营利为目的，为赌博提供场所，设定赌博方式，提供赌注、筹码、资金等组织赌博和收取费用的犯罪行为。该罪由《刑法》第三百零三条第二款规定。

对网络开设赌场罪的构成要件进行探讨主要集中在以下几个问题：如何理解"开设"、是否要求营利、对"赌场"如何界定、开设赌场与聚众赌博如何区分、赌博和正常娱乐的界限是什么等问题，将这些关键问题的概念进行定义，有助于对开设赌场罪的构成要件有清晰的认识。

（一）常见赌博术语

1. 赌博

赌博，根据《辞海》的解释是指以财物作注比输赢。[①]《现代汉语词典》解释为"用斗牌、掷骰子等形式，用财物作注比输赢"。[②]

广义上的赌博又称"博彩"，古称"博戏"，包括传统意义上的斗牛、斗鸡，以娱乐为目的的棋牌游戏，以及买彩票等等，泛指各种赌斗行为。

一般而言，赌博行为具有四个特征：运气、冒险、竞技及赌注。即对于一个概率性事件，希望凭借自己的技能和凭借运气，通过下注获得更大利益，这一过程充满了不确定性，刺激了人性中的贪欲和冒险本能，因而广泛存在。

刑法上赌博的范围较为狭窄，仅仅指为法律禁止的其中一部分博彩活动，即用财物作赌注，通过操作赌博工具，按照赌博规则，赢取赌注的行为。

有学者对赌博作出了描述，"赌博指的是偶然的输赢，以财物进行赌事或者博戏的行为。偶然的输赢，是指结果取决于偶然因素，这种偶然因素对当事人而言具有不确定性，当事人的能力对结果会产生一定的影响，但只要结果有部分取决于偶然性，就是赌博，但如果双方以财物以外的利益进行赌事或者搏戏，则不属于赌博"。[③]

可见，赌博需满足偶然的输赢和以财物进行赌事或者博戏两个条件。也就是说"赌博"应针对概率性的输赢结果进行财物"下注"，根据输赢结果或赔或赚，同时具有结果的偶然性和下注的"输赢"等特征。

对于网络赌博而言，表现为利用计算机和网络通信技术手段，在网络虚拟空间进行的赌博行为，与传统赌博（也就是"场地赌"）有类似之处，又有其独特性，例如虚拟性强、组织结构复杂、运行及结算网络化等特点。

关于赌博，现行法律并未完全禁止。原因在于，赌博是人类的天性，法律想要完全禁止并不现实；而有些博彩活动不具有法益侵害性，纳入刑法规制的范围并不见得合理。故 2005 年《解释》有"不以赌博论处"的规定。

---

① 《辞海》，上海辞书出版社，2010 年版，第 1439 页。

② 《现代汉语词典》，商务印书馆，2016 年第七版，第 323 页。

③ 张明楷：《刑法学》，法律出版社，2016 年第五版，第 1078 页。

赌博违法与犯罪行为并不相同，赌博犯罪行为要达到一定的严重性或社会危害性，也即必须达到刑法规定的入罪标准，如 2005 年《解释》中要求的参与赌博人数和赌资数额标准等。只有刑法明确规定为犯罪的赌博行为，才能成立犯罪，否则仅仅是普通的违法行为，适用《治安管理处罚法》即可，这也是罪刑法定原则的要求。

2. 赌场

开设赌场行为的落脚点在于赌场，有赌场一定有赌博，但有赌博不一定有赌场。区别赌博游戏与赌博网站进而认定存在网络赌场，是成立网络开设赌场罪的关键认定要素之一，故需要对赌场的概念进行厘清。

顾名思义，赌场是专门用于赌博的场所，具有一定的固定性和专用性。[①]根据空间的不同可以分为实体赌场和网络赌场。就实体赌场而言，在传统的开设赌场犯罪中，赌场一般是可以出入的物理性场所（有形的赌场），是可以看得见的物理空间，如博彩娱乐城、房间、旅馆或其他场所，专门性地用于进行赌博活动，且被他人知晓的活动场所。

3. 赌资 / 投注

赌资是指用于赌博的款物、换取筹码的款物和通过赌博赢取的款物。

《意见》中规定了"接受投注"的行为属于开设赌场的必要条件，但没有明确"投注"的含义，从字面上来看，投注的意思就是在博彩活动中投进去财物。"接受投注"就是接受参赌人员投进去的财物。

从营利模式来看，网络开设赌场一种是由网站坐庄，赌客在网站已经设置好的赌局中下注，网站通过概率差来赢取赌客的筹码获得利益；另一种是网站只是提供一个平台，赌客来做庄，自由组成赌局，网站从用户的赌局中抽成获得利润（抽头渔利）。赌客无论是直接向赌博网站投注还是在网站中其他人组织的赌局中投注，只要有赌客的赌资流入，就可以认定网站"接受投注"。

4. 抽头渔利（抽水）

"抽头 / 抽水"是指赌场（一般是提供赌博场所的人、庄家或组织者）在

---

① 李灌清、钟思文：《开设赌场与聚众赌博的区分》，《检察日报》2013 年 10 月 21 日。

每场赌博结束时不论输赢从赌资中或从赢家赢取的金额中抽取的一部分佣金。"抽头渔利"也俗称"抽水",是指赌场通过抽水获得利益。赌博网站的代理根据会员投注金额收取一定比例的金额的行为也是抽头渔利。

而"返水(退水/返利)"是指赌场将参赌人员的赌资的一定比例返还给参赌人员或代理的行为,目的其实是提高后者的积极性,进而获取更多利益。

抽头渔利的数额是赌场与赌客互相约定的,一般取决于赌资的数额和抽头比例,并不是一个固定的数额。

抽水一方面缺乏合法性、成本的对等性,另一方面具有隐蔽性、暴利性,按照现代汉语词典解释,"渔利"一词即"用不正当的手段谋取利益",故不论是从赌资中(不论输赢)抽头还是从赢家赢取的金额中抽头,均属于违法所得或非法获利。抽水数额可以作为赌博、开设赌场行为的衡量标准,(见下表2-1)。

表2-1:抽水数额与违法犯罪衡量标准表

行为性质	抽水金额(元)	情形	后果
违法	0—2000	一般	行政处罚
	2000—5000	情节严重	行政处罚
犯罪	5000以上	一般	赌博罪3年以下
	30000以上	情节严重	开设赌场罪5—10年

(二)"开设赌场"的含义

1."开设"的内涵

根据字面含义,"开设"包含开办、设立的意思,强调一个特定的活动场所从无发展到有的动态过程,以及设立之后的发展过程。[①]

"开设赌场罪"这一罪名中,"开设"二字在我国整个刑法体系中是唯一使用,而与之语义相近的动词有许多,如"擅自设立金融机构罪"中的"设立","非法经营罪"中的"经营",这些词语有一定的区别。

"开设"描述了一个过程,可以更为准确地对"开设赌场罪"进行界定,

---

① 《辞海》,上海辞书出版社,2010年版,第758页。

体现出本罪的行为特征，即要惩处的显然并非仅仅是"设立"赌场这一行为，而是包含设立后继续经营的行为，故"开设"较"设立"更为准确；由于"经营"并不包含从无到有这一过程，而设立赌场本身即是违法行为，故罪名中采用"开设"表述更为准确。同时"开设"表明该罪是一个持续性的行为，但并不强调时间的长短，即开设赌场罪系行为犯，只要行为人有相关行为就构成本罪，就算行为人开设赌场仅一天，也不影响本罪的成立。

根据《意见》的规定，四种认定为"开设赌场"的行为，均包含了"设立"和"经营"的要求，即不论是创立赌博网站本身，还是开展网络赌博网站的经营性行为，都为"开设"一词所涵摄。特别是，将一定的平台加以运用也并未超出"开设"的汉语意思，即为他人赌博提供场所、平台、设备的，也是开设赌场行为。例如，在包某某开设赌场罪一案中，法院认为，包某某伙同他人商议设立网络赌博群并出面联系上线庄家，显系发起者之一，并共同实施管理网络赌博群，形成了实际的网络赌场，属于开设行为。①

2. "开设赌场"的特点与理解争议

《刑法修正案（六）》中对开设赌场罪仅简单规定了罪状，对定罪和处罚的描述均过于抽象，"开设赌场"的具体含义及如何界定，理论界和实务界存在诸多争议：

第一种观点强调经营性。"开设赌场罪，是指公开或秘密地开设营业性赌博场所的行为。"关注的是赌场的营利性质，认为赌场天然以营利为目的。②就是说，开设赌场主要是为了营利，为赌博活动提供场地、设备与工具、赌博资金以及设定赌博方法，都是为了从中获利。③这种观点强调开设人是以营利为目的提供赌博条件，但没有具体说明赌博场所是否需要置于所有者的控制之下，也没有包括开设人自己坐庄参与赌博的情况。

第二种观点强调支配性和控制性。例如，开设赌场是指赌场开设者处于

---

① 《包君昌开设赌场罪一案》，福建省南平市中院〔2020〕闽07刑终126号刑事裁定书。

② 阮齐林：《刑法学分论》，中国政法大学出版社，2017年版，第194页。

③ 黎宏：《刑法学各论》，法律出版社，2016年版，第295页。

赌场的中心地位并组织参赌人员在其控制下进行赌博的行为，[①]强调了开设者对赌博场所的控制和支配，且赌博场所并不必须为固定的或者长期的，开设赌场的行为也不是以营利为必要条件的。或认为，开设赌场的控制性既包括对赌场的营业控制性，同时也包含对赌场的组织控制性。[②]开设赌场的行为人应具有绝对的主导权和对赌场的控制权，包括直接支配和间接支配（间接支配是指真正开设赌场的行为人隐在幕后，委托或雇用其他人去管理或者经营赌场）。

可见，该种观点强调的是行为人对赌场的"支配力"，对开设赌场行为的认定主要围绕"行为人"，对于"赌场"的关注较弱，不要求赌场是长期稳定存在的，即使是临时性的赌场也不影响对本罪的认定。

第三种观点强调开放性。即判断赌场的公开程度及参赌人员是否特定，认为赌场对外开放的时间、地点等信息应被一定范围的人员知晓，而对参赌人员的范围一般无限制，参赌人员并非必须具有特定性。[③]

以上观点分歧首先在于是否要求具有营利性目的。为从重打击开设赌场犯罪，在《刑法修正案（六）》中特意删去了"以营利为目的"的限制，降低了入罪门槛。《赌博机意见》虽然规定放置赌博机的构成开设赌场罪，但没有规定抽头渔利，这说明两高一部也不认为抽头渔利（营利方式）是开设赌场罪的必备要素。赌场形态随着时代发展而不断变化，营利方式也会不断变化，虽然行为人是以"抽头渔利"为犯罪动机，但非抽头渔利的营利方式不应成为阻却网络开设赌场罪成立的事由。

但学界对此存在争议，理由是《解释》第二条规定了在计算机网络上建立赌博网站属于"开设赌场"，明文要求了以营利为目的，而第九条将只收取正常费用的棋牌室等娱乐场所排除在犯罪之外，说明营利目的是衡量赌场社会危害性的标准；此外以营利为目的是本罪的"不成文构成要件要素"，赌场的经

---

① 张明楷：《刑法学》，法律出版社，2016年版，第1079页。

② 宋君华等：《开设赌场罪与聚众赌博罪之区分应重点判断行为人对赌博活动的控制性》，载《中国检察官》2012年第24期。

③ 吴卫：《聚众类赌博行为的定性标准认定——以组织微信红包赌博为路径》，《人民法院报》2019年6月20日。

营性质其实天然地包含了营利目的，法条没有明确写出来只是立法技术的考量认为不需要赘述。

其次，控制力方面，这种控制并不是指赌场的地理位置固定不变，主要指赌场的组织结构以及营运方式相对稳定，以此维系赌场正常运作，如果没有控制力，可能就是聚众赌博行为；至于被行为人控制、支配的赌场是否需长期固定的问题，对赌博场所是否为行为人所有或租用，临时使用或长期使用，并非本罪成立的必要条件。

最后，对于开放性问题，网络型赌博活动打破了开设赌场需要物理空间场所的传统形式，因此赌场的场所既可以是公开的，也可以是隐秘的，但为了吸引大量不特定的赌博人员，往往在一定范围内是公开的。

综上，结合《意见》的规定，本书认为，开设赌场的行为包含着赌博空间的建构及对赌博活动的经营、支配和管理等行为，对于开设赌场行为的认定核心应当是组织、控制并运营赌场的行为。本书赞同的概念是"开设赌场罪是指行为人为了营利而提供赌博的物理性场所或虚拟性平台，供他人赌博的行为"。①

3.开设赌场的方式

如果以行为人是否参赌作区分标准，传统上开设赌场行为有两种表现方式：一种是赌场开设者自身不参赌，通过收取场地、赌博用具使用费、服务费或抽头获利，带有赌博性质的麻将馆、棋牌娱乐室属于这一类型；还有一种是赌场开设者坐庄直接参与赌博活动，包括设置赌博型游戏机和雇佣人员与顾客赌博，以庄家在获胜概率上的优势来赢取参赌人员的钱财以实现营利，目前中国澳门、美国、东南亚等地的知名赌场大多数均以这种方式经营。

至于网络开设赌场犯罪，有学者认为，网络开设赌场是传统开设赌场行为的犯罪网络化，仍然应当在传统犯罪立法的"张力"之内，对案件事实法律性质的判断不会产生本质的影响，②即只是借助网络技术将开设赌场行为的方式进行了变化而已。本书认为，与传统开设实体赌场行为不同，由于法律规定及

---

① 刘艳红：《刑法学（下）》，北京大学出版社，2016年第二版，第376页。
② 皮勇：《论中国网络空间犯罪立法的本土化与国际化》，载《比较法研究》2020年第1期。

解释不够明确，网络开设赌场行为证据采信、事实认定、责任及后果等方面，存在模糊和争议之处，乃至有学者提出专设"网络开设赌场罪"罪名的建议，这或许是未来的发展方向，因而需要加以仔细分析。

二、网络赌场及其特点

利用网络开设赌场是开设赌场罪的一种表现形式，两者有一定的共通性，但是网络开设赌场又有自己的特征，相关内容分析如下：

（一）网络赌场范围的演变

1. 网络赌场的网站阶段

根据相关资料，网络赌博真正进入我国大约是在 2000 年左右，赌博网站开始建立。在一些沿海大城市，赌博的项目最初是体育赛事，后来随着网络的普及，赌博网站也迅速发展起来，庄家、赌客的数量都在迅速增加，呈现愈演愈烈之势。为了遏制这一势头，2005 年两高一部明确提出将网络赌博作为重点惩处对象，[①] 随后在 2005 年《解释》中给出了网络型开设赌场的具体定义，即：基于互联网开设赌博网站，为赌博网站担任代理，以营利为目的的行为。该解释列举的情形都与赌博网站相关。2010 年《意见》在此基础上列举了网络赌场的四种形式，实施载体均为互联网网站，因此，赌博网站与网络赌场的内涵呈现出明显的相似性。

《意见》的出台有其时代背景，21 世纪最初的十年，互联网及新的商业模式迅速发展，线下赌场逐步转移到线上，赌博的便利性、行为的隐蔽性等特点，使得网络赌场开始了爆发性的增长。但是，在当时的技术背景下，网络赌场的主要表现形式还仅仅是赌博网站，尚未出现诸如直播间、微信群等其他形式。

2. 网络赌场范围的多样化阶段

《意见》颁行之后，随着我国互联网技术高速发展，网络赌场也不再局限于赌博网站这种单一的形式，以直播、短视频、微博等为代表的网络平台，以

---

① 2005 年 1 月两高一部《关于开展集中打击赌博违法犯罪活动专项行动有关工作的通知》。

QQ、微信为代表的即时通信"应用程序",随着社交方式的变化迅速流行起来,形成网络社交空间的虚拟化和社会化,新型网络赌博方式和网络赌场范围更加多样化。对此,最高人民法院通过发布指导案例的方式,确定微信群可以认定为网络赌场,《跨境赌博意见》将"应用程序"规定为开设赌场的形式之一,均突破了网络赌场的范围仅限于赌博网站的既有规定。当然,并没有解释微信群何以成为网络赌场,也没有明确网络赌场的认定标准问题。

综上,我国网络赌场经历了从无到有,从赌博网站型赌场到微信群型、应用程序型赌场的发展过程。随着时代的发展,今后也有可能将直播间等认定为网络赌场,表现形式将进一步多样化。

(二)"网络赌场"的特点

网络赌场符合赌场的一般特点,又具有网络时代的特殊性,从形式上分析,网络赌场是为玩家或赌客提供赌博的场所,判断要素包括是否依赖网络技术、是否有注册会员、是否存在投注行为、是否存在资金支付和兑换功能等。简要分析如下:

1. 赌博规模大,参与人数多

在"聚众型赌博罪"中,行为对象人数最低要求是3人,而"网络赌场"在人数上通常远远不止3人,甚至是不特定的公众,往往参赌人员众多。据报道,四川绵阳警方全链条摧毁一个跨省特大网络赌博犯罪团伙,抓获团伙成员100余名,该团伙通过"金字塔"方式进行平台推广,参赌人员达十万。[1] 可见,由于网络赌博的参与方式便捷,不受时间和空间的限制,所以在赌博人数上具有较大的规模,涉案赌资也十分惊人,数百亿规模的赌场更是屡见报端。

2. 存在赌博行为

网站被认定为赌博网站,进而被认定为网络赌场,如何界定娱乐活动和赌博行为之间的界限,是控辩双方争议的焦点,网络赌场中一定存在赌博行为,但有赌博行为却并非一定是网络赌场,赌博行为能够帮助认定网络赌场,如果没有赌博行为,则不可能存在网络赌场。

---

[1] 光明网 2022 年 7 月 15 日,https://m.gmw.cn/baijia/2022-07/15/1303046259.html。

案例：最高人民法院指导案例 146 号：陈某等开设赌场案 ①

龙汇公司以"二元期权"交易的名义，在法定期货交易场所之外利用互联网招揽"投资者"，以未来某段时间外汇品种的价格走势为交易对象，按照"买涨""买跌"确定盈亏，买对涨跌方向的"投资者"得利，买错的本金归网站（庄家）所有，盈亏结果不与价格实际涨跌幅度挂钩的，本质是"押大小、赌输赢"，是披着期权交易外衣的赌博行为，对相关网站应当认定为赌博网站和网络赌场。

3. 存在赌场利益链条

网络赌场犯罪手段带有更强的隐蔽性，不容易被识别和判断，即使是法律专业人员也需深入分析背后的行为模式和运行逻辑，方能抓住其开设赌场犯罪的本质属性。一些典型案件中的不法团队已经形成多环节勾连配合的完整链条，犯罪手段呈现出组织性、专业化及团伙化犯罪态势，行为人从网络赌场的经营中获得了不等的利益，并远远超出了普通棋牌游戏的营利范畴。

4. 具有经营性特征

这是将开设赌场行为与聚众赌博行为区分开来的标准。"网络赌场"不仅需要有设立赌场行为，还要具备持续经营的特征，行为人通过雇佣管理人、代理人、技术人员、财务人员等完成网络赌场的日常经营活动，实现持续经营；而聚众赌博行为强调"赌头"的营利目的，可能是一些人短暂地聚集在一起，但没有组织性和分工，只是单纯地参与赌博的行为。经营性这一特点使得网络赌场的危害性大大增加，也是网络赌场的一个显著特点。

（三）网络赌场的范围

网络赌场存在于虚拟的网络空间内，关于网络赌场的范围认定，有如下两种不同的观点：

1. 网络赌场就是赌博网站

在 2005 年《解释》的基础上，2010 年《意见》进一步对"网络赌场"进行了规定，据此有学者认为，"网络赌场"就是指利用互联网、移动通信终端

---

① 江西省高院〔2019〕赣刑终 93 号刑事判决书。

等传输赌博视频、数据、组织赌博活动的赌博网站。①

因《意见》对网络开设赌场的相关行为、入罪标准进行了明确，但同时也局限了对于"网络赌场"范围的认定。有学者认为，对于法律及相关司法解释中没有明确列举的除赌博网站之外的其他网络空间，应当被排除在网络赌场的含义范围之外，对网络赌场范围的扩张持谨慎态度。②一些案件中辩护人据此提出辩护，认为"网络开设赌场"应当仅仅局限于《意见》中规定的四种方式。③

2. 网络赌场不限于赌博网站

随着社会经济及网络信息技术的发展，尽管司法解释中采用列举的方式规定了网络赌场的形式为赌博网站，但网络赌场不限于赌博网站。④最高人民法院发布的指导性案例第 105、106 号，也对微信群的网络赌场地位予以了确认，确认了类似于微信群的其他网络平台也可以作为赌场进行认定。手机 App、网络游戏等依赖网络建构的赌博形式应运而生，网站仅是其中一种元素，此时应使用扩大解释的方式界定网络赌场的范围。⑤《跨境赌博意见》将"应用程序"规定为开设赌场的形式之一，也反映出以上观点的前瞻性。

本书认为，赌博网站为早期网络赌博兴起时网络赌场的主要表现形式，现在仍然是主要的赌博形式，但当前赌场的开设形式不断呈现出多元化发展趋势，通过实体场所开设赌场的典型行为不断减少，逐渐向赌博机、网络平台、黑彩、QQ 群、微信群等新的赌场形式过渡，呈现出网络化、多样化的特点。同时，不法团伙结合时下前沿技术进行应用迭代升级，衍生出例如"AR/VR赌场""真实荷官发牌的在线赌桌""直播平台内嵌的赌博游戏"等多种新类型新手法，利用精美的画面、强体验感的交互以及身心的双重刺激吸引更多赌客参与。可见，持第一种观点的学者忽视了 2010《意见》制定出台的时代背

---

① 于志刚：《网络开设赌场犯罪的规律分析与制裁思路——基于 100 个随机案例的分析和思索》，载《法学》2015 年第 3 期。

② 张建：《建立微信群组织他人抢红包的行为应定为赌博罪》，载《中国检察官》2016 年第 9 期。

③ 《陈绍帅、王立侦开设赌场罪案》，三亚市中级人民法院〔2020〕琼 02 刑终 13 号刑事判决书。

④ 周立波：《建立微信群组织他人抢红包赌博的定性分析》，载《华东政法大学学报》2017 年第 3 期。

⑤ 云和县人民法院课题组：《寄附型网络赌博关联犯罪问题实证研究——以对局型网络游戏为视角》，载《法治研究》2013 年第 7 期。

景，不能与时俱进，《跨境赌博意见》肯定了"应用程序"是开设赌场的形式之一，而法律具有滞后性，现行法律及相关司法解释等其实无法穷尽网络赌场的形式，应当充分发挥刑法解释的功能，弥补现有法律的不足以适应新形势的要求。即"网络赌场"的内涵需要扩大解释，以涵摄不断出现的新型"网络赌场"，将网络赌场解释为用于赌博活动的任何虚拟空间，这并不会超出大众的心里预期，也符合刑法的期待可能性。

三、网络游戏与网络赌场

网络科技的发展，为人们的娱乐需求提供了更多形式，市面上出现了越来越多的游戏网站，一方面调剂了人们的生活，另一方面也为犯罪分子利用网络游戏进行赌博带来了可乘之机。此类案件的焦点问题往往是，网络游戏何以被认定为赌博游戏，进而判定为网络赌场。

（一）合法网络游戏的特点

其一，具备合法的审批报备手续。如前述，根据相关部门的规定，开发、运营网络游戏的运营商应当是依法成立的企业，网络游戏合法上线运营以严格的审批以及备案手续为前提，并接受日常监管。

其二，追求娱乐目的。合法网络游戏体现出娱乐、休闲、健康的游戏性质，通过游戏本身的互动感、体验感、增强现实感等吸引玩家，网络游戏经营者仅仅收取少量的服务费用，用于网站游戏的日常管理和运维，并没有脱离游戏娱乐性的本质，符合国家的文化娱乐产业政策；而赌博游戏则是希望通过博弈本身获得暴利，故充分挖掘利用赌博特性，即利用赌徒以小博大的投机本性，并通过提供游戏币反向兑换渠道强化这一心理，最终实现抽水渔利的牟利目的。而赌徒陷入越输越赌越赌越输的循环而不能自拔，最终倾家荡产，具有极大的社会危害性。

其三，模块功能符合规定。虽然运营合法网络游戏本身也具有营利的性质，但是与赌博游戏相比二者完全不同。赌博类游戏具有以各种形式"下分"兑现的功能，以此吸引更多赌徒参与，进而通过抽水渔利实现非法牟利；而合法游戏网站则没有"下分"功能，在玩家娱乐时，收取娱乐服务费而实现营利。功能模块体现了两种营利模式的合法与非法，即抽水渔利模式与收取正常服务费模式。

（二）回兑功能的实现及定性问题

根据相关规定，虚拟货币的发行和交易分属不同企业，不能混营，以维护国家的金融秩序稳定，而且为了保证法定货币的地位和作用，法律禁止将虚拟货币兑换为法定货币。

当前判断网络赌场的关键点，在于游戏网站的虚拟货币与法定货币能否实现双向兑换，这是执法部门判定经营者运营网络游戏是否涉赌的核心标准。

但是，非法游戏网站为了规避法律的制裁，其自身通常不会向玩家承诺可以用虚拟货币兑换法定货币，而是采取更加隐蔽的方式实现这一功能。

案例：沈某、骆某某等开设赌场案[①]

在该案例中，凡娱公司客观上具备网络游戏的合法运营资质，其本身也未向玩家提供以虚拟货币兑换法定货币的渠道，但其和外部代理共谋，由何某的牧风公司采用租号回收道具的方式向散客玩家兑现，再从牧风公司处兜底回收道具，这就形成了"游戏公司＋外部币商代理"共同开设赌场的犯罪模式。

本案中，行为人主观上存在明知或共谋，使得游戏网站具备了上下分功能，实现了虚拟货币与法币的反向兑换，进而构成犯罪。此类行为披着游戏的合法外衣，具有较强的隐蔽性和迷惑性，而且还不受传统赌博时间、地点等条件的限制，极具扩散性和传播性，社会危害严重。[②]

案例：唐某某等9人开设赌场案[③]

"德扑圈"App是一款网络德州扑克软件。被告人唐某某、王某某在该App内通过平台的分组功能建立了"云巅俱乐部"，招揽赌客赌博。赌客可以与其他赌客对赌，也可以与系统对赌，唐某某等人用该应用软件中的"联盟币"结算，赌博结束后赌客可以找客服提现，把联盟币转化成真实钱款。经查实涉案赌资697万余元，唐某某等非法获利300万余元。

---

① 上海市二中院〔2020〕沪02刑终222号刑事裁定书。
② 李鉴振等：《利用网络游戏的虚拟场景开设赌场的认定》，《上海法学研究》集刊，2020年第23卷。
③ 最高人民检察院2021-11-29发布典型案例。

本案中，被告人利用网络棋牌游戏，通过线下兑换虚拟币，仍构成开设赌场罪。

有些网络游戏案件中，行为方式更加隐蔽，定性也存在争议。例如以游戏为名，通过缴纳报名费或者现金换取筹码参加游戏，在杨某、苏某开设赌场一案中，法院认为：德州扑克牌赛事中"报名费""记分牌"与"奖金"三者之间本质上有兑换关系，具有赌博性。"通过缴纳报名费或现金换取筹码参加比赛的方式，赢取奖金等财物，和从中抽取渔利的行为，应当认定赌博。"①

近年来，网络赌博犯罪多发、手段花样翻新，犯罪分子通过搭建网络赌博平台，打着网络游戏、虚拟币等"幌子"接受投注，吸引群众参与赌博。表面上，此类游戏公司以玩家在游戏中的充值为主要盈利途径，仅对游戏进行日常运营维护，并未开发具有赌博性质的功能，难以认定其行为违法。此外，具备资质的游戏公司合法、规范的运营网络游戏属于正常的商业行为，但网络游戏当中又往往存在倒卖、兑换游戏币获利的行为，是否一概入罪，往往很难判定。

综上，网络游戏是科技发展的产物，也是互联网时代背景下一种流行的娱乐方式。网络游戏本身的射幸性质是基于娱乐而产生的，其赌博性质本就存在争议，网络游戏平台何以认定为赌博网站并没有明确标准，合法网站也有被非法利用的可能性。面对各不相同的具体案件情况，究竟应当如何认定和处罚，需要法规或司法解释更加明确的指引。

第二节　网络开设赌场罪的主体与主观方面

一、主体问题

（一）本罪为一般主体

年满 16 周岁，具备刑事责任能力的行为人，若涉嫌开设赌场可构成本罪。我国现行法律及相关司法解释对开设赌场罪规定相对简单，与开设赌场行为的

---

① 2012 公安部三局《关于对德州扑克俱乐部经营行为是否认定赌博行为问题的答复》。

复杂状况不相适应，与开设赌场罪主体有关的疑难问题也日益凸显。

（二）单位能否构成本罪

1999 年出台的《关于审理单位犯罪案件具体应用法律有关问题的解释》（简称《单位犯罪解释》），对单位违法犯罪的特殊类型有明确规定，行为人建立公司纯粹只为了自身开展犯罪活动，或者在公司正式建立后主要用以组织各类型犯罪活动的，均不按照单位犯罪论，以自然人犯罪处罚。

《刑法》第 303 条第 2 款规定，开设赌场罪的犯罪主体只能是自然人，单位不构成开设赌场罪。

但从近些年来开设赌场罪的案例和司法实践来看，"单位经营本行业且兼营赌博活动"屡见不鲜，酒店、宾馆、休闲山庄等为谋取经济利益或吸引客户消费，集合本单位的资金并利用场地优势进行组织开设赌场现象时有发生。对于提供网上资金结算、软件开发、计算机接入等服务的公司等单位，其也可能是网络开设赌场罪的共犯。以上情形因不符合《单位犯罪解释》的规定，不能适用有关条款来处罚。对于单位可以实施利用网络开设赌场犯罪的原因在于：

1. 利用网络开设赌场行为并非自然人个人就能实施，赌博网站或赌博游戏平台往往需要一个系统、专业的组织进行管理和运营，组织者对网站的建设进行统筹规划、技术人员对网站进行管理维护、代理人员推广、发展赌博者参与赌博、资金链人员对赌博网站的流水进行结算，是多主体、多参与者共同协作而完成的。

2. 由于《刑法》没有将单位列为本罪犯罪主体，以及《公司法》对成立有限公司注册资本的放松，为专门的网络赌博公司的出现提供了空间。行为人表面设立合法的公司，通过对主营业务的包装掩盖开设赌场的事实，犯罪隐蔽性增强，也增加了公安机关侦查的难度。

3. 根据《单位犯罪解释》的规定，如果设立单位的目的是为了从事赌博犯罪，或者在公司成立后主要从事赌博活动，则均不以单位犯罪论处。因此，犯罪嫌疑人更愿意通过设立公司的方式，开展网络赌博等相关犯罪行为。

虽然经营者被追究开设赌场罪的刑事责任后，该公司往往便不复存在，但是，以单位名义开设赌场按照刑法理论应当以单位犯罪论处，若只追究相关责任人的刑事责任，有违罪责刑相适应的刑法原则，若对单位处以罚金，现行刑法又无规定，也不符合罪刑法定原则。然而，单位开设赌场犯罪比自然人犯罪的危害性相对更为严重，有必要探讨是否需要把开设赌场罪的犯罪主体进行扩张解释。

二、主观要件

我国现行刑法明确规定开设赌场罪的主观方面为故意，过失不在评价之中，即行为人知道其行为可能构成开设赌场罪，仍然故意予以实施。

（一）具有"营利目的"是否为本罪构成要件

如前述，"以营利为目的"指行为人是为了获取数额较大的金钱或者其他财物，而不是为了消遣、娱乐。对于开设赌场是否将以营利为目的作为构罪要件，一直存在不同意见。

"不成文的构成要件要素"观点认为，行为人主观上必须要持营利为目的并实施开设赌场的行为，主观方面的罪责形式表现为故意，并以营利作为其主观目的。[①] 反对者认为，"以营利为目的"仅仅是赌博罪中规定的主观构成要件，而开设赌场罪的法条文本中并没有这一表述，因此网络开赌场的行为自然不需要行为人具有营利目的。[②]

《跨境赌博意见》的第二部分"关于跨境赌博犯罪的认定"中，对"开设赌场"进行了明确解释说明，均要求"以营利为目的"。经检索，本罪大多数判决书普遍存在"以营利为目的"的文字表述。可见，在司法实践中，"以营利为目的"是构成要件之一。

营利目的虽然能在一定程度上反映赌场开设者的社会危害性，但是赌场开设者主观上是否具备"营利目的"认定过程难度很高，标准不易确定，导致认定结果存在争议。

本书认为，毫无疑问，赌场开设者必定希望通过持续地提供赌博场所并组织赌博活动而获利，"营利"主要描述的对象是开设者（主要经营者和股东

---

① 陈兴良：《规范刑法学》，中国人民大学出版社，2017年第四版，第997页。

② 赵秉志等：《刑法学》，北京师范大学出版社，2010年版，第774页。

等），是对其主观犯意的否定，针对的其实是经营性问题，经营性是对开设赌场罪和赌博罪作出区分的标准，而实践中因开设网络赌场而经营亏损的案件几乎没有，也鲜见以此进行的抗辩，可见，网络赌场本身是否营利、是否想要营利均不影响对利用网络开设赌场行为的定性以及处罚。

赌博罪的主观方面表现为以营利为目的的故意，根据《公安部关于办理赌博违法案件适用法律若干问题的通知》第九条规定，亲朋好友之间的"小赌"是否入罪，"还应当结合输赢的数额等情况来综合判断，如果输赢的数额未超过少量财物的标准，可视为不以营利为目的，否则应视为以营利为目的"。[①]可见，输赢的数额是判断时重要的参考标准。

判决书中"以营利为目的"的文字表述，主要是为结合赌资、抽水、非法所得等涉赌款项的认定，以作出否定性评价。无论赌场开设者是否具有营利目的，开设赌场行为都破坏了按劳取酬这种善良风俗，危害了社会公众的利益。刑法修正案（六）将开设赌场罪条文单列，并没有"以营利为目的"的前置条件，不是说不需要该条件，而是说为提高打击开设赌场罪的力度，降低入罪门槛，无论其是否营利，都应当定罪量刑。

可见，总体来看，无论是赌博罪还是开设赌场罪，其主观上必须要有以营利为目的的故意。

（二）"明知"的认定问题

犯罪故意主要包括两个因素：一是认知因素，即行为人对自身行为可能造成的危害具备"明知"心理；二是意志因素，即行为人对于自己可能造成的危害是放任或者希望的心理。对于网络开设赌场犯罪而言，其主观方面的要求是"明知"，即游戏运营者能够清楚认识到自己实施或者是参与的行为是网络赌博或网络网站，客观上又实施了开设行为，就可能构成开设赌场罪。

网络开设赌场行为的成立要求行为人对行为的性质以及危害结果有清晰的认识，"明知"的内容一般包括行为、结果、因果关系等内容。[②]在司法实践中，主观"明知"的认定向来存在争议，因为"明知"属主观心理范畴，无论

---

① 2005 年"两高"研究室负责人就赌博案件刑事司法解释答记者问。
② 闻志强：《论刑法中的"明知"》，法律出版社，2019 年版，第 117—294 页。

在举证或论证上均有困难。为此，《意见》规定了"推定的明知"情形，降低了证明标准，同时赋予被告人有"有证据证明确实不知道"的抗辩权。

实践中一些行为人实际上并不具备网络开设赌场的能力，因此只能借助于其他"平台"进行赌场的开设。比如网络平台提供博弈类游戏，以房间费，或者是装饰费、道具费的名义对玩家收取费用，但这些游戏可能被非法利用，行为人利用这一平台产生的游戏数据进行结算交易，变相开设赌场。游戏经营者在不"明知"的前提下，是否需要对此承担相应责任，是否构成网络开设赌场？这一类游戏平台本身是为用户提供娱乐活动，尽管会有人将其用于赌博，但在案证据不能确切证明平台对此知情，最多只能认为是工具属性，从这个意义上说，不能对博弈类游戏模式进行责难，防止刑法打击范围的扩大化。

案例：廖某等开设赌场案[①]

被告人廖某出资组建"大神工作室"，利用运营商波克公司网络游戏"波克捕鱼"搭建的虚拟场景，采用出租账号、出售道具等方式接受投注，采用回购道具的方式向赌徒兑现人民币，以此开设赌场非法牟利。法院认定其构成开设赌场罪。

本案中，游戏运营商波克公司对廖某等人开设赌场的行为并不明知，并且极力反对此种行为的发生，因此，波克公司人员并无犯罪故意，不构成犯罪。当然，如果是运营者授意、指使他人组织赌博活动的，则经营者可能构成网络开设赌场罪。

---

① 上海市嘉定区人民法院〔2019〕沪 0114 刑初 1961 号刑事判决书。

第三章　网络开设赌场罪的认定

虽然网络游戏是泛文化娱乐产业的重要内容，但却一向充满争议，在涉及网络开设赌场类网络犯罪中，需要真正了解网游公司的运行机制和特点，及公司运营的底层逻辑，从游戏开发运营、网络技术、赌博赌场类案件特点等方面进行分析。

第一节　赌博网站与网络赌场

赌博网站是网络开设赌场典型的形式，随着网络科技的发展，应用程序类赌场也日益增多。犯罪分子通过网络轻易地就可将各地的赌徒聚集到一起，涉及人员数量多，社会危害性大。

一、赌博网站的类型

传统赌场开设方式以开设实体赌场、从事六合彩赌博活动、设置赌博机为主，而线上则多表现为利用境外服务器开设赌博网站、开发赌博应用程序特别是组建微信群等方式，近五年基本案件数量情况如下图 3–1 所示：

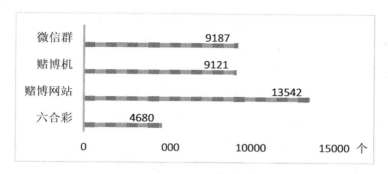

图 3‒1：近五年网络赌场案件数量图

数据来源：聚法案例网，检索日期：2022 年 12 月 30 日。

从初步检索的情况来看，常见的网络开设赌场案件分为以下几类：

1. 做境外赌博网站的代理接受投注。网赌代理类案件是案发率最高的一类开设赌场犯罪。

2. 网络游戏平台被认定为赌博网站的情况。各类网络游戏如果在运营过程中存在抽水渔利或为虚拟游戏币提供交易、变现的渠道，则易被认定为犯罪。很多房卡类的棋牌麻将游戏 App，就是因为与银商或下级代理存在共谋关系被以开设赌场罪立案。

3. 以彩票、各类比赛开奖结果等为赌注进行赌博，建立赌博网站和开设赌场。此类案件常通过雇用人员在上述群赌场开展活动，负责发展会员、数据统计、结算及结账、转账等工作，也是比较常见的案件类型。

开设赌场的"地点"既有可能是网络虚拟赌场，也有可能是东南亚等境外线下赌场，而真正属于境内实体赌场的案件占比不大。而实践中的赌博网站，常见的有三种形式：

1. 纯粹的国外网站，其服务器设置在境外，不以中国人为服务对象，不在国内进行宣传也不组织招揽国内赌客。国内赌客要想在这些网站上下注，需要自己"翻墙"或委托他人。例如在赌博合法化的我国澳门地区，不服务于内地但接受了内地旅客的投注，不能因为赌客中有内地人员就定澳门赌场人员开设赌场罪。

2. 服务器设置在境外的赌博网站，一般是东南亚国家或地区，但网站以大陆赌客作为其主要客源地,在国内招揽赌客投注。这种情形只是其为了逃避犯罪处罚的手段,网站的用户都来自国内,还会组织人员在国内进行宣传、组织来招揽赌客,严重扰乱了我国的社会秩序,应当予以刑罚规制。

3.直接将网站服务器设置在境内,提供网络平台供赌客赌博或者接受投注,但通过各种形式进行掩饰,具有一定的隐蔽性,应当严厉打击。

网络赌场犯罪具有隐蔽性的特征,嫌疑人往往使用虚假 IP 地址、定期删除 cookie、随时转移涉案电子设备、冒充或伪造网络身份信息等手段进行赌博犯罪活动,需要锁定真实 IP 并定位设备所在地、查找账号主体、封存线上活动记录等,增加了办案及搜证难度,嫌疑人抓捕则面临着司法协助、较高的跨国办案资金成本和警力等问题。

二、赌博游戏网站的认定

网络游戏平台如果被认定为赌博网站,则进一步会被认定为网络赌场,构成网络开设赌场罪,故游戏平台赌博性质的认定标准尤为关键。

(一)赌博游戏网站的特点

文化监管部门认为,[①] 网络游戏涉赌行为通常表现为:存在提供现金或大额实物回兑、与币商勾连提供积分变现渠道、按照玩家输赢额进行"抽水"以及与俱乐部、战队、公会等勾连组织赌局等,要及时移送公安机关依法查处。综合本书前述分析,一般来说,构成网络赌场的赌博游戏网站具有以下特征:

1.设立的违法性

根据规定,设立研发游戏软件、运营网络游戏的公司适用的是登记备案和行政审批许可制度,接受日常监管。如果游戏公司未获得许可但私下开设以营利为目的的游戏网站,没有履行报备报批手续,经营的游戏没有获得资质,即坐庄设赌,为开展赌博活动提供平台和道具,则具有明显的违法性。特别是网络游戏的版号问题,是涉嫌违法的当然标准,当然,资质的健全只是行政审批的一环,仅以资质健全不足以抗辩游戏平台不存在涉赌嫌疑指控。

---

① 文旅部办公厅《关于开展涉赌牌类网络游戏专项整治行动的通知》,文旅明电字〔2018〕6 号。

2. 经营获利的非法性

合法娱乐性的游戏平台通过收取服务费用获利，是为玩家提供服务的对价。玩家通过充值进入游戏，可以在每局对战后获得相应的游戏金币等游戏道具，但游戏平台不能以此抽水获利。而赌场具有经营性特征，涉赌游戏公司通过抽头、抽水等方式从赌博活动中获取非法利益，实践中大部分赌博网站的巨额利润主要来源于"抽头渔利"，或者直接操纵赌博赢取钱财。

3. 反向兑现的现实性

从资金流向来看，赌博网站应当具有反向兑现功能。游戏平台为赌博活动提供各种便利，如交易游戏金币、兑换现金或实物等，特别是提供虚拟货币、积分或游戏道具的回购渠道，实现虚拟货币与法定货币之间的双向流通，形成"玩家花钱充值—通过不确定的事件确定输赢—赢取的游戏道具转换成法定货币"资金链条，就符合了司法实践中对于赌博的定义。

赌客参与赌博的目的不是在赌博网站上获取游戏道具或虚拟货币，而是赢得赌资，故赌博网站须具备直接或间接的资金结算功能。这是合法网站与赌博网站根本性区别，也是实务中认定赌博网站的核心依据。有法院裁判规则认为：是否提供虚拟货币与金钱的兑换服务是赌博网站与合法游戏网站的本质区别，网站经营者与银子商勾结，建立虚拟货币与人民币的兑换渠道，组织赌客赌博从中牟利，是网站具备社会危害性的根本原因。

案例：林某某等开设赌场一案①

被告人在网上先后开办"梦想吧"等网站，擅自发行、销售"幸运28""北京28"等8款投注类彩票，并招募网站代理商，负责该网站虚拟货币的销售和回购。玩家通过购买网站的虚拟货币参与投注，找其一伙兑现时，林某某等人从中按比例抽头渔利。

本案中法院认为：玩家购买虚拟货币后在网站投注，并设定赔率，兑现也是找代理商，网站实际是一种通过网络平台与玩家进行对赌，从而获取非法利益的网站，且具有抽头渔利行为，应当定性为以营利为目的赌博网站，而不是

---

① 《林凌云、胡远超等开设赌场罪案》，湖北仙桃市人民法院〔2016〕鄂 9004 刑初 96 号刑事判决书。

未经国家批准非法发行、销售彩票的网站，被告人均构成开设赌场罪。

综上，非赌场的赌博网站，不会完全具备上述特征，但对于正规的游戏网站，仍有涉赌刑事风险，特别是违反法定监管义务，明知或应知银商和代理组织玩家通过第三方平台结算赌资、抽水渔利而予以放纵、默许，则游戏平台也涉嫌开设赌场犯罪。

（二）虚拟货币与游戏道具交易问题

游戏网站及 App 的盈利模式，一般从网络游戏虚拟货币的兑换模式及服务费的收取模式来判断。虚拟货币的发行与交易是否合法合规，成为判断行为人是否构罪的关键内容。

1. 虚拟货币的发行与使用

网络游戏运营必然涉及虚拟货币和虚拟财产问题。根据《关于加强网络游戏虚拟货币管理工作的通知》规定，网络游戏企业分为"网络游戏虚拟货币发行企业"和"网络游戏虚拟货币交易服务企业"，前者是指发行并提供虚拟货币使用服务的网络游戏运营企业。后者是指为用户间交易网络游戏虚拟货币提供平台化服务的企业，但同一企业不得同时经营以上两项业务。虚拟货币的"发行"与"交易"均有特定含义，这是为了保证法定货币的地位和作用，避免虚拟货币对金融秩序带来冲击和影响。

就玩游戏流程而言，合法网络游戏的运行模式为：法定货币—虚拟货币—游戏金币（道具）—玩游戏。《虚拟货币通知》规定，[①] 虚拟货币的使用范围仅限于兑换发行企业自身所提供的虚拟服务，不能支付、购买实物产品或兑换其他企业的任何产品和服务，即玩家充值获取虚拟货币（QQ 币、魔兽金币等）后，只能在该游戏平台换取游戏金币（道具）和接受虚拟服务（玩游戏），无论输赢都不能再从平台取得任何形式的财物。这是为了从根本上决定平台游戏的娱乐性质，使之无法进行赌博活动。此种情况下，虚拟货币本身不具有经济价值，而仅具有娱乐价值。

在网络游戏当中，一旦出现虚拟货币兑换为法定货币的情况，虚拟网络世

---

① 2009 年文化部、商务部《关于加强网络游戏虚拟货币管理工作的通知》第 1 条第 1 款。

界将与现实世界发生联系，虚拟货币能够反向兑换为法币或实物，就体现出实际经济价值，这将冲击法定货币在我国经济秩序中的作用和金融秩序。

2. 虚拟财产的交易

网络虚拟财产是指虚拟的网络本身以及存在于网络上的具有财产性的电磁记录，是一种能够用现有的度量标准衡量其价值的数字化的新型财产。网络虚拟财产范围非常广泛，除网络本身外，还包括特定的网络服务账号、即时通信工具号码、网络店铺等。

在游戏中，虚拟财产可以根据获取来源的不同分为充值类虚拟财产和非充值类虚拟财产。[①] 充值类虚拟财产是玩家充值后直接获取的虚拟货币或兑换的尚未使用的游戏道具，玩家尚未享受该财产所带来的回报。

非充值类虚拟财产是指玩家在游戏的过程中利用自身劳动力获得的虚拟财产，如任务奖励、关卡掉落等。例如捕鱼游戏中，通过捕鱼道具的购买和消耗来实现捕鱼的游戏效果，或者通过捕获的鱼的种类或"掉落"的装备道具来实现娱乐的目的。在价值判断上，应当结合该财产的获取来源、难度，玩家在消费中产生的乐趣、享受服务的时间长短等因素综合考虑，合理确定该虚拟财产的数额。

有观点提出虚拟财产不具有财物的交换属性，包括虚拟货币在内的虚拟财产不是财物。理由是虚拟货币的价格本身是发行商自行确定的，不是根据市场规定交易形成的，所以是不能用于自由流通交易的，也就不具有财物的交换属性，不属于财物的范畴……包括虚拟货币在内的虚拟财产不是财物。[②] 其所依据的是上述《虚拟货币通知》，但该通知禁止的是使用虚拟货币购买现实商品，而非禁止虚拟货币交易，而且，最高人民法院民一庭倾向意见认为虚拟财产"属于在一定条件下可以进行交易的特殊财产，故具有财产利益的属性"。[③]

---

① 最高人民法院司法案例研究院：《虚拟财物认定与保护 | 网络游戏停服，游戏道具的损失谁承担？》，首都公安法制法青苑公众号，2022 年 11 月 22 日。

② 喻海松：《最高人民法院研究室关于利用计算机窃取他人游戏币非法销售获利如何定性问题的研究意见》，载张军主编：《司法研究与指导》（第 2 辑），法律出版社，2012 年版。

③ 最高人民法院民一庭：《网络游戏中虚拟财产的认定与保护》，载《民事审判指导与参考》（第 42 辑），法律出版社，2011 年版。

网络游戏中具有财产利益属性的游戏道具，包括网络游戏角色和装备、道具、游戏账号的等级、游戏金币等，属于网络虚拟财产，是《民法典》第127条规定的民事权利客体，应当获得法律的保护。虚拟财产的使用价值体现为其能够满足人们某种需要的属性。例如，游戏装备、角色在游戏内具备特定的使用功能，可以提高玩家的游戏体验。同时，交易市场的存在已充分说明虚拟财产的交换价值。可见，唯有明晰虚拟财产的法律保护边界，才能更好地发挥法律的社会功能，保障数字经济的有序发展。

（三）反向回兑功能的认定

在司法实践中，对于游戏网站有一条明确的红线，即资金只能单向流动，虚拟货币不能反向兑换现金或实物，网站只能充值不能提现，否则就可能被认定为赌博网站。

从网络游戏运营商来看，为规避法律风险，通常不会公开设置虚拟货币的反向兑换功能，然而实践中存在他人将虚拟道具进行回收，随后再高价出售的现象，也就意味着即使游戏本身没有提供虚拟货币回兑功能，但通过好友赠送、购买等形式，可以间接将虚拟货币反向兑换成法定货币。由此，单纯的娱乐行为转化为赌博行为，目前大部分网络开设赌场案件都是因为存在游戏内虚拟货币或道具的双向兑换通道而定罪。

为逃避打击，赌博网站故意设置"竞技游戏，禁止赌博""禁止收售游戏币"等网络标语，来应付监管部门的监管并迷惑玩家，但实际上仍间接、隐蔽地设置反向回兑通道，实现吸引赌徒和抽水渔利目的，这可以从以下几个案例得到体现：

1. 平台设置玩家可直接赠送或转移道具的功能

案例：捕鱼网站的违法游戏规则 ①

谢某、蔺某在深圳成立公司，共同开发捕鱼游戏，设有技术中心、产品中心、运营中心等部门。陆续开发并上市了"天天爱捕鱼"等捕鱼游戏。玩家通过充值购买道具，然后在捕鱼过程中消耗道具，并有一定爆率获得能量石等高价值道

---

① 湖南省安化县人民法院〔2021〕湘0923刑初189号刑事判决书。

具。该公司游戏网站为吸引更多玩家充值：一是在游戏中设置版块供代理商（邀请员）、银商、玩家展示自己的联系方式，并提供道具流转途径，支持道具交易；二是以"话费卡""京东卡"等有价虚拟卡和有价实物对银商、玩家手中的道具进行回兑；三是招募代理商（邀请员），按相应比例给予返利。

本案中，涉案游戏平台提供道具流转途径，支持玩家、银商进行游戏道具交易实现获利。部分银商或工作室可利用该功能，私下通过游戏货币、游戏道具之间的转移来进行结算变现，属于典型的反向回兑行为，因而具有明显的赌博网站特点，构成开设赌场罪。

根据《关于规范网络游戏经营秩序查禁网络赌博的通知》要求：游戏平台不得提供游戏积分交易、兑换……不得提供用户间赠予、转让等游戏积分转账服务，严格管理，防止为网络赌博活动提供便利条件。条文的规定初衷在于尽可能地防止网站或 App 程序被他人用于赌博活动或者为赌博活动提供便利。目前，该类直接赠送功能大多进行了整改，已经"合规"化。

2. 平台成立银商部门或发展银商及其他第三方工作室

案例：赌博网站银商作用大 [①]

姚某登记注册某网络科技有限公司，与赖某合伙经营网络赌博平台，姚某负责公司的运营和推广工作。姚某先后引入深圳某公司的三款手机游戏软件，并将捕鱼、奔驰宝马、斗牛等多款游戏植入该软件，同时设立推广部等部门进行运作。参赌人员从银商部购买游戏分值作为筹码后投注赌博，再将赢取的分值通过银商部兑换成人民币，从而实现赌资的结算。被告人廖某、胡某作为银商部的主管人员，明知为该游戏平台为赌博网站，仍为赌客上下分，为游戏平台提供资金支付结算服务，并从中获利。

本案中，赌博平台设立推广部、技术部、银商部、后勤部等部门来维持公司及赌博平台的运行，甚至在运营的过程中通过向银商发放奖励的方式来发展银商。平台与银商互相勾结，从而实现赌资的结算。银商为增加交易机会多赚取差价，就会对平台进行宣传推广，客观上会提高平台的知名度，吸引更多的

---

① 江西省新余市中院〔2020〕赣 05 刑终 133 号刑事判决书。

玩家来平台注册、赌博，而平台能实现知名度的不断提高，平台用户的不断增加，从而最终实现平台盈利的不断增长。如此一来，社会危害性更大，行为人均构成开设赌场罪。

实践中，反向回兑功能的实现有多种直接或间接表现方式，如何分析认定也是案件中的难点。

三、获利模式与抽水渔利的认定

随着网络科技的迅速发展，我国网络游戏产业取得了长足进步，而各种游戏门户网站、游戏媒体站的盈利模式都差不多，主要有收费网游、免费网游、IGA、卖周边产品这四种。收费网游是以出售游戏时间为盈利模式的网络游戏，玩家为了能够持续在游戏中生存，就必须不断进行点卡的购买或者增加游戏时间以赢得更多游戏币来进行充值。如此一来，收费网游在游戏推广初期可以有效地回笼资金，便于游戏的持续开发以及企业的运营。免费网游是指游戏时间免费，而对游戏增值服务进行收费的网络游戏。比如销售装备卡、道具卡、双倍体验卡等，也被业界称为 IB 模式（item billing，即道具销售）；IGA（In-Game advertisement，即网络游戏植入式广告），就是通过网络技术手段将产品或企业品牌信息植入网络游戏内部，比如在开心网开发的"开心农场"游戏中，商家大规模推出各品牌植入营销的特殊作物，就连农舍、花园等也都可以换成合作厂商的形象广告背景。销售游戏周边产品也是游戏经营者拓展其收入的重要途径。

具体到棋牌游戏里面，有两种主流经营模式，一是游戏金币模式，陌生玩家线上随机组局，使用虚拟货币玩游戏，经营者通过玩家进行充值，并在游戏过程中消耗虚拟货币而营利。具有体系成熟度高、发展时间长、用户基数大等优势。二是房卡模式，是指基于社交关系绑定约局的游戏，依靠熟人关系进行组局，即通过社交账号、二维码等邀请好友组局、约局共玩。经营者主要通过玩家购买并消耗房卡营利，以分数作为输赢的结算方式。具有能充分利用社交平台、各级代理进行推广的优势。

可见，传统网游盈利模式需要直接或间接向玩家收费，并依赖玩家在线人数和时间。此类合法的游戏平台，多通过发展游戏代理进行引流和推广，吸引玩家进入下载游戏和充值，依靠收取服务费获利，实际上是合法发行虚拟货币的营利模式。

但是，常见的涉网络游戏赌场案件中，赌博网站的获利模式主要还是抽水渔利，通过各种形式吸引玩家和赌客进行赌博，以获取非法利益。通常来说，抽取渔利有两种来源，一种是从赌博中赢家的收入中提取一定比例，另一种是向赌博人员收取固定的场地服务费。例如：在房卡棋牌类型游戏中，房卡费只要与"抽水"挂钩，就容易被认定存在涉赌行为。因此如何认定网站存在抽水渔利行为，就成为判断案件性质的关键。

通常来说，游戏平台收取的服务费是固定的数额，与输赢无关；但"抽水"金额是一个变动的数额，受每次赌局结果等多种因素影响，收取固定的场地服务费通常是在实体赌场中出现。

因此，抽水渔利及其数额的判断显得非常重要，具体案件中，要看该游戏平台是否收取与游戏输赢结果相关的其他费用，以及收取的费用是否超过正常范围，如果收费且超过正常范围，则很可能涉赌。

第二节 网站型开设赌场罪的分类认定

我国刑法没有规定网络开设赌场罪，根据司法解释的规定和指导性案例确立的裁判规则，当前网络开设赌场犯罪主要有两种类型：即作为网络开设赌场犯罪载体的"赌博网站型"和"赌博微信群型"。[①] 随着《跨境赌博意见》的实施，明确了跨境赌博行为中借助网络跨境"开设赌场"的形式包括"应用程序"，因此"赌博应用程序型"（App）开设赌场成为正式的网络赌场类型。

根据《解释》和《意见》的规定，以"建立赌博网站"为核心要素的行为类型可称为"赌博网站型"开设赌场罪，有四种形式："（一）建立赌博网站并接受投注的；（二）建立赌博网站并提供给他人组织赌博的；（三）为赌博网站

---

① 王刚：《非典型网络开设赌场行为的刑法适用》，载《山东警察学院学报》2019 年第 6 期。

担任代理并接受投注的;(四)参与赌博网站利润分成的。"

　　基于上述规定,本书通过检索网络开设赌场罪的刑事裁判文书,随机抽取100份文书用于初步研究,利用网络开设赌场行为主要有以下几种类型:设立型、代理型、寄附型、利润分成行。其中,代理型裁判文书56件,寄附型裁判文书21件,设立型裁判文书19件、利润分成型4件。如下图3-2所示:

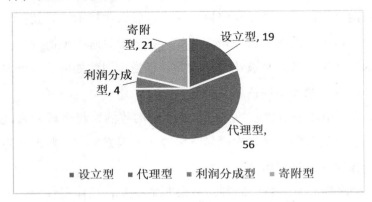

图3-2:网络赌场类型与案件数量示意图

数据来源:中国裁判文书网,截止日期:2022年10月5日。

一、"设立型"网络开设赌场

　　设立型网络开设赌场行为是指通过建立赌博网站的方式吸引赌客和玩家,并通过控制输赢的方式获利。《意见》规定的前两种情形,无论是自己设立赌博网站开设赌场,还是将赌博网站交给他人来进行赌博行为,均可归于此种类型。

　　设立型强调有建立赌博网站的行为,还要求有运营网站的行为,并在该网站上接受投注,体现出开设人对网络赌场的控制和支配。《跨境赌博意见》中将购买或租赁他人的赌博网站,并组织赌博的情形也纳入此类型。

　　如何理解"接受投注"?赌场开设者为赌博活动提供场地、赌具、制定赌博规则,使用各种手段招揽参赌人员,是想通过经营赌场获得利益、赚取钱财,一般由两种牟利方式:赌场开设者可以自己坐庄参与投注,通过庄家在获胜率上的差异来赢取财物,或者直接以抽头渔利或收取大额场地、服务费实现获利。

案例：被告人罗某、王某等五人开设网络赌场 ①

被告人以营利为目的，共同商议成立了公司并运营"木樨娱乐"等四个网络游戏平台，其中手机 App 平台是为提供网络赌博服务的网络平台，"海洋之星"等运营棋牌类、捕鱼类游戏。玩家注册后充值购买游戏金币，系统会自动扣除 10% 的手续费。玩家赢得游戏后，可以通过游戏大厅兑奖页面兑奖或者直接微信联系客服兑奖（提现），公司根据游戏玩家充值、提现的差额盈利。

本案中，罗某、王某等人建立赌博网站，为参赌人员提供人民币与游戏金币兑换的行为是否为"接受投注"？

根据语义解释，"接受投注"就是收取赌客投入的赌资。接受赌注的本质是用赌资建立赌博场所与赌客之间的联系，本案中，被告人的行为，实际上是在赌博者与赌博场所之间建立了联系，即可以认定为接受投注的行为，故构成开设赌场罪。

从相关案例来看，设立型网络开设赌场行为的认定主要考虑三个要素：其一，行为人是否具有支配赌博网站的能力；其二，是否利用了互联网传递赌博信息或者数据；其三，是否为自己牟利、他人赌博行为提供了便利。

至于"帮助型"即"建立赌博网站并提供给其他人组织赌博"，这种行为是开设人建立赌场和帮助他人开设赌场的行为的组合，但是，这种行为严格来讲并不符合"使用互联网、移动通信终端等来传输赌博视频和数据以组织赌博活动"，事实上是赌博网站开设者的一种"弱组织"行为，凸显帮助开设赌场的行为，但因其社会危害性，仍作为开设赌场罪的一种方式予以打击。

二、"代理型"网络开设赌场

根据文义解释，代理即接受委托，代表当事人进行某种活动。"代理型"利用网络开设赌场，就是明知该网站系赌博网站，仍代表管理者、经营者来从事开设赌场的行为。此种情形，行为人本身不再"创建和运营"赌场，而是在

---

① 山东省临邑县人民法院〔2018〕鲁 1424 刑初 149 号刑事判决书。

他人建立的赌场下参与对网站进行经营的行为，属于一种参与、维系赌场运营的行为。

"赌球"已发展成为网络赌博代理产业链，搭建起庞大的黑色产业。为逃避监管，赌博网站往往租借海外服务器，并以返水或提成为诱惑，广招代理"拉人"，建立起类似传销的金字塔模式。

"代理型"往往基于赌博网站而开展相应的代理业务，可分为担任境内、境外赌博网站代理两类，多是在境内代理国外的赌博网站。赌博网站往往租借海外服务器，并以返水或提成为诱惑，广招代理"拉人"，建立起类似传销的金字塔模式。代理者实施一系列手段或措施，发展下线代理和会员，以扩大赌博网站的影响，吸引更多人参赌，在实现自己非法牟利目的的同时，也促成了赌博网站的收益和发展，体现出相当的社会危害性。根据《刑法》第七条及《跨境赌博意见》的规定，我国公民为在境外合法的赌博网站担任代理的行为，如果主要是为我国公民提供境外赌博服务，且社会危害性巨大的，则无论代理的国籍，仍应认定为"开设赌场"。

在"赌博网站代理"认定上，《意见》第三条规定的条件有两个：一是在赌博网站上有自己的账号，且这个账号是"代理账号"，不是"会员账号"，账号除了具有投注的功能还应当具有可以发展下线的功能；二是要有下级账号，也就是说必须有上下级关系，呈现出金字塔形的代理关系。通过账号的性质可以对是否担任赌博网站代理提供判定标准，详细分析请参见本书第十章的内容。

三、"利润分成型"网络开设赌场

即"组织他人在赌博网站赌博，参与赌博网站的利润分成"。此类开设赌场行为表现是行为人直接成为赌博网站"股东"，为组建、经营网站提供流动资金，虽然不参与赌博网站的日常管理运营，但通过向网站提供帮助，使网站可以有效运营，并定期从网站获得利润。

根据《意见》的规定，利润分成型构罪的前提是，成为赌博网站的股东；接受赌博网站的利润分成。行为人若只是参与利润分成并不当然地构成开设赌场罪。

利润分成型行为人表征上与代理型行为人都从赌场运营中获得了利益，但是二者存在差别：其一，代理型行为人往往是在一定地域、一定时间内在达到一定销售额的情况下才能获得返利或者抽成，而利润分成人仅仅作为股东或者投资人参与到利润分成当中。其二，代理型行为人往往是赌场的组织者或者实际参与者，而利润分成人往往没有参与到赌场的运营当中，没有能力控制赌博行为。

总之，网络赌博犯罪是传统赌博犯罪的网络化，在立法技术上，《意见》并非是对网络开设赌场下定义，而是采用列举形式，规定了网络开设赌场罪的四种常见情形。在逻辑层面，条文并没有将其他行为方式排除在开设赌场罪之外，留下了容纳空间。

第三节　应用程序型网络开设赌场行为

2010 年《意见》列举的四种"开设赌场"行为，是以"赌博网站"为核心的界定标准，但并没有明确网络开设赌场仅限于建立赌博网站，而且本条虽无兜底条款，但并非不符合上述四种情形则一定不构成开设赌场罪，关键仍在于行为人的行为是否具有组织性、经营性、持续性，对"赌场"及参赌人员是否具有控制性和支配性。

随着网络技术的发展，社交软件和游戏软件等日益普及，在丰富网民生活的同时，也成为一些不法分子牟利的工具，"网络赌场"又出现了新的表现形式。赌博"网站"的形态显然与小程序、App 不同，《跨境赌博意见》将"应用程序"加入开设赌场的范围之内，进一步完善了网络开设赌场罪的行为类型。简要分析如下：

一、"微信群型"开设赌场犯罪

总体来看，赌博网站针对的是较为专业的赌客，技术含量偏高，反而不如赌博网站与线下结合的地下六合彩形式对普通民众影响大。随着信息网络技术的发展，越来越多的网络开设赌场行为不再单纯依靠"网站"，而是通过微信小程序、App 程序等新型网络工具开设赌场，吸引赌徒进行赌博活动。

（一）微信群抢红包及其发展

自 2014 年微信红包功能上线后，不法分子逐渐利用微信抢红包方式进行赌博。在一些案件中，微信群聊的名字看起来与赌博毫无关系，比如"牛行天下""幸运飞艇""完美世界"等微信群名称，让人很难其与网络赌博联系起来，故而隐蔽性极高，很难发现，逐渐成为流行的赌博方式。

时至今日的社交领域中，通过微信抢红包活动有日渐式微的趋势，但利用微信群进行赌博的具体形式、内容仍在不断地发展变化。据报道，2022 年在对涉赌行为持续进行严厉处理的基础上，微信安全中心又发布处理公示，对 9044 个涉赌微信群进行限制群功能处理；对 1.2 万个涉赌账号，进行了提醒警告或限制功能使用等阶梯式处罚。对 632 个涉赌内容短视频进行下架处理，并对 178 个视频号或直播账号进行了梯度限制账号功能的处理。[①]

在赌博形式上，与最初红包接龙的方式截然不同，红包的功能从主要作为赌资，发展为主要充当赌博人员的赌具。例如组建微信群发布赌博信息，微信群变成赌博信息发布平台，而行为人又组织群内人员参与赌博，从中抽头渔利，构成开设赌场罪。也有行为人通过微信群帮人下注赌博，赚取中间费用，既是赌博的组织者，也是赌博网站的赌博者。

从案件总体情况看，以微信群抢红包为典型的社交型赌博行为已经成为常见模式，是一种新的犯罪大类。

本书对公开案件进行初步统计分析，发现新型网络开设赌场案件有增加趋势。检索方法如下：在聚法案例网检索山东省开设赌场罪的一审刑事案件判决书，再进一步以"开设赌场、微信"为关键词检索新型开设赌场案件数量，对比各年度开设赌场案件总数及新型开设赌场案件数量的变化，并计算新型开设赌场案件在总数中所占比例。

---

① 《腾讯：对 9044 个涉赌微信群进行限制群功能处理》，北青网公众号，2022-12-20。

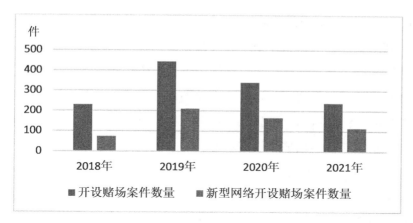

图 3－3：山东省 2018—2021 年网络开设赌场案件示意图

数据来源：聚法案例网，检索日期：2022 年 9 月 15 日。

由上图 3-3 可见，2018—2021 年来山东省开设赌场案件的总数呈下降趋势，表明该省每年持续打击开设赌场犯罪的行动颇有成效，尤其是从 2018 年 1 月开始，全国进行扫黑除恶专项行动后，有一个较大变化，取得成效愈加显著。经过多种形式的治理，目前微信红包涉赌案件有了较大幅度的下降趋势。

（二）行为定性争议

在司法实践中，对于利用微信抢红包功能进行赌博的行为定性是聚众赌博还是开设赌场向来存在争议。本书在中国裁判文书网上以"微信"和"红包"作为关键词检索刑事案件，发现案件数量最多的是浙江省，其中浙江法院判决开设赌场罪的有 1064 份，赌博罪的有 370 份，可见实践中各地法院在认定时并无统一标准。

2019 年福建的吴某某开设赌场罪一案中，[①] 被告人利用微信平台建立赌博微信群，通过股东分别将参赌人员拉进微信群内，再由参赌人员各自拉人员入群，利用微信抢红包以"牛牛"的方式进行赌博，从中获取利益。法院认为，被告人以营利为目的，利用微信网络平台设立微信赌博群，在微信群内以抢红包的形式组织网络赌博活动，从中抽头渔利，情节严重，构成开设赌场罪。

---

① 福州市晋安区人民法院〔2018〕闽 0111 刑初 813 号刑事判决书。

而在 2019 年吉林的钱某某开设赌场罪一案中，[①] 李某以营利为目的，组织王某等人利用手机、电脑组建 QQ 群、微信群，在群内以相互"抢红包"的幌子进行赌博活动，又事先按照"雷统计"外挂软件用于后台控制输赢。被告人钱某某冒充赌博玩家作为"代包手"在赌博群内代发红包，并且负责赔付、建群、拉人进群。法院认为，被告人利用互联网、移动通信终端建立赌博网站并接受投注，组织赌博，构成开设赌场罪。

可见，同样是建立微信群，赌博的手段都是抢红包，有的判决中将微信群直接认定为"网络赌场"，而有的判决中，微信群被认定为了赌博网站。赌博网站是司法解释中明确规定的"网络赌场"形式，虽然最终两案的被告人都被认为构成开设赌场罪，但对于"网络赌场"的认定，却并不相同。

2018 年 12 月 25 日，最高人民法院发布了第 20 批指导性案例，其中第 105 号指导案例[②]和第 106 号指导案例[③]，均是利用微信群为活动平台进行的网络赌博活动。这两则案例将微信抢红包作为参与赌博的方式，将微信群和微信红包作为工具和赌资加以阐释，明确"以营利为目的，组建、控制微信群，设置赌博规则，以抢红包方式进行赌博的"构成开设赌场罪，案例的发布对开设赌场罪中的"网络赌场"认定具有十分重要的指导性意义，可称为"微信群型"开设赌场犯罪，是寄附型利用网络开设赌场行为的一种。

刑事审判指导案例 105 号的裁判观点：以营利为目的，通过邀请人员加入微信群的方式招揽赌客，根据竞猜游戏网站的开奖结果等方式进行赌博，设定赌博规则，利用微信群进行控制管理，在一定时间内持续组织网络赌博活动的，属于刑法第二百零三条第二款规定的"开设赌场"。

第 106 号的裁判观点：以营利为目的，通过邀请人员加入微信群，利用微信群进行控制管理，以抢红包方式进行赌博，在一定时间内持续组织赌博活动的行为，属于刑法第三百零三条第二款规定的"开设赌场"。

---

① 吉林省乾安县人民法院〔2019〕吉 0723 刑初 113 号刑事判决书。
② 《洪小强、洪礼沃等开设赌场案》，赣州市章贡区人民法院〔2016〕赣 0702 刑初 367 号刑事判决书。
③ 《谢检军、高垒等开设赌场案》，杭州中院〔2016〕浙 01 刑终 1143 号刑事判决书。

（三）微信群成为网络赌场

微信群可以被视为网络赌场，是因为符合《意见》"利用互联网、移动通信终端等传输赌博视频、数据，组织赌博活动，建立赌博网站并接受投注的"的规定，此类微信群赌场具有以下特点：

1. 微信群形成专门赌博场所。所建群聊为赌博人员提供了专门、具体、固定的网络赌场空间，行为人对该空间进行严格地管理和经营，赌博群已具备了赌场的基本形态。案件中，① 被告人建立 QQ 群，在腾讯游戏斗地主一房间组织群内人员进行赌博，利用 QQ 群斗地主输赢分数为点数，按照事先约定的赌注大小决定输赢钱数，在结算时抽取赢家 2% 的赢利。群里面组织赌博的有分工，有喊话拉人的，有收取赌资的，同时对不服从群内规则的人员做出踢群处置。在行为人经营管理下，该"房间"成为网络"赌场"。

2. 微信群场所具有开放性特点。此类案件中，群内参赌人员的身份多互不知晓，为了提升赌博群人气，并将该群进行推广，群主通过雇佣他人作为"拉手"，即拉人进群赌博，赌博人员具有不特定性，赌博群不限制任何人入群，并积极招徕更多不特定的人入群参赌，群内的在人员不断变化，可以认为其具有一定的开放性和不特定性。

3. 从组织分工和规模来看。根据检索的此类案件情况看，赌博微信群组织分工明确，群主常常会雇佣管理人员、财务人员、发包人员、做托人员等，能够分工负责赌博的运营，并利用支付功能进行赌资的流转。有的还专门安装了机器人软件，代替人工结算，极大提高了效率，增加了每日赌博的场次。

4. 接受投注和营利性特点。微信赌博群接受他人投注（发红包），在一段时间内持续组织网络赌博活动并从中非法获利，赌博群有的通过组织赌博"抽头"获取非法收益，有的通过提供赌场场所的配套性服务收取管理费，体现出其不是纯娱乐行为，而是以营利为目的。综上，微信赌博群具备了一定的规模，非法营利大，体现出社会危害性巨大。

可见，微信群作为网络时代的一个普适性的社交平台，它能将移动通信终

---

① 《马锋、孙彦等开设赌场一案》，莒南县人民法院〔2013〕莒刑一初字第 432 号刑事判决书。

端联通起来单，是一个虚拟的平台、场所，涉赌的微信群和实体赌场与赌博网站有所不同，但就实际作用而言，同样起着平台和场所的作用。

案例：陈某开设赌场案[①]

本案中被告人陈某使用其微信号创建名同学微信群，利用抢红包比大小的形式进行赌博，期间，伙同妻子朱某一起管理该微信群，并雇佣苏某、洪某及张某（另案处理）帮忙代发红包并抽取头薪。

需要注意的是，具有封闭性特点的微信群不是赌场。本案中法院认为：被告人陈某通过微信群聚集的参赌人员系朋友及朋友各自邀请的朋友，并未对社会不特定公众开放，而他人亦无法通过网络搜索该群组并径自加入，不符合开设赌场的场所开放性和参赌人员不特定性的特征，因此，被告人陈某利用微信群聚集朋友及朋友的朋友以抢红包比大小方式进行赌博的行为应认定赌博罪为宜。

二、应用程序成为网络赌场

按照目前学者观点，网络游戏软件在运营、管理中因违规操作而为他人赌博提供平台的，属于"非典型"网络开设赌场行为。[②]

根据工信部公布的数据，截至 2022 年截至 5 月末，我国国内市场上监测到的移动应用程序（App）数量为 232 万款，其中游戏类 App 数量达达 69.1 万款，占全部 App 比重为 29.5%。但是，目前市场上的游戏 App 的质量参差不齐，涉赌案件频繁发生，影响范围广且涉案赌资巨大，严重危害社会秩序和善良风俗。

"大玩家彩票"App、手机麻将软件 App、棋牌小游戏 App、……表面看来是正规的线上游戏，却成为不法分子开设网络赌场的新领域，和微信、QQ 等即时通讯工具、支付工具相结合，逐渐变成为赌徒搭建的赌博网站，成为网络赌场的新形式。

---

① 温州市鹿城区人民法院〔2016〕浙 0302 刑初 408 号刑事判决书。

② 王刚：《非典型网络开设赌场行为的刑法适用》，载《山东警察学院学报》2019 年第 6 期。

（一）新型网络开设赌场行为分类

1."赌外围"，即以外部事件的结果作为输赢依据

此类赌博中，比较常见的是以球赛的输赢作为博弈的决定性因素。2022年卡塔尔世界杯进行期间，"赌球"成为高频词汇，行为人可能构成赌博罪，若微信群所起的作用是提供犯罪场所，则可能构成开设赌场罪。近年来，除了"赌球网站""赌球 App"和一些竞猜小程序外，微信群、QQ 群也成为"赌球"的重灾区，而这些大多伴随着电信网络诈骗陷阱。

案例：建立微信群招募成员参与赌球的构成开设赌场罪①

2021 年 6 月起，张某和苏某建立了一个名为"欧洲杯"的微信群，以欧洲杯足球比赛结果为赌博对象，招募赌客 50 余人次，开设赌场 30 余场，收受赌资 14.5 万余元。法院经审理认为：被告人建立微信群，拉多人入群，把微信群作为赌博场所，这种将线下赌场转移到线上"虚拟场所"组织人员进行赌博的行为，构成开设赌场罪。

2. 利用棋牌类游戏 App 组织他人进行赌博

该类赌博以 App 游戏的输赢作为赌博的最终结果，以微信红包或者支付宝转账的方式结算赌资。首先，棋牌类游戏本身虽然不必然是赌博游戏，但是行为人利用棋牌类游戏能够组织赌客进行赌博，并能够通过支付平台获取赌资，对于赌博活动和赌资结算具有一定的控制能力。其次，利用棋牌类游戏组织赌博活动中参与人员并不固定，人员流动性和公开性较强。最后，利用棋牌类游戏具有长期性、稳定性和持续性等特征，仍然可能构成开设赌场罪。

随着微信对网络赌场的监管越来越严格，犯罪分子逐渐开始避开微信 App 而选择监管相对宽松的软件，如付某等人开设赌场案中，②案中犯罪分子就微信涉及敏感词汇被频繁的封群封号而选择将"99 舟山棋牌"接入一款名为"闲聊"社交聊天软件，而该"闲聊"App 也因主动为网络赌博提供帮助条件而被舟山警方立案侦查。

---

① 《把微信群变"赌场"？》法治日报公众号，2022-10-02。
② 《付丙泽等人开设赌场案》，浙江省岱山县人民法院〔2019〕浙 0921 刑初 138 号刑事判决书。

3. 开发赌博游戏 App 进行赌博活动

许多网络赌场已经开发了自己独立的 App，能够使赌客们通过手机参与网络赌博，多渠道的榨取资金。通过非法营运具有射幸性赌博游戏来进行赌博活动，此类 App 属于专门供给他人赌博的赌博场所。同时，App 后台中能够对赌博结果进行控制，存在资金结算的渠道，是比较典型的利用网络开设赌场行为，这与赌博网站的建立实际上没有差别。赌博网站的赌博活动以网站为基本载体，而非法赌博游戏以 App 为基本载体，二者仅是载体不同，而性质相同。

案例：曾某开设赌场案[①]

被告人曾某在"闲聊"软件上注册账号建群并担任群主，取名为"拉人两天完成 38 局奖励 150"，在网上拉人进群，利用"三国卡五星"软件，组织玩家打"卡五星"和"跑得快"进行赌博。涉案群在群人数共计 972 人，共计收取"房费"红包 1471059 元。法院认定：被告人开设赌场，情节严重，其行为构成开设赌场罪。

近年来，网络赌博犯罪日益多发隐蔽，手段花样翻新。犯罪分子通过各种应用程序，打着网上购物、网络游戏等"幌子"，接受投注，吸引社会公众参与赌博。此类犯罪模式新颖，隐蔽性更强，赌客参与便利，危害性更大。定性时应通过运营模式、盈利手段、资金流向等综合分析，认定赌博、开设赌场犯罪本质。

（二）利用网络直播平台进行赌博

利用网络直播平台进行赌博是传统赌博渗透互联网之后产生的又一种新型赌博方式。本书以"网络直播"为关键词在裁判文书网上，以 2021 年 9 月 1 日—2022 年 9 月 1 日为时间节点（检索日期：2022 年 9 月 13 日），共检索出 129 篇刑事案件裁判文书，其中，涉嫌诈骗罪案件 82 件，涉嫌赌博罪案件 3 件，涉嫌网络开设赌场罪案件 8 件，涉嫌色情类犯罪案件 19 件。

司法解释把网络赌场的范围扩大到赌博网站、微信群和应用程序，但新型网络赌博活动如直播奖池抽奖行为、直播间竞猜等，依然存在罪名认定上的分

[①] 湖北省襄阳市中级人民法院〔2021〕鄂 06 刑终 18 号刑事判决书。

歧和争议。

直播平台奖池抽奖行为是目前各大直播平台常见的娱乐玩法。直播平台在平台内设立奖池系统（即虚拟资金池），在奖池系统内设置幸运礼物，每个幸运礼物对应一个资金池。幸运礼物的单价不高，但送出数量无上限。玩家通过刷幸运礼物，该种幸运礼物对应的资金池内便会积累虚拟金锭。在玩家刷礼物的过程中，奖池系统会向中奖玩家随机弹出不同金额的虚拟金锭奖励。这只是小额的奖励，如果玩家在系统规定的时间内刷幸运礼物，幸运礼物对应的资金池就会不断积累虚拟金锭，并且在达到一定峰值之后，资金池被"爆掉"。此时"爆掉"奖池的玩家将与主播获得该资金池中积累的所有金锭奖励。实际上，即使玩家同时获得不同数额的小额金锭奖励以及"爆掉"奖池的金锭奖励，二者之和也远远小于玩家所实际付出的购买幸运礼物的价值。因此，为了用户进入直播间参与奖池抽奖，主播通常会开出额外的高额返奖作为奖励。但通过抽奖行为获得的好处，可以转化为现实财物，此时就涉嫌赌博犯罪。

有观点认为，直播间的竞猜游戏的本质是赌博，直播平台通过自己事先制定的分享收益的强制性规定参与利润分成，构成开设赌场罪。直播间内的主播承担了吸引玩家、负责变现等任务，因此可以成为开设赌场罪的共犯。[①] 也有观点认为，直播竞猜亦属于博彩游戏，但是否构成赌博罪，是否具有营利目的是区分关键，在司法实践中多数情况下认为构成开设赌场罪，但关键在于直播间是否属于赌场。[②] 还有观点认为，直播平台奖池抽奖行为在实践中是否涉赌违法，是否达到犯罪的标准，还需要根据该行为是否符合刑法的规定来认定。[③]

案例：直播开设赌场案[④]

付某龙等人为斗鱼直播平台某账号直播成员，利用直播平台"粉丝福利社"抽奖模块，在事前设置抽奖奖金金额及份数，组织直播间粉丝进行抽奖。通过

---

① 李双双：《直播间竞猜游戏涉嫌赌博》，人民网 2017 年 5 月 4 日，http://game.people.com.cn/n1/2017/0504/c40130-29253423.html，访问日期：2023 年 5 月 14 日。

② 刘真志：《网络直播竞猜涉赌博犯罪问题研究》，2020 年论文。

③ 于潇翔：《直播平台奖池抽奖行为涉罪问题研究》，2019 年论文。

④ 《成都中院发布 2022 年度十大典型案例》，http://new.qq.com/rain/a/20230216A054EZ00。

"搏一搏单车变摩托"等大量煽动性语言鼓动观众参与抽奖，并通过平台、微信群等方式推送抽奖时间及金额等信息，导致大量人员进入直播间采用付费"办卡"、刷虚拟礼物等方式参与抽奖。在抽奖结束后，向中奖人员发放中奖现金。共计抽奖 4267 场（次），参赌资金近 1.2 亿元。

都江堰法院经审理认为，付某龙等人利用平台直播间以抽奖方式组织赌博活动，情节严重，其行为均构成开设赌场罪。

本案为公安部督导办理的全国首例直播平台涉赌案件。直播间赌博犯罪以一系列公开且合法的条件与方式作为掩饰而进行，与主播讲解、用户抽奖、刷虚拟礼物、分取利润等直播平台常见行为相组合，更具有迷惑性、隐蔽性。但是，打赏、抽奖与兑取现金之间形成了对赌关系后，行为的性质发生了根本性变化，符合开设赌场的本质特征。

总之，新型网络赌博犯罪中，行为人利用各种看似合法的玩法，为网络赌博披上了一层合法的外衣，网络赌博的隐蔽性不断增强，而犯罪黑数不断增大，对社会秩序以及经济秩序的破坏性极强，因此须予以重视。

随着网络技术的发展，未来利用网络开设赌场的行为类型将越来越多，利用日常行为掩盖赌博行为的情况也将更加复杂，司法解释对于利用网络开设赌场的类型划分仍具有滞后性特点，可以考虑以寄附型利用网络开设赌场行为作为兜底条款，为未来法律适用提供空间。

第四章　网络开设赌场罪的共犯问题

刑法理论认为共同犯罪分为简单的共同犯罪与复杂的共同犯罪，一个赌场的运营往往需要赌场内部人员的明确分工与合作，属于复杂的共同犯罪，由此带来分类认定行为人犯罪问题。

第一节　网络开设赌场共同犯罪主体

一、共同犯罪行为人基本分类

在传统实体开设赌场案件中，共同犯罪主要表现为出现赌场组织者、赌场理牌人员、望风人员、放水人员等具体分工。利用网络开设赌场犯罪则涉及涉赌游戏开发、网站设计运维、广告推广、资金支付结算平台等多个主体。

（一）网络赌场的组织架构

共同犯罪的基础要件是，行为人必须主观上形成一致的犯罪主观意愿，客观上需要实施互相配合的犯罪行为，因此要根据人员参与何种环节，起到何种作用来确定其共同犯罪问题。

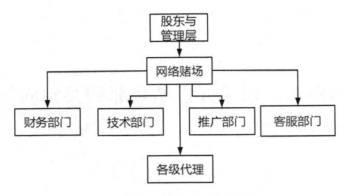

图 4－1：网络赌场的组织架构图

通常而言，网络赌场犯罪组织内部采用公司化管理模式，下设多个职能部门共同完成日常运营维护工作，组织分工明确。例如，技术部门主要负责涉赌游戏的功能开发和运维，财务部门主要负责赌资的收取和营利的分配工作，客服部门主要负责网络赌场的规则解释和赌客分流工作，推广部门主要负责网络赌场的广告投放、链接推广工作等。

案例：典型开设赌场罪[①]

被告人姚某发起建立并运营赌博平台，负责公司经营及娱乐城的推广和收益分成。赖某不参与公司管理，委托刘某参与娱乐城的推广并参与收益分成。廖某作为后勤部主管，明知公司运营赌博网站仍负责该公司的后勤采购、赌资收益的提现等工作，并从中获利。何某作为公司技术部主管，明知该游戏平台为赌博网站而提供技术支持，维护赌博平台的正常运行，并通过调控后台服务器数据控制赌博输赢概率。赖某某、刘某某作为推广部主管，明知该游戏平台为赌博平台仍进行推广，带领多人通过微信、QQ等方式在网络上招揽赌客进行赌博，并从中抽水分成。截至案发，该平台赌资数额累计达人民币 19659570.84 元。

实务中还有常见的代理模式，通过广泛发展各级代理实现网络赌场的规模扩张及营利。网络赌场通过规定详细的工作激励制度，不同级别的代理所拥有的代理权限及分红比例，并根据赌场代理负责的赌博房间的盈利数额及发展下线的人数等业绩指标来动态地调整，实现金字塔式的快速发展。

---

① 江西省新余市中院〔2020〕赣 05 刑终 133 号刑事判决书。

（二）具体分类

按照网赌公司中的职务及在网络型开设赌场罪中的作用，犯罪主体可以分为以下几类：

1. 网赌公司的创立者、出资者、控制者和主要经营者，是开设赌场的共同正犯。设立、出资、经营是正犯行为的一种，行为人共同投资、策划、经营和决策，并按一定比例获得赌场收益的分成，他们以营利为目的，并且对整个赌场有支配作用，是提到"开设"赌场罪就首先会想到的行为人。

2. 网络赌场的主要运营人员，包括吸引赌客的推广部主管、运营网站的技术主管、进行资金结算的财务主管以及公司的行政主管等。他们受雇于赌场老板，虽然对赌场没有支配作用，但却是维持赌场的赌博活动起直接帮助的行为人。这些被雇佣的人员在明知是开设赌场的情况下，主观上希望赌场的运营顺利进行，客观上服从赌场老板的管理和安排，为赌场的主要经营活动予以直接帮助，可以构成开设赌场罪的共犯。

3. 利用网络开设赌场的其他共犯。包括外部各级代理、提供支付结算的银商及网赌公司的某些普通人员等，他们所做的工作对赌场的发展运营只能算得上提供了间接的服务，从某种程度来说，有一定的帮助，但起不到较大的作用，主客观过错都较小，因此只能算间接的帮助行为，一般情况下属于从犯或不认为是犯罪。

以上各类人员分工合作，在赌场的运营中发挥着不同作用，应根据在案证据，对其行为进行分析定位。

二、网络赌场的"四链"运作模式

随着网络赌博运作模式专业化、犯罪手法智能化、活动地域跨境化趋势，开设赌场案犯罪逐步形成集合技术链、资金链、人员链、推广链"四链"勾连配合的完整链条，且上下游环节间精细分工、密切配合，从而实现赌场运转。

（一）资金链

网络开设赌场犯罪行为人大多采用公司制或合伙制的组织形式，通过设立所谓的"网络科技""电子商务"及"文化传媒"等名称的公司，进行开设网络赌场的犯罪活动。发起人之间往往关系密切，共同出资设立公司，完成招募人员、开发网络游戏及手机 App、制定赌场运营管理规则、广泛宣传以扩大赌场影响力等前期工作，并按照出资数额或和影响力来约定分红比例。

在资金支付方面，开设赌场犯罪赌资的充值与结算，主要是通过微信或支付宝等第三方支付平台完成，客服一般会将充值的二维码直接发送到用于赌场发布信息的聊天群内或者直接在 App 内嵌入充值接口，参赌人员通过扫描充值购买虚拟币或房卡后参与赌博活动，在赌局结束后客服在扣除"服务费"或"房卡费"后会将剩余赌资通过第三方支付平台返还给参赌人员。为规避微信和支付宝支付的每日转账限额，其会通过注册多个空壳公司来利用对公账户扩大赌资交易的限额，或者通过向其他网络黑产批量购买手机卡或银行卡来帮助网络赌场的流转赌资。此外，实践中还存在大量"第四方支付平台"（又称聚合支付）为网络开设赌场犯罪提供支付服务，已成为当前网络开设赌场犯罪团伙收取赌资和非法洗钱的便捷通道。

（二）人员链

1. 网络赌场平台人员。"客服"和"代理"主要是通过网络招募的方式加入公司，其中"客服"在组织中主要负责游戏和 App 的宣传工作、介绍赌博规则、管理聊天群、回答玩家问题、帮助玩家"上分"等工作，普通客服可能是拿固定工资的员工，而客服主管则可能参与盈利分红，是该组织的骨干人员。"代理"是以类似加盟的方式开设网络赌场，不同级别的"代理"所拥有的权限和分红比例不同，每个级别的代理都可以通过"拉人头"的方式扩大组织规模，以实现代理权限的升级并从下级代理的盈利中收取提成。"财务人员"往往由组织内部信任度较高的人担任，主要负责统计游戏平台每天的赌场流水额和团伙的利润分红。

2. 网络赌场的参赌者。部分网络赌博游戏、App 中的参赌人员，通过身边好友介绍、游戏中结识的好友的带动，以及手机短信、微信朋友圈等渠道，了解到网络赌场的存在，抱着好奇、侥幸的心态或投机的心理，注册会员后进行赌博；而网络赌场代理为了牟取非法利益，更积极主动进行网赌推广，添加参赌人员社交账号，介绍不同种类的游戏供参赌人员选择，之后将其拖进对应的聊天群，聊天群里会发布赌博的规则和参与方式，参赌人员只需点击代理发送的链接即可进入游戏和 App 的虚拟房间进行赌博，赌局结束后系统会自动统计结果和结算。庞大的参赌者群体是赌场营利的基础，他们处于赌场最底层，一旦跳进这个火坑就会陷入赢了还想赢、输了想翻本的死循环，也许偶尔会尝到作为诱饵的甜头，但最终的下场只有一个："十赌十输！"从信心满满到血本无归，直至负债累累。

（三）推广链

1. 打广告。相信很多人都收到过这样的短信，打开之后都是花里胡哨的棋牌类游戏介绍，以及一两个穿着非常"简单"的性感女郎图片，可能有些人会把这些短信直接删除，但也有些人经不住"诱惑"，抱着"搏一搏单车变摩托"的幻想，真的去尝试了，结果应了那句老话：十赌十输，越赌越亏……

赌场的发展壮大离不开网络赌博广告的投放，方式可谓多种多样：

其一，网页直接投放，由于大多数网络浏览器、搜索引擎管控并不严格，导致很多赌博网站广告可以毫不避讳的出现在网页中，例如以网络赌博为关键词在百度搜索引擎中搜索相关资料，赌博网站赫然出现在了首页，并且还是做了百度推广。此类搜索引擎在竞价排名营利模式下，放松了自己的社会责任，在赌博网站的发展推广上难辞其咎。

其二，以广告图片方式挂靠在其他网站投放。由于普通人并不会刻意寻找赌博网站进行赌博，而是在上网时浏览到了网络赌博的小广告，行为人便将赌博广告植入一些网站，例如山寨网站、含有爽文小说、影视作品的盗版网站及一些色情网站之中，或将赌博广告挂在某些手机 App 中。

其三，交友诱导型投放广告。社交聊天 App 在网络赌场中主要用于发布宣传广告、联系参赌人员、组建聊天群以实时交流赌博信息和发布赌场规则等。当前网络社交方式多样化，不法分子利用交友软件，通过一定的"话术"、奢靡生活场景或特制的宣传视频等信息，向其推广网络赌博；同时，在微信群、QQ 群、电子邮箱中，发送网络赌博的链接，或以各种手段吸引他人参与网络赌博，如会以兼职信息、发放优惠券或者分享黄色资源等噱头吸引他人进入聊天群，然后在聊天群内发布"注册即送彩金"吸引他人下载赌博软件，并发布其他人赌博获利的聊天截图和转款记录来诱惑，再将有意愿者拉入专门的赌博群聊中。不少人经不住诱惑或者受到蒙骗，深陷网络赌博的泥潭。

虽然公厕小广告和骚扰短信仍旧是黑色产业屡试不爽的地推方式，但他们还开发出了更先进的推广方式，那就是将"性感荷官"穿插到各种互联网平台中，比如金融股票、体育迷彩、棋牌游戏、捕鱼游戏等等。某些博彩网站为了自己的网站可以轻而易举的被用户在搜索引擎上面搜索到，会入侵一些知名网站，并且在知名网站挂上自己的博彩网站链接，并使得博彩网站在搜索的排名中上升。①

犯罪分子利用技术手段使得网络赌场的隐蔽性大大增强，外部人员很难发现及进入网络赌场内部。而赌博聊天群的群主为躲避的警方的侦查，不仅对参赌人员进入群聊前要身份审核，还会定时清退聊天不活跃的成员，或者定期解散并重建聊天群来销毁赌场的数据。

2. 发展代理：赌博网站往往运用类似传销模式运作，人员层级管理呈"金字塔模式"，从上至下发展多个层级的代理和会员，聘请精通网络技术的专业人士操盘，实现快速发展和营利。关于网赌代理的分析见本书第十章内容。

（四）技术链

1. 技术保障链：技术保障链是网络赌博的支柱，它贯穿在整个网络赌博各个链条。不但赌博游戏、APP 等的研发和维护工作需要专业技术，在资金链中，搭建一个第四方支付平台来跟赌博网站做链接需要技术链参与，在人员链中，搭一个人员管理的平台也需要技术链参与。

赌博网站通常使用专门的网络赌博软件，聘用技术人员对网站进行管理维护，并采用加密通信方式、设置防火墙、设置动态网络 IP 地址、改变网络服务商等多种方式躲避打击。因而赌博平台的技术主管是开设赌场罪共同犯罪中的核心人员，在赌场的发展中起着重要作用。公安部公布的"2020 上半年打击跨境赌博犯罪十起典型案例"中，与"技术链"相关的案件占比近一半。

2. 技术供应链：除了赌博平台自己雇用的技术主管和技术人员从事运营维护赌博网站，新型赌博形态的发展，还催生出一条专门服务于网络赌博组织

---

① 《揭秘网络赌博背后的技术链黑产！》，忻州公安公众号，2020-08-14。

者，致力于降低经营门槛、提升运营利润的网络赌博"技术供应链"，即犯罪团伙为了降低成本，会选择将整个软件的技术研发和维护工作外包给专门的不法科技公司。

一个网络赌场的搭建平台需要三个板块，即软件、硬件、网络服务。现在多数参赌人员所参与的中小型网络赌博，可以外包给专门技术人员提供开发和维护，催生了利令智昏的技术人员组成"赌场团队"，利用多年的线下赌博运营经验，抽象出"数学模型"，开发网络赌博平台的核心功能，例如设计出"后台修改赔率"等模块，帮助庄家立于不败之地；一些技术人员则成立"包网团队"，提供"一体化的网络赌博解决方案"，包括前期对赌博平台核心功能的二次开发，形成赌博App、平台完整架构搭建，服务器、CDN等硬件、网络服务的代购，以及后期完善的售后服务等。在"技术供应链"的协助下，网络赌场经营者不必具备任何专业知识、无需组建开发团队，只需要支付数万元，就可以购买一套架构复杂、功能齐全的网络赌博App代码，轻松开设赌博网站，这大大降低了网络赌博的资金门槛，而且减少时间成本，实现网络赌博平台快速上线，快速非法谋取高额利润，因而也就具有更大的社会危害性。

综上，网络赌博的"四链"互相分工合作，实现了赌博网站的快速发展和运营，也增大了社会危害性。

第二节 网络开设赌场犯罪共犯认定

随着网络技术的快速发展，网络开设赌场犯罪形成空间的虚拟化、结构的多样化及人员身份模糊化等特点，社会危害性比普通开设赌场行为更严重，而共犯的界定也更加困难。

一、共犯问题概述

（一）共同犯罪

刑法第二十五条第一款规定，共同犯罪是指二人以上共同故意犯罪，即具有共同犯意的数个行为人，共同的实施了犯罪行为。

传统刑法学理论认为，共同犯罪的认定，应当根据主客观相一致的原则全面分析。其一，在主观方面，根据刑法理论，成立共同犯罪故意，共同犯罪人之间必须存在意思联络，在犯罪意思上相互沟通。[①] 即各行为人明知自身及其他行为人的行为会发生危害社会的结果，而希望或者放任该危害结果的发生。其二，在客观方面，共同犯罪有双重行为，即犯罪的个人行为和共同犯罪的整体行为，其中对于犯罪性质起决定作用的是整体行为。

在网络开设赌场犯罪案件中，赌博网站不可能由某一个人进行操控，从网站的建立到网站的运营再到利益的获取，比如网络平台和网络游戏的开发、运营与维护、经营管理、赌博规则的制定以及赌资的支付和收取等，每一个阶段均有不同的人员参与且分工明确，体现出较严密的组织性。所以，网络开设赌场犯罪是一个庞大的共同犯罪整体。

主犯是在整个犯罪活动中起主要作用的行为人，但是，网络赌博犯罪中的主犯往往不止一个人，因为网络赌场由数个部分组成，每个部分中起主要作用的行为人均可能成为主犯。

从犯是共同犯罪中起次要或辅助作用的分子，即起次要作用的正犯和起辅助作用的帮助犯。包括提供技术帮助的人员、提供资金结算的人员等。传统开设赌场共同犯罪中，犯罪集团规模往往相对较小，且各行为人之间互相熟识，知晓共犯成员的基本信息，容易形成共同犯罪合意，成员间意思联络明确，共犯人之间相互帮助或协助、共同实施犯罪行为。但是，网络开设赌场犯罪空间中团伙规模较为庞大，帮助行为意思联络趋弱，而帮助行为的独立性和危害性可能更强。[②]

《解释》第四条规定：明知他人实施赌博犯罪活动，而为其提供资金、计算机网络、通讯、费用结算等直接帮助的，以赌博罪的共犯论处。据此，在认定赌博罪共犯时，需要注意两点：一是必须有证据证明行为人的认知状态是明知，认知内容是他人在实施赌博犯罪活动，这是行为人主观上存在沟通故意的前提，但是否沟通则并不作为考虑因素。二是行为人必须提供了资金、计算机

---

① 高铭暄、马克昌：《刑法学》，北京大学出版社，2012年版，第165页。

② 江朔：《帮助信息网络犯罪活动罪的解释方向》，载《中国刑事法杂志》2020年第5期。

网络、通讯、费用结算等直接帮助。这种直接帮助，是指对于赌博犯罪的发生和发展来说，有直接的促进作用而并非可有可无。

2014年《赌博机意见》，将以下几种情况认定为开设赌场共犯：（1）提供赌博机、资金、场地、技术支持、资金结算服务的；（2）受雇参与赌场经营管理并分成的；（3）为开设赌场者组织客源收取回扣、手续费的；（4）参与赌场管理并领取高额固定工资的；（5）提供其他直接帮助的。由此可见，"共犯行为"是"利用赌博机开设赌场的"直接帮助行为，这些标准有利于对此类行为人行为的理解和定性。

根据以上规定，构成网络开设赌场罪的共犯，主观上要求共同的犯罪故意，客观上必须是该共犯的行为对赌场的开设及运营起到了直接的、不可或缺的帮助作用。

2020年《跨境赌博意见》则进一步完善了共同犯罪的认定范围，其第三条第三款规定：为同一赌博网站、应用程序担任代理，既无上下级关系，又无犯意联络的，不构成共同犯罪。现实中，赌场的代理，少则数名，多则上万，且分散全国各地，互不相识，将多名互不相识的代理认定为共同犯罪存在诸多障碍，因其不存在共同犯罪所要求的"共同"的犯意联络，不符合共同犯罪的构成。条文的规定，将实务中的困境予以明确，避免"共同犯罪"认定可能出现的偏差。

（二）片面共犯问题

《解释》第四条规定的行为，在刑法理论上称之为片面共犯。片面共犯指具有实施共同犯罪的故意的一方，帮助不具备共同犯罪意图的一方实施犯罪的行为类型。行为人是构成开设赌场罪的共犯还是帮信罪等具体罪名，一直是存在较大争议的问题。

刑法理论对于是否成立片面共犯有截然不同的两种观点。传统理论认为，因彼此不存在共同的犯意，不知情的另一方仅为自身的行为承担罪责，不承担共同犯罪的罪责。[①] 即行为人之间必须具有犯意联系，否则就不发生共同犯罪

---

① 马克昌：《犯罪通论》，武汉大学出版社，2005年版，第135页。

关系。而肯定说认为，共同犯罪的观念，不以双方具有互相的犯意联系为必要，单方面帮助他人犯罪而他人不知道的情况，在社会生活中是客观存在的，以从犯处理为宜。

《意见》对网络型开设赌场罪的帮助行为的认定中，不考虑正犯行为构成犯罪与否，只要求提供帮助的行为人意识到其帮助对象是"赌博网站"，就能根据具体行为判定是否以开设赌场罪处罚，认可了片面共犯理论，并对认定标准作了细致的规定。《意见》对开设赌场罪共犯问题的规定，从形式上看是"以共犯论"，从实质上看则体现了"帮助行为正犯化"，[①] 即将实质上具备独立属性的帮助行为，通过法律修正及司法释义扩大解释为独立性的正犯行为，不以传统共犯理论对该行为进行处罚，而依照刑法分则论处。

网络开设赌场犯罪中的直接帮助行为包括：一是为赌场的存续提供帮助的人，包括明知行为人要开设赌场，仍然为其提供场地、提供计算机网络技术帮助的，例如提供互联网接入、服务器托管、网络存储空间等条件和服务；二是提供资金支付结算服务的人；三是招揽顾客、投放广告者。

案例：最高人民法院指导案例146号：陈某等开设赌场案[②]

陈某被赌博网站所在的龙汇公司聘请为中国区域市场总监，从事日常事务协调管理，维护公司与经纪人关系，参与各种会议宣传发展会员，非法所得35万余元，但入职时间短，不直接实行开设赌场行为，不参与决策，不参与分成，没有担任代理接受下注，不符合实行犯正犯的特征，但是符合《意见》第二条规定的共犯中的宣传发展会员等条件，构成帮助犯，在共同犯罪中属于从犯。

实施帮助行为的一方，对组建、经营赌场提供了直接帮助，而赌场开设者并不知情，虽然双方没有意思联络，但提供帮助者具有开设赌场罪的故意且实施了具体行为，提供帮助者成立开设赌场的片面共犯。直接帮助行为与开设赌场正犯的界限，一是帮助行为人对赌场没有支配性，二是直接帮助行为从属于正犯行为。

关于正犯，以往在形式客观说下亲自实施不法构成要件之人为正犯，其余

---

① 于冲：《网络犯罪帮助行为正犯化的规范解读与理论省思》，载《中国刑事法杂志》2017年第1期。
② 《陈庆豪、陈淑娟、赵延海开设赌场案》，江西省高院〔2019〕赣刑终93号刑事判决书。

加工者为共犯，则正犯即为实行犯。该说具有将教唆犯、帮助犯边缘化至共犯难以体现罪刑均衡的弊端，目前主流学说是实质客观说，即从各参与人对犯罪完成所起的作用大小来区分正犯与共犯，即对共同犯罪事实予以支配或起重要作用者是正犯，反之则为共犯。[①]

由此，基于不法形态的共犯理论，学者对共犯正犯化路径予以批判，将共犯论的核心问题归结于因果性问题，由此认为即便不增设帮助信息网络犯罪活动罪，但只要能够肯定帮助行为与正犯的不法具有因果性，而且帮助者认识到了正犯的行为及其结果，就能够认定其成立帮助犯，进而提出如果通过解释路径能够解决问题，就"没有必要甚至不应当采取立法路径"。[②]

不过，本来正犯与共犯的二元区分观念只有在限制正犯体系下才能存在，然而在实质客观说的主导之下，由于仅关注行为人对实现犯罪的贡献大小，从而"彻底混淆了构成要件的观念，正犯与实行犯的等置性荡然无存"。[③] 就是说，此种方式虽可能较好地解决部分网络共同犯罪中起主要作用的帮助犯被评价为主犯的问题，但因构成要件的定型性被舍弃，难以通过参与类型的建立完全解决行为罪质定性的问题。

案例：开设赌场罪案件[④]

被告人为网络赌场核对客户身份的行为应认定为帮助行为，属于从犯。被告人温创贤、温智盛在网络赌场中从事"核对"等工作，与赌场相关人员构成共同犯罪，在其中起次要和辅助作用，属从犯，依法应减轻处罚。

二、共同故意的认定

共同犯罪故意，指的是各共同犯罪人通过犯意联络，明知自己与他人配合共同实施犯罪会造成某种危害结果，并且希望或者放任这种危害结果发生的心理态度。

---

① 张明楷：《刑法学（上）》，法律出版社，2016年版，第392页。
② 张明楷：《网络时代的刑事立法》，载《法律科学》2017年第3期。
③ 刘仁文、杨学文：《帮助行为正犯化的网络语境》，载《法律科学》2017年第3期。
④ 上饶市中院〔2020〕赣11刑终344号刑事判决书。

（一）"明知"的认定

行为人之间的犯意联络及对行为危害结果的预见，是构成共同犯罪故意的实质性内容，而对危害结果的态度却可以有希望或者放任两种不同形式。也就是说，在共同犯罪故意的认定中，并不要求各共同犯罪人的犯罪故意内容完全一致，而只以各共同犯罪人的犯意相互连接，共同形成某一具体犯罪的主观要件整体为满足。

最高人民法院关于共同犯罪的司法裁判规则指出，[①] 在共同犯罪中，无论是事前有无通谋，共犯之间的意思联络是必不可少的，否则，就无法形成共同的犯罪故意，而且，这种意思联络是相互的和双向的。在意志因素上，都决意参与共同犯罪，并希望或放任共同的犯罪行为引起某种犯罪后果。

网络开设赌场犯罪多为共同故意犯罪，在具体认定过程中必然涉及对"明知"一词的理解和适用，这也是控辩双方的争议焦点问题。大部分行为人及其辩护人辩称的理由是，对于被其帮助的网络犯罪实施者的犯罪目的并不知晓，没有与之进行共谋，不具有犯罪的动机。

在网络开设赌场共同犯罪中，各个共同犯罪人由于其地位、角色的不同，他们的犯罪故意内容往往是有所不同的。而且由于网络的虚拟性特征，使得犯罪成员相互间直接接触不多，彼此间意思联络可能并不十分明确，行为人"明知"的表现并不显著，这给行为人之间共同犯罪故意的证明问题带来了困境。[②]

关于"明知"，通常认为其含义就是"故意"，包括直接故意或间接故意。在认识因素上，要求必须是"有认识"，[③] 即可以理解为明确或清楚的知晓他人在实施犯罪这一行为。

在"明知"的解读上，通说认为"明知"包括"知道"和"应当知道"，而提供帮助的行为人主观上仅为"可能知道"则不构成共同犯罪。"知道"的判定上主要来源于行为人的供认和同案犯供述；"应当知道"则需要根据经验

---

① 冉某等故意杀人、包庇案，刑事审判参考第254号指导案例。

② 王志刚、高嘉品：《链条型网络犯罪中的"共同故意"证明》，载《法律适用》2020年第15期。

③ 张铁军：《帮助信息网络犯罪活动罪的若干司法适用难题疏解》，载《中国刑事法杂志》2017年第6期。

法则，根据在案证据，通过逻辑推理得出结论。这一证据规则相应降低了证明标准，但在内涵上是一致的。

在证明方法上，主要是将"相互印证"和刑事推定相结合。具体而言，当具备两个以上的不同证据（如口供、聊天记录等）表明行为人明确知晓他人开设网络赌场实施违法犯罪行为时，可以以印证方式证明行为人的主观明知。

在缺乏口供等证据的情形下，若行为人出现了下列行为，可以根据相关证据进行合理推定：例如行为人在被文化部门警告或处罚后，仍然继续为他人提供网络服务；采用技术手段逃避监管；所获利益大大高于行业水平等。提供正常娱乐的游戏网站是不以非法目的为导向的网络营业行为，而上述情形超出了普通人对技术中立行为的一般认知，属于非中立的网络行为，可以据此推定行为人对他人可能利用网络服务从事违法犯罪行为是明知的。

（二）存在"意思联络"的认定

意思联络是不同行为人之间共同故意的桥梁与纽带，发挥着将单个故意结合成为共同故意的作用。[①] 如前所述，网络开设赌场犯罪中行为人之间的意思联络往往缺乏明确性和有效性，证明困难。

1. 表现形式

一般认为意思联络存在明示、暗示、容忍[②]三种表现形式，其中以明示为主要形式，暗示和容忍次之。明示指行为人将自身的犯罪意图或犯罪目的明确地展示给相对人。在双方均为明示时，只要收集行为人相互进行交流的证据即可，如 QQ 群聊天记录等；在一方明示但另一方暗示甚至容忍时，则需要准确解读行为人的行为对明示信息的反馈，因对暗示或容忍可能存在误解问题，使得难以判断行为人与相对人之间是否达成合意。在案证据不能确证双方达成合意的情况下，不能认为成立共犯；反之则因达成合意，成立共犯。

2. 意思联络的具体内容

意思联络在内容上主要体现为共同性，包括共同的犯罪目的、共同的犯罪意志以及能够意识到自己是与其他行为人一起实施犯罪行为。

---

① 李光宇：《共同故意的基础问题检讨》，载《南京大学学报（哲社版）》2017 年第 4 期。

② 姜涛：《事前通谋与共同犯罪成立》，载《中国刑事法杂志》2014 年第 5 期。

（1）就共同犯罪目的而言，行为人分别处于网络开设赌场犯罪的不同环节，下层普通员工很难完整且明确地知晓犯罪目的，尤其是网络游戏是否为赌博游戏，公司是否经营的是赌博平台，限于自身的工作内容（例如公司普通前台人员），可能并不知道该网站针对的用户是赌客，也不知道赌资数额多少，这样就存在缺乏或者弱化共同犯罪目的的情形；

（2）就共同的犯罪意志而言，由于不同环节行为人对共同犯罪目的的认识不完全相同，以及在犯罪组织中的影响力差异，当部分行为人（如网络平台的控制者或管理者）意欲实施超出既定犯罪目的的行为时（如对于拖欠赌资的行为人进行绑架、非法拘禁），其他行为人虽然不愿参与该行为，但由于自身地位和影响力较低而无法拒绝；

（3）对于能否意识到自己是与他人在共同实施犯罪来说，网络开设赌场犯罪较传统犯罪而言，规模更大，人数更多，同时具有明确的层级和不同环节的划分，下层普通员工很难完全知晓犯罪组织的全部成员，更无从得知其他成员所从事的工作内容，故通常不认为是犯罪，犯罪主体仅限于上层组织者、管理者和控制者。

综上，对于共同故意的认定，就共同的犯罪目的而言，行为人仅需要对此有概括的认知即可。例如参与网络开设赌场犯罪的行为人只需认识到自己与他人正在实施运营赌博网站行为即可，而对于参赌人员和正常玩家人员情况、赌资或营业数额大小、利润分配方式等则在所不问；就共同的犯罪意志而言，只要赌博平台的犯罪行为没有明显超出既定犯罪目标（如为了网络开设赌场犯罪而开发赌博游戏等），且行为人没有明确的进行反对或排斥（如没有退出该网络公司等行为），则应认定具备共同的犯罪意志；就对于能够意识到自己与其他行为人共同实施的犯罪行为，行为人只要能认识到自己属于犯罪组织中的一员，且实施的犯罪行为与自己的认知没有实质的偏差（即是为了实现主要犯罪而采取的行为）即可，不需要对所有犯罪成员以及犯罪成员实施的所有行为都有清楚明确的认识。

尽管在开设赌场的相关司法解释中均规定了构成共同犯罪的情形，但并非所有的帮助行为均构成该罪的共犯。普通人员确不存在帮助开设赌场的犯罪故意，仅为涉案赌博网站提供某种形式的支持，对于此种情形，不应认定为共犯。

三、共犯的分类认定

开设赌场的帮助犯，同样具有相对的稳定性、连贯性，与该赌博网站有某种固定联系，如系某赌博网站负责推广、招募会员的专职人员、注册为代理等，应该根据行为者的主观目的、一贯行为状态以及与赌博网站之间的关系等因素综合判断。

（一）支付平台共犯的认定

1. 第三方支付平台的应用

相对于传统的现金、银行转账，支付宝、微信支付、百度钱包、京东支付等俗称第三方支付。但第三方支付平台有严格的监管机制，非法网站无法直接接入进行资金结算，只能在合法形式掩盖下进行。

网络犯罪往往依赖于网络支付平台实现法定货币与虚拟物品的兑换和赌资的流转，这就涉及第三方支付平台作为赌资的结算、利益分配的主体，但对于第三方平台是否应当承担帮助共犯的责任存在争议。

《意见》明确了"资金结算型"开设赌场罪共犯的情形：帮助赌场开设者收取赌资达到规定数额或因资金结算服务抽取的服务费金额达到规定标准（收取服务费用1万元以上和帮助收取赌资20万元以上）。

（1）服务费与手续费的收取

无论进行何种交易，只要发生资金流动，支付宝、微信就会收取一定手续费用。但此费用与《意见》当中规定的服务费用是否有区别存在争议。

有观点认为，"帮助收取赌资"系单向的收取行为，即资金流系自下而上、自参赌人员到各级代理再到赌场开设者的"单向"。也有观点认为，正常运转的网络赌场的赌资流转是一个循环过程，也存在自上而下的逆向流转，因而关于服务费和赌资的收取应当是多向且循环流动的。司法实践中绝大多数的网络赌场都或多或少的存在赌博网站给代理人员和参赌者返利的情形，若限定赌博资金流向为自下而上，无法反映出网络型赌场赌资的实际流转情况，不能合理定罪量刑。

基于此，应当对收取服务费和收取赌资进行严格解释。例如微信支付对所有用户同样的服务费收取就不能认定为本罪的共犯实施的行为，只有在明知情形下，仍带有明确帮助网络赌场运营、资金周转的目的而收取服务费，对赌博网站的运作起到不可忽视的帮助作用，才满足共犯的要件。此时，无需考虑赌博资金的流转方向，都应计入入罪标准的数额，认定是否构成开设赌场罪共犯。

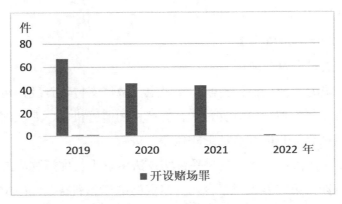

图 4‑2：第三方支付涉开设赌场罪的案件数量图

数据来源：中国裁判文书网，检索日期：2023 年 1 月 4 日。

行为人若实施帮助赌博网站资金"洗白"、为赌场贷款提供担保等涉及赌博资金流通的其他行为，应根据其行为在犯罪活动中作用的大小来定性，若符合共同犯罪要件，应以开设赌场罪论；若符合其他犯罪的构成要件，以相应的其他罪名论处；若同时构成洗钱罪、掩饰隐瞒犯罪所得、犯罪收益罪等，以处罚较重的规定处罚。例如"币商"、"银商"现也处于"灰色地带"，但实际为赌博网站售兑筹码，通过赚取差价牟利，若其知晓所兑筹码性质，应以开设赌场罪共犯论，否则应以非法经营罪等其他罪名论。

（2）主观上的"明知"

根据《意见》的规定，第三方支付平台行为人认定为共犯需要主观上知道帮助的是赌博犯罪行为，但在不知情的情况下提供资金流向的帮助，则不宜认定为共犯。实践中，一般从支付渠道资金链条的完整性、资金流水与支付渠道的关联性、支付渠道与赌资流向的唯一性等方面来判断第三方支付平台主观上是否明知。

案例：开设赌场案[①]

兰某某是某科技公司的主管，公司主要从事网络游戏的点卡和网银支付。在与客户"rose"的合作中，"rose"要求兰某某在公司的支付平台上开接口并提供资金支付结算服务，承诺给予三倍的服务费。后兰某某得知其是位于菲律宾的赌博网站，通过在中国大陆发展代理的方式吸引中国公民参与赌博，但抵挡不住高额服务费的诱惑，继续提供支付结算服务，并从中获取返点共计342万元。法院认定兰某某构成利用网络游戏开设赌场犯罪的共犯。

2.第四方支付平台

第四方支付是相对第三方支付而言的，又称聚合支付，是通过聚合多种第三方支付平台、合作银行及其他服务商接口等支付工具的综合支付服务。[②]其最核心的业务便是通道聚合，将各个支付公司不同的接口进行整合，形成具有综合功能的单一通道，终端用户只需要使用同一个二维码，解决了"一柜多码"给客户带来的困扰，也提高了商户的收银便捷度。

近年来，第四方支付作为第三方支付的衍生和补充获得了较快发展，但其无牌经营性、操作便捷性特点以及监管的滞后性，导致越界开展资金支付结算服务涉刑的案例有较大增长。

（1）主要涉及的罪名

本书在中国裁判文书网、聚法案例网平台检索，以第四方支付、聚合支付、支付通道等为关键词，获取了自2018年以来共113篇刑事一审裁判文书。检索情况如下图4-3所示：

[①] 王平聚：《代理第三方支付平台构成了开设赌场罪》，网易网 https：//www.163.com/dy/article/FF0B25NO05370FI9.html，访问日期：2022年9月23日。

[②] 班越：《打击非法第四方支付网络犯罪研究》，清风苑杂志公众号，2022-11-07。

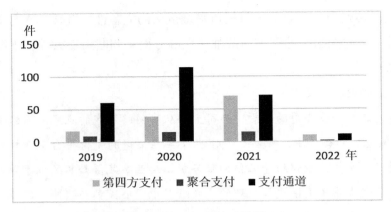

图 4-3：第四方支付案件数量图

通过筛选第四方支付的刑事一审案例分析后发现，第四方支付主要涉及的罪名包括帮助信息网络犯罪活动罪、诈骗罪、开设赌场罪，简要分析如下：

①非法经营罪。多以公司等犯罪集团的形式开展，共同犯罪情况较为普遍，各被告人之间分工明确，各担职责。《刑法》第 225 五条第三项规定了非法经营罪，主要是未经批准非法从事资金支付结算业务，扰乱市场秩序，情节严重的行为。两高司法解释[①]列举了"非法从事资金支付结算业务"的三种具体形式："以虚构交易、虚开价格、交易退款等非法方式向指定付款方支付货币资金的。"

案例：余某、吴某非法经营案[②]

被告人余强为公司实控人，授意他人搭建了"亿龙管家平台系统"，并将上百个空壳公司关联在该平台上，作为交易的渠道。随后，利用该平台对接了大量赌博、诈骗的非法网站。当平台商户需要收款时，平台会随机选择一家关联公司的交易渠道，虚构一笔金额对等的红木家具交易，然后将对应的支付宝、微信等第三方支付平台的付款二维码发送给平台商户，商户的客户（赌客、受骗者）通过扫描二维码完成付款。平台关联公司收款后，对资金进行归集、调度，并按约定的比例扣除手续费后，再通过第三方支付平台付款至平台商户指定的账户。

---

① 两高《关于办理非法从事资金支付结算业务、非法买卖外汇刑事案件适用法律若干问题的解释》，2019 年 1 月 31 日公布。

② 江西省赣州市中院〔2020〕赣 07 刑终 271 号刑事裁定书。

本案是采用"二清"模式的第四方支付平台，利用控制的账户形成"资金池"，非法从事资金支付结算业务，构成非法经营罪。辩护人通过虚构交易的方式为赌博网站提供资金结算服务，构成帮信罪的辩护意见，未被法院采纳。

②帮信罪。若第四方平台运营者对赌博平台的存在是主观明知的，仍为其提供资金汇集、转移的渠道，可能会构成帮信罪。

案例：锦恩公司受委托为某赌博平台提供资金收取等服务 ①

平台运行机制是：平台将码商的支付宝收款二维码整合到赌博网站的收款界面，码商在收到客户的充值金额后，在平台点击确认，扣除分成比例后，将收取的资金通过平台或直接支付给赌博网站。平台通过码商或赌博网站收取服务费。

本案中，法院认为，被告人通过至尊宝、星智支付平台整合码商的收款二维码，为赌博网站提供资金收取的帮助行为，实质是为码商代为收取资金向赌博网站提供监管责任，未从事非法资金支付结算服务，不构成非法经营罪。被告单位锦恩公司的被告人周某、李某等明知他人利用信息网络实施犯罪行为，仍为其提供支付结算帮助，其行为均构成帮信罪。

③开设赌场罪。行为人架设通道非法提供结算业务，超过五成的案件发生在涉赌类（如开设赌场、赌博）犯罪活动中。根据《意见》的规定，第四方支付经营者是否构成开设赌场罪，应当重点考察是否存在事前通谋或后续参与的行为。如果支付平台经营者与赌场经营者存在明显的犯意联络和分工协作，应当认定为开设赌场罪的共同犯罪；如果支付平台经营者仅是知道赌博网站的存在，单纯想借助赌博平台获利，未与赌博平台经营者形成共同犯意，应认定为帮信罪。

案例：王某等开设赌场罪一案 ②

被告人王某负责搭建平台、提供技术服务及后台维护，汪某负责联系客户及平台运营管理，组建 qq 群、购买企业支付宝账户搭建资金支付通道，为 BET365 赌博网站等提供资金支付结算服务，收取手续费获利。辩护意见是：百汇通支付平台并非专门为赌博网站提供服务，其也没有参与对接平台的运营，只是提

---

① 《重庆锦恩网络技术公司等帮信罪案》，重庆市五中院〔2021〕渝 05 刑终 186 号刑事判决书。

② 《王智帅、汪荣亮等开设赌场罪一案》，山东省德州市中院〔2021〕鲁 14 刑终 213 号刑事裁定书。

供资金支付结算服务，结合其他同类案件，其行为应当构成帮信罪。

法院认为：王某明知是赌博网站仍为其提供资金支付结算服务，同时构成开设赌场罪与帮助信息网络犯罪活动罪两个罪名，择一重罪以开设赌场罪论处。

综上，从案件分析来看，具体的定罪罪名受到被告人主观认识的影响，被告人主观认识到第四方支付涉及的具体犯罪行为，如系被用来结算诈骗、开设赌场资金等，法院即倾向于认定其构成与明知相关的具体罪名，"明知"的内容成为确定罪名的关键考量因素，这也符合"主客观相统一"的原则。

（2）跑分平台

中国人民银行于2017年开始陆续发布了《关于进一步加强无证经营支付业务整治工作的通知》《关于规范支付创新业务的通知》《关于开展违规"聚合支付"服务清理整治工作的通知》等文件，规范第四方机构的运营。2020年8月，中国支付清算协会发布《收单外包服务机构备案管理办法（试行）》明确将"聚合支付技术服务"作为备案业务类型之一，正式纳入收单外包服务机构备案管理范畴。

在我国，资金支付结算业务属于特许经营业务，从事该行业必须获得中国人民银行颁发的《支付业务许可证》。根据禁止二次清算系列政策颁布，外包收单机构在从事聚合支付服务时不允许从事资金结算业务。但目前第四方支付平台仍违规从事资金结算业务，并对其他犯罪起到关键的协助作用，如为网络诈骗平台、网络赌博、色情直播产业等进行支付结算服务，成为网络黑产的重要一环。

为参赌人员提供在网络赌博时充值赌资的多种支付通道，帮助网络赌博平台收取和结算赌资，俗称"跑分"。

非法第四方支付平台运作过程中，公司、商户或者个人账户通过运用交易匹配、支付指令、记账结算等功能，在商品交易、话费充值等表面活动下将违法资金接入支付通道内，规避监管。平台通过"码商"收集大量的个人或商户的二维码，通过"跑分"平台以网络刷单、炒虚拟币等形式，诱导用户参与其中。"跑分"平台通过网页、贴吧、网络兼职群等进行推广，招揽大量个人用户入驻，个人缴纳一定的保证金后，即可在后台自动接单，导致大量个人账户正常支付的活动与跑分行为相混淆。部分非法第四方支付平台以比特币等虚拟货币的形式向网络犯罪提供的账户转发资金，使资金流转更为隐蔽。

案例：张某某、吴某某开设赌场案①

被告人张某某等人未经国家有关主管部门批准，利用其开设的"汇博""银付"等支付平台为多家不特定的客户（包括客户所代理的境外赌博网站）提供资金支付结算业务，并收取服务费，非法获利 50 万元以上，根据司法解释②之规定，张某构成非法经营罪；根据《意见》的规定，其明知所提供资金结算的对象是境外赌博网站，仍提供资金支付结算业务的行为，亦构成开设赌场罪。按照竞合犯的处罚原则，应当从一重罪非法经营罪定罪处罚。

2020 年 10 月，警方成功破获一起利用数字货币泰达币（USDT）进行资金结算的新型跨境网络赌博案件，此案中"跑分平台"使用了数字货币 USTD 进行跑分操作。此类案件，每月"洗白"黑金近百亿元，跑分平台成跨境洗钱新通道，③ 为了规避风险，跑分手法也不断翻新，不仅支持各个平台的收款码，从第三方支付的头部企业延伸到更多中小第三方机构，还支持使用手机号收款码、赞赏码、打赏码、四方支付码等各类二维码和电商平台红包等。

（二）服务、宣传平台共犯的认定

关于广告推广方的共犯认定，《意见》规定的共犯情形是：为赌博网站提供投放广告、发展会员等服务，收取服务费在 2 万元以上的；为十个以上赌博网站投放与网址、赔率等信息有关的广告或者为赌博网站投放广告累计 100 条以上的，属于开设赌场的共同犯罪，旨在打击司法实践中不断更新的广告平台和网络宣传媒介的违法行为。《跨境赌博意见》扩大为"明知是赌博网站、应用程序"而从事上述行为，同时删除了金额的规定，降低了入罪门槛。

---

① 《张秀波、吴明晓开设赌场案》，景德镇市中院〔2020〕赣 02 刑终 51 号刑事判决书。
② 两高《关于办理非法从事资金支付结算业务、非法买卖外汇刑事案件适用法律若干问题的解释》第四条第一款第（二）项。
③ 新华网官方账号，2021-02-23。

1. 主观上"明知"

司法实践中，要求行为人主观上"明知"提供服务或帮助的对象是赌博网站。判断是否明知，除了要确认商家提供服务器等托管服务外，还需确认其是否参与了赌博网站的研发、设立、经营等，以及从商家收取的服务器托管费用是否与市场价相符，在收取服务费用之外是否收取了开设赌场行为人所给予的返点、分红、奖励等。

案例："黄金屋"赌博平台案①

周某某建立线上"黄金屋"赌博平台，吸收、发展下线代理，并赋予其上下分权限，由各个代理接受投注。孙某某明知周某某开设的是"赌博网站"，仍为其赌博游戏平台服务器托管、软件升级、维护、技术支持等提供帮助，收取服务费用共计 19 万元，其行为就构成开设赌场罪的共犯。

2. 具有宣传推广等行为

《广告法》中"广告"的定义是，商品经营者以营利为目的，向宣传媒介支付费用，由宣传媒介向不特定大众推销经营者销售的产品，因而广告具有营销以及付费特征。

《意见》对"广告"和"投放广告"二词的具体内涵没有明确，但对赌博活动的广告宣传内容作出了限定，即应当载明赌博网站的网址、赌博规则等与"网址、赔率等信息"密切关联的基本信息，广告宣传型开设赌场罪共犯需符合上述条件限制，以保证法律条文前后统一。

案例：最高人民法院指导案例 146 号：陈某某等开设赌场案②

陈某某被赌博网站所在的龙汇公司聘请为中国区域市场总监，从事日常事务协调管理，维护公司与经纪人关系，参加各地说明会、培训会并宣传龙汇公司的"二元期权"，发展新会员和开拓新市场。

本案中，陈某某的宣传行为，带有明确的拓展市场的目的，对赌博网站的发展起到了推动作用，符合《意见》第二条规定的明知是赌博网站，而为其提供投放广告、发展会员等服务的行为，构成开设赌场罪。

---

① 浙江省嘉兴市中院〔2018〕浙 04 刑终 490 号刑事裁定书。
② 《陈庆豪、陈淑娟、赵延海开设赌场案》，江西省高院〔2019〕赣刑终 93 号刑事判决书。

一般情况下，涉赌网站常见的推广模式主要有三种：一是在游戏中设置版块供代理商、银商展示自己的联系方式，并提供道具流转途径，支持道具回兑交易；二是以"话费卡""京东卡"等有价虚拟卡和有价实物对玩家手中的道具进行回兑；三是吸引和招募代理商，按相应比例给予返利。

行为人在微信、微博、QQ空间、百度贴吧、门户网站、上网服务营业场所等，以留言或发表文字的形式发布有关赌博网站的信息并进行简要宣传，是否属于投放广告行为存在争议。判断的关键在于，行为人发布的信息内容是否涵盖网址、赔率等赌博活动相关的基本信息。如果没有，只可能引起他人"好奇"，但他人无法和赌场建立联系，广告投放的效果未呈现，行为人不构成为赌博网站提供广告投放服务行为。

对微信群等应用程序而言，若进入群聊需要群内成员"邀请加入"、群主审核身份，则受众群体具有一定的局限性，对于QQ及微信群中发布有关赌博网站信息并进行简要宣传的行为而言，不符合广告受众群体为不特定的公众的性质，也不应认定行为人构成为赌博网站提供投放广告服务。反之，则可认定为投放广告型开设赌场罪的共犯。

案例：闭某某、李某某等犯开设赌场罪一案①

其中李某某、张某利用数十个QQ号不断加入各类QQ群，成功发送上万条赌博平台信息，为网上至少五十个赌博平台的代理玩家做宣传广告，并从中收取报酬，获利2万余元。法院认定二被告人明知是赌博网站还为其做宣传广告，构成开设赌场罪。

（三）雇佣人员共犯的认定

网络开设赌场行为的运营，离不开一众人员支持，包括财务人员、管理人员、客服人员、安保人员、维护人员等，他们通过领取薪资的方式来共同运营网络赌场。对其身份的认定，学界主要有两种观点：雇佣人员在明知赌博活动且其行为主要为网络赌博的运营提供帮助时，其所得到的薪酬实质上是对网络赌场利润的重新配置，则应当按照本罪的共犯处理；反对观点认为，雇佣人员

---

① 《闭德彬、李欣炎等开设赌场罪案》，江西省乐平市人民法院〔2019〕赣0281刑初232号刑事判决书。

对于网络赌场的运营不承担风险、没有控制权利，其社会危害性没有达到刑法规制的程度，故不属于刑事犯罪，仅属于一般性的违法活动。

1. 对于雇佣人员共犯的认定

赌场开设者一般会雇佣大量领取固定报酬的工作人员，诸如一般劳务型服务人员、赌博网站普通运维人员、财务会计型管理人员等等，以维护赌博网站的正常运营。此类雇佣工作人员能否认定为开设赌场罪的共犯存在争议，有观点认为，在被雇佣人员中，有些人不直接参与赌博分成，不承担赌博风险，只能以违法来看待，并不构成犯罪；而对于参与管理、参与分成、提供直接帮助的人而言，就理所当然要将其认定为开设赌场的共同犯罪。[①]

对此，需要将其是否存在犯罪故意、参与赌博网站经营的程度及获得报酬或分红的情况等作为参考评判标准。

实体开设赌场犯罪中，共犯必须是合谋开设赌场者，对开设赌场行为具有事先商议，及共同经营管理并分配利润的行为，排除了受到雇佣为赌场负责在外围接送赌客、守山望风、给庄家发牌、帮助赌场兑换赌博筹码等活动的人员，即如果没有参与赌场分红或领取高额固定工资的，不应当以共同犯罪来处理。[②] 对网络开设赌场而言，也存在后勤采购、保安管理等一般服务人员，他们虽然知道工作的性质，但工作内容与赌博网站的运营没有直接联系，收益也只是劳动报酬，故不应认定其构成开设赌场罪的共犯。

但是如果雇佣人员从中实际参与到网络赌场的运营、收取赌资等行为当中，为赌博网站的正常运营发挥了直接作用，诸如管理赌博网站会员账户、维护赌博网站运行和进行结算返利等，对网站整体有序运营不可或缺，并领取了高额报酬，则应当认定为共犯。

案例：陈某某等开设赌场罪一案[③]

乐某某、陈某某成立杭州迅狐科技有限公司经营联城游戏网站，并提供给玩

---

① 邱利军、廖慧兰：《开设赌场犯罪的认定及相关问题研究——以〈刑法修正案（六）〉和"两高"关于博法解释为视角》，载《人民检察》2007 年第 6 期。

② 陈兴良：《规范刑法学》，中国人民大学出版社，2017 年第四版，第 997 页。

③ 《陈为俊、乐清权等开设赌场罪一案》，杭州市中院〔2014〕浙杭刑终字第 633 号刑事判决书。

家进行赌博。被告人刘某、傅某等人受雇佣充当客服人员，明知方正财富银商点为联城游戏网站提供资金支付结算，实现"银子"与人民币之间的顺利兑换，仍然 24 小时轮班，通过互联网与游戏玩家联系进行"银子"的出售和回收。本案中，刘某、傅某等人虽然是客服人员，但为赌博网站的正常运营发挥了直接作用，构成开设赌场罪共犯。

2. 劳务性帮助的共犯认定

所谓劳务性帮助，是指行为人实施了日常生活中的劳务行为，但客观上对于网络开设赌场具有帮助效果。行为人明知是赌博网站，具有帮助购买电脑、联系服务器租赁等帮助行为，但是不参与"分红"，仅领取相应的"工资"，行为人是否构成共犯？

第一种意见认为，行为人不构成犯罪。行为人主观上没有以营利为目的，客观上不参与赌博盈利分红，只是领取"工资"实施帮助行为，本质上属于中立行为，那么就不符合赌博犯罪的构成要件。①

第二种意见认为，不参与分红的行为人，虽然没有《意见》中所罗列的"共犯"的情形，但是根据共犯的理论，行为人明知是开设赌场，并为其提供帮助的，应当认定为开设赌场罪的共犯。

尽管《意见》没有规定提供劳务帮助，只领取报酬不参与"分红"的情形，但根据刑法共犯理论，只要有共同的犯意，共同的实施行为（包括帮助行为）就可以认定为共犯。不过具体到个案，还要看没有参与"分红"帮助人在开设赌场活动中所起的作用，若明知行为人是开设赌场，提供了部分帮助，但是所起到的作用微乎其微，这样的人员可以不追究刑事责任。

在上述陈某某等开设赌场罪一案中，被告人黄某某明知信运财富银商点是为联城游戏网站进行"银子"的买卖，仍出面租房、办理宽带网络、提供银行卡、雇佣客服人员，并帮助联城游戏网站进行机器人账号的上庄工作，以吸引更多的玩家。可见，黄某某提供劳务性帮助，但是存在明知且其行为对赌博网站的发展起到了重要作用，构成开设赌场罪共犯。

① 最高人民法院刑事审判第一庭、第二庭编：《刑事审判参考》2005 年第 3 集（总第 44 集），法律出版社，2006 年版，第 85—91 页。

3. 相关人员的"出罪"情形

《跨境赌博意见》第三条第四款规定：对受雇佣为赌场从事接送参赌人员、望风看场、发牌坐庄、兑换筹码、发送宣传广告等活动的人员及赌博网站、应用程序中与组织赌博活动无直接关联的一般工作人员，除参与赌场、赌博网站、应用程序利润分成或者领取高额固定工资的外，可以不追究刑事责任，由公安机关依法给予治安管理处罚。

《赌博机意见》也有类似的规定，但《跨境赌博意见》除了适用场景从"利用赌博机"变为"赌博网站、应用程序"之外，可以不追究刑事责任的条件增加了"与组织赌博活动无直接关联的一般工作人员"。相比较而言，适用场景更广，适用条件更严格。

案例：张某等 16 人开设赌场案 ①

涉案人员分为三类：第一类是张某、李某、吕某，三人负责平台组建、管理，在犯罪中起组织、领导、管理作用，系主犯；第二类是张某超等 11 人，负责赌博网站维护、推广、操作、充值、计分等，系从犯；第三类是梁某等 2 人，运用银行卡取现的人员，情节较轻。根据三类人员犯罪作用的大小、主观恶性、社会危害性并结合认罪态度、退赃情况，综合判断社会危险性，公安机关区分适用强制措施，检察机关审查后根据犯罪嫌疑人的犯罪情节、作用、到案后表现等提起公诉，法院对被告人分别判处不同的有期徒刑和适用缓刑。

综上，根据刑法谦抑性原则，如果将参与赌博网站分红等行为均归入刑法调整，而不对组织赌博的人数、获利数额、具体分工等情节予以限制，存在刑法调整范围过宽的可能，与刑法的谦抑性要求不符。故在具体案件的处理中，一方面要体现对共同犯罪中危害严重、社会危险性大、作用突出的主犯从严惩治的政策取向，另一方面又需要深入贯彻少捕慎诉慎押刑事司法政策，对罪行较轻的从犯予以从宽取保候审、从宽追究刑事责任。

---

① 最高人民检察院 2021 年 11 月 23 日公布的典型案例。

第五章 网络开设赌场罪的刑罚适用

与传统的开设赌场行为相比，网络的虚拟性、便捷性等特点，决定了网络开设赌场的社会危害性更大大，故网络开设赌场罪规定有两档法定刑，《刑法修正案十一》将基准刑从"三年以下"变更为"五年以下"，情节严重的，量刑幅度变更为五至十年内。

第一节 "情节严重"的量化标准分析

对于网络开设赌场罪的"情节严重"，重点关注的是"赌资"和"参赌人数"这两个要素，理论上大多主张参照 2010 年《意见》的规定进行处理。[①]

一、"情节严重"的适用范围

刑法仅规定了开设赌场罪"情节严重"的简单法定刑升格条件，具体如何才属于"情节严重"并未明确，需要司法机关在具体运用中进行把握。

（一）"情节严重"标准是否适用于开设实体赌场

在传统的开设赌场罪中，司法解释没有对"情节严重"作出明确规定，是否应该按照《意见》中的规定作为标准存在争议。

有学者认为[②]，传统型开设实体赌场的情节认定标准应适用《意见》中关于

---

① 莫开勋：《扰乱公共秩序罪立案追诉标准与司法认定实务》，公安大学出版社，2010 年版，第 290 页。

② 孙敏笛：《现有规定适用于认定开设实体赌场之"情节严重"》，《检察日报》2018 年 12 月 17 日。

"情节严重"的规定，因为《意见》及 2014 年的《赌博机意见》的规定在大致上是一致的，反映了立法者对于该类犯罪中"情节严重"标准制定具有统一性。反对者认为不应适用，[①] 因为根据罪刑法定原则，《意见》的适用范围仅限于开设"网络型"赌场的行为，对开设实体赌场的行为，按照此标准处罚，无形中扩大《意见》的适用范围。

本书认为，在现行法律规范没有明确规定的情况下，开设实体赌场"情节严重"的认定，不应适用《意见》中的认定标准。《意见》的立法目的是为了严厉打击网络赌博行为，目标明确，适用范围有限。很明显，只有与网络赌博犯罪有关的犯罪行为才会受到《意见》的规制，开设传统的实体赌场并不在它的规制范围内。虽然按照司法惯例，没有明确规定的犯罪行为及其量刑情节，一般可以参照已公布的同罪名的司法解释或近似罪名的司法解释，但是，开设实体赌场与开设"网络型"赌场有较大的差异，应根据一般认定情节严重的方法，从赌场规模、赌资金额、参赌人员、赌博方式、持续时间、非法获利、社会危害性等方面综合考虑。

（二）"情节严重"在新型开设网络赌场犯罪中的适用

《意见》将网络开设赌场中的赌场限定为"赌博网站"，而在司法实践中，利用微信、手机游戏 App 等网络软件开设赌场的案件，曾有做法认为不能适应《意见》中"情节严重"的规定，因其"不属于网站"，这种做法已经过时。根据指导性案例第 105/106 号确立的规则，及《跨境赌博意见》关于"应用程序"的规定，可以认为此类情形应适用"情节严重"的司法解释量刑标准。

本书认为，"网络型"开设赌场行为的实质就是借用互联网为参赌人员提供一个虚拟的赌博平台，综合考量，新型网络开设赌场行为应当参照适用《意见》中关于"情节严重"的量刑标准。当然，以司法解释对此问题予以明确也很有必要，有利于个案的具体操作。

---

① 王明森：《开设网络赌场"情节严重"的标准是否适用于实体赌场犯罪》，《人民法院报》2013 年 2 月 21 日。

表 5‑1：开设赌场罪的量刑标准

类型	定罪量刑标准		
	认定	情节	量刑
实体 开设 赌场	构成本罪	开设赌场的，应予立案追诉。①	处以 5 年以下有期徒刑，拘役或者管制，并处以罚金。
	情节严重	目前尚无具体规定，根据罪行法定原则，参考《网络赌博犯罪意见》《赌博机意见》等，根据赌场规模、参赌人数、赌资数额、违法所得等因素综合评判。	处以 5—10 年的有期徒刑，并处罚金。
网络 开设 赌场	构成"开设 赌场"	利用互联网、移动通信终端等传输赌博视频、数据，组织赌博活动，具有下列情形之一的： （一）建立赌博网站并接受投注的； （二）建立赌博网站并提供给他人组织赌博的； （三）为赌博网站担任代理并接受投注的； （四）参与赌博网站利润分成的。	处以 5 年以下有期徒刑，拘役或者管制，并处以罚金。
		开设赌场＋具有下列情形之一的： （一）抽头渔利数额累计达到 3 万元以上的； （二）赌资数额累计达到 30 万元以上的； （三）参赌人数累计达到 120 人以上的； （四）建立赌博网站后通过提供给他人组织赌博，违法所得数额在 3 万元以上的； （五）参与赌博网站利润分成，违法所得数额在 3 万元以上的； （六）为赌博网站招募下级代理，由下级代理接受投注的； （七）招揽未成年人参与网络赌博的； （八）其他情节严重的情形。	处以 5—10 年的有期徒刑，并处罚金。

二、"情节严重"的具体标准分析

《意见》规定了网络开设赌场行为渔利数额、赌资数额、参赌人数以及违法所得四种"情节严重"的量化标准，采取的都是"累计"的计算标准，但对于如何进行"累计"并没有明确的说明。

（一）抽头渔利数额

《意见》规定：抽头渔利累计达到 3 万元以上，属于情节严重的情形。有学者认为，在人员结构复杂的规模较大的赌博类犯罪活动中，抽头渔利金额认定范围既包含行为人从参赌人员处收取、抽取的费用，还包含从上线手里获得的佣金和红利。①

本书认为，抽头渔利只应该包含行为人从参赌人员手里收取、抽取的费用，除此之外其他形式如从上级代理或赌场开设人处获得的佣金或从其他来源获得的薪水等，不能被解释为抽头渔利。抽头渔利应是稳定性的非法收益，而佣金和红利只是可能存在的奖励性收益，发放标准既不固定也难以把握，从性质上来看完全不同于抽头渔利，故"抽头渔利"的范围不能做此扩大化解释。

在"代理型"开设网络赌场犯罪中，因为可由参赌人员直接向网站投注，有些代理人并不能直接从中"抽水"，只能在一个完整的资金结算周期后获得非法收益。网络赌场的开设人或上级代理为了激发成员的积极性，有时会将"抽水"和奖励红利一并打入下级代理账户中，此情形下，应扣除不直接从赌博资金中提取的佣金、红利、奖金、服务费等，准确确定"抽头渔利"的数额。

案例：全民麻将案②

被告人吴某伙同被告人万某、凡某通过运营"全民镇江麻将"游戏 App，以发展代理的方式出售游戏内的钻石道具，用于支付游戏中虚拟房间费用，并让代理组建微信群，发展、组织人员登录游戏，通过收发微信红包结算赌资等方式进行赌博活动。期间，利用向代理销售代开房所需钻石道具违法获利合计人民币250 万余元，构成开设赌场罪且情节严重。

在新型网络型开设赌场犯罪中，有些案件行为人是通过收取固定服务费获利。本案中，吴某等人通过销售钻石道具获利的方式是否属于抽头渔利？能否作为"情节严重"情形进行认定？有的学者认为这种营利方式不属于抽头渔利，在量刑时更不能以抽头渔利数额作为量刑标准。本案中，吴某等人虽然是

---

① 谢杰：《网络赌博犯罪中帮助收取赌资行为的司法认定》，载《信息网络安全》2011 年第 10 期。
② 江苏省镇江市中院〔2019〕苏 11 刑终 31 号刑事裁定书。

通过销售游戏内钻石道具的方式获利，"收取虚拟房间费用"看似是通过收取固定服务费获利，但实质上代理、参赌人员购买钻石是为了开设虚拟房间用于赌博，即吴某等人销售钻石获利相当于是因提供赌博条件而按照一并比例获得的费用，应属于抽头渔利，应按照《意见》规定的"情节严重"情形进行认定。

（二）赌资数额

"赌资"，是指专门用于赌博的款物，即金钱或财物。无论是传统型还是网络型赌场，赌资数额的认定是区分罪与非罪的依据，也是衡量开设赌场罪社会危害程度与量刑的基本标准，是认定犯罪情节是否严重的关键指标，也是案件的争议焦点，实践中需要区分投注金额、输赢金额、返点返水、赌资等术语。

在传统的赌博活动中，参赌人员都会现场拿出款物进行下注，即使参与多局赌博活动，最终总计的赌资金额也不会超过每一参赌人员下注金额的总和，故关于赌资的认定，以参赌人员当场被查获的款物为准，[①]而不是按照参与人所参与的多局的赌博活动的投注金额累加来计算。

相比而言，网络赌场在赌资认定方法上存在争议。基于网络赌博情形的复杂性，《意见》对"赌资"的认定确立了三种标准：通过在网络上下注或赢取点数乘以每个点代表的实际金额计算；按照购买虚拟物品所需资金数额或者实际支付资金数额认定；若犯罪嫌疑人或被告人无法说明其用于接收、流转赌资的银行账户资金合法来源，则将该账户内资金全部认定。但在司法实践中，多数网络游戏中都有正常的游戏玩家，也有利用该款游戏赌博的赌徒，如何区分赌资下注与正常充值，存在一定困难，对于赌资数额的认定标准仍存在争议。

1. 赌资认定的"点数"标准

当前较多采用"投注点数乘以代表金额"来计算赌资数额。根据公安部指导意见，[②]各地公安机关制定了《赌博违法案件裁量指导意见》，对赌博违法行为相关量罚赌资标准进行了完善，放宽了对一般群众性娱乐活动的认定标准。

---

① 昌均剑：《"实体型"开设赌场罪的司法认定》，载《中国检察官》2017 年第 6 期。

② 2018 年 6 月 5 日《公安机关对部分违反治安管理行为实施处罚的裁量指导意见》（公通字〔2018〕17 号）。又如江苏省公安厅《赌博违法案件裁量指导意见》（苏公规〔2019〕1 号）。

其中赌资的认定一般标准是：通过计算机网络、赌博机实施赌博活动的赌资数额，可以按照在计算机网络、赌博机上投注或者赢取的总点数乘以每个点数实际代表的金额认定。

（1）"投注额"的计算方式

在网络赌博案件中，赌资多以电子支付的方式实现流转，司法机关调取相关的电子证据，其账目往来十分清楚。但是"投注额"是否可以完全按照截至案发之日的账户显示的投注额为计算依据呢？

"投注点数乘以代表金额"存在的问题是，在网络赌博中，参赌人员用一个账户多次进行投注，本局赢的钱可以投入下一局，如此往复，如果按照多次投注的金额累加计算，就会出现实际投注额远远大于赌资的情况，这显然是不合理的。另一方面，赌客已经投注的点数往往小于可以用于投注的总点数，故难以计算客观真实的赌资数额，因为实践中很少有赌博玩家会将所有购买的虚拟"积分、金币"等全部投注，此方法中赌博玩家账号内还没有被投注的积分就无法被计算为赌资，但这部分积分是要用于赌博的。[1] 例如参赌者充值 100 点数，但只投注 10 点，若全部输掉，则 10 点为犯罪数额，但 90 点并非赌资。如果赢得 20 点，则账户总点数为 110 点。按照《意见》的规定，则 20 为投注的点数。显然这种计算方法以偏概全，总点数无论是 100 点还是 110 点都是参与赌博的资金，是赌博者愿意将财产置换的投注，应当全部认定为赌资数额。

案例：黄某、蒋某等开设赌场案[2]

被告人先后成为"智玩竞技""土豆德州"等网络赌博平台的代理，并招募孙某作为客服，建立赌博俱乐部（名为"新人 118"，从属于土豆 king 联盟），接受赌客进行赌博，由联盟从赌客所赢赌资中抽取 5% 作为"抽水"，同时俱乐部获得赌客所输赌资 5% 作为盈利。

本案中，在认定赌资时，以累计下注数额认定赌资不当，量刑时应予考虑减让。被告人蒋某在电脑文件夹"新人 118 工作室"中记载了俱乐部创建以来

---

[1]　姚珂、田申：《论利用网络开设赌场犯罪的法律适用》，载《中国检察官》2012 年第 5 期。

[2]　杭州市下城区人民法院〔2020〕浙 0103 刑初 31 号刑事判决书。

的账单情况，数据大多来源网络赌博平台，内容较为客观，虽可能存在历次投注额相加的数额累计情形，但基于网络赌博中赌资数额受证据特定的限制，只能显示一段时间内每一次投注额的简单相加，难以证明实际投入的赌资数额。根据《意见》的规定，参赌数额可以计算在赌资数额内。考虑到网络赌博中接受投注金额与实际投入赌资存在的差距，在量刑时酌情考虑。

此外，仅看参赌者投注金额的多少也无法计算其转出资金和赢取资金的情况。例如，如果一名参赌者用 100 元兑换 100 点并下注 50 点作为赌注，他赢得 150 点。此时，该账户共有 200 点。若这名赌徒将这 200 点兑换为 200 元并提现之后，那么事实上这名赌徒的赌资应为 200 元，但若根据投注金额计算，赌资仅为 50 元，差距较大，以投注＋赢取的总点数计算的金额才符合实际情况。

可见，合理认定"投注额"，应该按照行为人在赌博账户内所充值的现金来计算投注额，这是客观反映投注额的一个方式。

（2）"赢取额"的计算方式

用"赢取额"认定网络赌博的赌资，跟计算投注额一样，也是按照实际的赢取额来计算。例如，张某如果投注 1 万元，一共参与 4 局赌博，第 1、2、3 局每局赢取 1 万元，第 4 局输 1 万元，那么张某在本次赌博活动中的"赢取额"不是累计的 3 万元，而应在 3 万元的基础上减去第 4 局输的 1 万元和投注的本金 1 万元。

总体上看，由于赌博的性质决定赌博玩家赢取的钱数总是不会高于其下注的钱数，开设赌博网站行为人为了吸引参赌人员，一开始往往会让其盈利，一旦上瘾后，就会利用系统操纵赌博结果，令其血本无归，故以赢取点数作为标准计算赌资数额缺陷很大。

综上，网络赌资认定的两个关键点是"投注额"和"赢取额"，需要明确的是，《意见》中所明确的赢取、投注点数应主要指已经赢取的点数和已经投注的数量。

案例：华某某等人开设赌场罪一案 [①]

参赌人员朱某某使用华某提供的账号，在虚拟额度内投注，并没有实际投入钱款，其与华某某结算的依据是"输赢额"项下的数额，双方结算前都已被抓获，没有实际交付赌资。该网络"百家乐"账号的"投注金额"人民币 200 余万元，系反复多次投注滚动叠加的数字，存在重复计算问题，不能真实客观反映涉案赌资数额，结合本案其他事实和证据，原裁判不认定属于情节严重并无不当。

由本案可见，网络赌博中应采用行为人最初投入额作为赌资数额的计算方式，依据网络显示的投注点数不能计算出客观真实赌资数额。在"百家乐"这种较短时间内可以连续多次多局进行的赌博形式中，其网络系统中所显示的投注金额是每一局投注滚动累计而成，而输赢之间该金额相对于赌博额度或者最终结算赌资之间都可能存在一定的重复计算问题，而本案中投注额累计与最终实际输赢额之间巨大差异，更显示其中重复计算问题必然存在，检察机关简单地以投注额累计金额认定赌资数额，并据此认定被告人构成情节严重，依据不足，未被法院所采纳。

赌博型微信"抢红包"行为中，没有"名义上"用于投注的钱款、筹码，网络型赌博活动中的"点数"、虚拟物品、游戏道具也不会出现，赌资通常表现为"红包"形式，赌资数额该如何计算？

此种情形依然要遵循以实际"投注额""赢取额"来计算赌资的做法。无论是赌博群群主发送的第一个用于开启赌博活动的"初始包"，用于应对逃款情形的"赔偿包"以及用于激发参赌人员积极性的"奖励包"，均应作为赌资。虽然从实质上看这些红包与"投注额"和"赢取额"并不尽相同，但其功能在于吸引他人积极参赌，促进微信赌博群发展壮大，以更多的营利，故可视为犯罪成本，不将其从赌资中扣减，而将其认定为"投注额"。但是，作为赌场开设者的微信赌博群组织者，其微信账户里的钱不能一概认定为赌资，应该区分来源，账户里未涉赌的资金部分及收益，应从赌资数额中剔除。存入"零钱通"的赌资孳息，来源于赌资，应当认定为违法所得，予以追缴。

---

① 《华吉羽等开设赌场审判监督刑事案》，上海市高级人民法院〔2016〕沪刑再 2 号刑事裁定书。

在明确"投注额"和"赢取额"计算标准的基础上，赌资是二者择其一计算，还是二者相加计算？应根据不同情况具体区分，如果参赌人员在多次投注后赌赢，那么认定其赌资应当是其实际"投注额"和"赢取额"的总和；如果参赌人员赌输或者持平，那么其赌资就可以按照实际"投注额"计算。

（3）跨境赌博的赌资认定规则

2020年《跨境赌博意见》第五条完善了赌资认定规则：通过网络实施开设赌场犯罪的，赌资数额可以依照开设赌场行为人在其实际控制账户内的投注金额，结合其他证据认定；如无法统计，可以按照查证属实的参赌人员实际参赌的资金额认定。

《解释》第八条和《意见》第三条明确了通过"计算机网络"和"赌博网站"实施赌博犯罪的赌资数额计算规则。但未规定适用不能的情形。此次《跨境赌博意见》将该规则予以明确，即降低了计算要求，可以按照查证属实的参赌人员的实际参赌资金额认定，这就为部分赌博案件的赌资认定提供了操作指引。

在实务中，存在部分案件网络赌场后台数据和赌博数据未提取或未恢复的情形，此时，虽然网络赌博赌资计算规则非常明确，但是实际中无操作可能性，而案件中同时又存在大量的"赌客"报案，此时可以按照"赌客"查证属实的报案金额作为定案根据。

2.以虚拟物品价值计算标准

涉及虚拟物品，需要按照赌博网站既定的承兑规则计算。赌博网站以网络游戏为幌子，往往涉及虚拟货币或者虚拟物品、游戏装备等，这些虚拟物品的价值、使用和兑换规则等由赌博网站决定，并实现与法定货币的反向回兑。虽然不同网络赌场的命名不同，例如"金币""金豆"等，但实际作用与点数、筹码相同。需要注意的是，虚拟货币本身不是赌资，只有虚拟货币与法定货币兑换价格相关联后，虚拟货币代表的现金数额才是赌资。故此类网络赌博的关键是找出现金和虚拟货币兑换的规则，只要确定现金和虚拟货币兑换的规则，即可将投入赌博的虚拟货币的金额直接认定为赌资。

但此种计算方式也存在着不足。因为虚拟货币虽然有支付结算的功能，但是不同于固定"筹码",其价值受到市场波动的影响。比如"比特币、游戏装备"等虚拟物品,存在市场价格波动情形,行为人被抓获时间的市场价格和投入时间的市场价格可能会差别很大,故应以购买"比特币"实际支付的资金额认定"投注额"。如果计算浮赢额,应以结算时实际获得的现实货币金额认定"赢取额",若一直处于虚拟货币形式未及时进行结算,应以被查获时其实际的现实货币价值来认定。

在前述陈某某等开设赌场罪一案中,①被告人成立杭州迅狐科技有限公司,经营联城游戏赌博网站。法院认为:对于将资金直接或间接兑换为虚拟货币、游戏道具等虚拟物品,并用其作为筹码投注的,赌资数额按照购买该虚拟物品所需资金数额或者实际支付资金数额认定。

在网络游戏当中,还存在虚拟物品多次兑换的情形,例如某个网络游戏中"元宝"(游戏道具)可以兑换Q币(虚拟货币),虽然Q币兑换人民币的价值是恒定的且受到严格监管,但是"元宝"兑换Q币是波动的,这就使这种计算方法难以发挥作用。

未兑现的虚拟游戏币代金券不可算入非法获利,本案中,法院认为:对于被告人董某的辩护人提出在赌博平台上尚有2万钻石未兑现,该部分获利没有实际到手应予扣减的意见,本院予以采纳。

此外,有些案件中发生交易的账户记录中,有参赌人员的赌资收支,也有行为人QQ号交易、买卖绝版道具等的正常交易记录,也应当予以扣除。

3. 无法逐一查明赌资时的排除认定规则

《意见》第三条第四款规定,对于开设赌场犯罪中用于接收、流转赌资的银行账户内的资金,犯罪嫌疑人、被告人不能说明合法来源的,可以认定为赌资。在辩护意见反对的情况下,该规定侧重点是,如果相关人员主张"专门"用于收取、流转赌资的银行账户中存在合法款项,则应该举证证明。

《跨境赌博意见》第五条对此修改为:"对于开设赌场犯罪中主要用于接收、流转赌资的银行账户内的资金……"多了"主要"两字,进一步扩张了认定赌

---

① 《陈为俊、乐清权等开设赌场罪一案》,杭州市中院〔2014〕浙杭刑终字第633号刑事判决书。

资的范围，也进一步加重了相关人员举证的"难度"，强调如果辩护意见主张"非专门"用于收取、流转赌资的银行账户内存在合法款项，则应该举证证明。

在赌资流转中，赌场往往存在专门用于流转赌资的银行账户，《意见》即针对于此种情形。但随着赌资流转形式的演变，特别是利用"跑分"平台进行赌资流转的情形，出现了非专门用于赌资流转的"兼职"账户。对于某一银行账户而言，可能银行账户所有者同时利用该账户进行赌资收款、流转和个人合法资金收取、流转，对于此种行为《跨境赌博意见》予以了规范，就是说，不能将犯罪嫌疑人的合法财产当作赌资认定，且不适用于其他参赌人员，仅适用开设赌场的人员。

该方法存在的问题是，本罪主体包括开设人、管理人、各层级的代理人等，普遍存在多级代理，且代理账号下又有多个会员账号，且很多为虚假注册，还包括大量的国外账户，资金流转速度极快，甚至还通过地下对敲型钱庄交易，故如果以这些犯罪人账户的金额来认定犯罪数额，司法机关工作量和操作难度较大，在实践难以通过账户资金的方式计算赌资数额。

4. "赌资"的累计计算

《意见》规定"赌资数额累计达到 30 万元以上的"属于情节严重的情形，如何"累计"成为争议较大的问题。

（1）重复下注时的累计

对于网络赌博人员重复下注的情况，赌博金额是通过累计每个赌博人员使用的资金来计算，还是对每次赌局用于赌博的资金进行累计计算？

有观点认为，参赌人员在账户充值后，往往反复下注，账户金额会随着参赌人员输赢情况不停变动。多次反复"投注"延长了赌博时间，提升了赌场利润，也增加了赌场的社会危害性，理应累计计算投注金额来认定"投注额"。例如，甲充值 6 万元，第一局以 2 万元投注，赢取 2 万元，第二局以 4 万元投注，输 4 万元，第三局以 2 万元投注，输 2 万元。那么，"投注额"就不是账户充值金 6 万元，也不是账户减少金额 4 万元，而是实际三局的投注金额 8 万元。

反对意见认为，网络赌博过程中，每名参赌人员均数次投注，若采用累加的算法，势必导致被认定的赌资数额远超过各参赌人员最初持有资金数额的不合理情况。[①] 在认定赌资数额时要注意避免重复计算赌资的情况，即以每次赌局用于赌资的资金进行累计计算，从本次赌局转出的资金不再计算为赌场资金，再次投入赌局的资金可以计算为新投入的赌博资金。[②]

赌资数额累计可以有两种解释，一是实际投入的赌资，即所有参赌人事实上拿出的赌资之和；二是每一次投入具体赌博项目的资金累计相加。这两种"赌资数额累计"的解释，均没有超出其正常语义，因实际投入赌资固然容易理解，而每一次投入具体赌博项目的资金当然均可称为赌资，其相加成为"赌资数额累计"也并无不妥。

《意见》规定了以投注额标准为基础计算赌资和以会员账户为基础计算参赌人数，表明赌资的"累计"，应当是以赌局为单位，将每场赌局中投注或赢取的点数进行累计。就是以赌局中赌博人员每次参与投注资金进行累计计算，反复参与赌博的赌资实行累计计算。

（2）累计方式存在的问题

受制于证据特点，实体赌场赌资的确定通常以案发时当场扣押的赌资计算，但赌资被反复投入到赌博项目中的累计投注金额难以被证明。

网络赌博中赌资的确定，通常由远程勘验或电脑鉴定证明，但只能显示一段时间内（游戏数据等保留180天）每一次下注额的简单相加，实际投入的赌资则难以通过上述电子证据证明。例如参赌人员张某每次下注1万，先赢后输如此往复100次，张某不赔不赚还剩1万，实际投入赌资也仅有1万，但接受投注金额已显示为100万。可见网络赌博中接受投注金额与实际投入赌资存在相当大的差距。

将每场赌局的赌资进行累计计算是不合理的。若将投注点数累计计算会产生于实际资金规模较大的误差。在网络赌场中的赌客以很少的资金参与赌博，也可能反复投注而累计了巨额的投注点数，而且往往赌博的时间越长，累计投

---

① 金果：《网络赌博中赌资数额的计算》，载《人民司法》2017年第2期。

② 孙灵珍、杨淑贤：《利用网络游戏开设赌场犯罪的司法认定》，载《中国检察官》2022年6月第11期。

注点数就会越大。但是，客观上却没有与累计投注点数相对应的真实资金，产生了与实际赌资巨大的误差。[①]

案例：关于赌资数额的争议[②]

在尤某某、陈某某开设赌场案中，一审法院认定尤某等被告人的赌资以涉案银行账户流水为涉案赌资，辩护律师提出本案网络赌博资金反复循环，银行账户资金并非实际赌资，认定尤某构成情节严重的依据不充分。二审法院认为以行为人的银行账户流水及供述等证据证实，足以证实行为人的赌资输赢结算转账往来的数额，但原判以上述赌资输赢结算数额认定为赌资不妥。

本案中，二审法院虽然否定了一审法院在审判时认定的行为人赌资的数额，但二审法院也并没有确认赌资的具体数额以及计算方式。

由于没有具体明确的赌资数额的计算方法，各地司法实践中多以多局重复累加的方式计算赌资额，使得赌资的数额变得非常之大。可见，如果以投注额或者账户内资金算，一则数据庞大、计算困难，二则从司法实践来看，很容易就能达到"情节严重"标准，有羁高之可能。

学者对赌资计算方式等进行了批评，提出了要明确两个前提：[③]第一，赌资应当是用于赌博活动的全部资金；第二，网络赌场和现实赌场中赌资的计算标准应当具有一致性。

由此而言，"多人多局"赌资的累计，应根据情况先将实际参赌人员每局投注金额或赢取金额进行累计计算，再将各参赌人员的赌资进行累计。其实将所有转入赌场的资金认定为赌资，已经实现了累计计算，因为所有转入赌场的资金就是赌场存续期间内收到的所有资金。换言之无论对赌资如何累计都不应该超过注入赌场的总金额数。对赌资累计计算的本意就是将所有涉赌金额都计算在内，从而真实的反映出赌场的规模及其社会危害性。

[①]　肖恩：认定赌资数额不应累计投注点数，《检察日报》2019年12月22日。

[②]　《尤长胜、陈世华开设赌场二审刑事案》，三明市中级人民法院〔2019〕闽04刑终250号刑事判决书。

[③]　于志刚：《网络开设赌场犯罪的规律分析与制裁思路——基于100个随机案例的分析和思索》，载《法学》2015年第3期。

（3）累计的时间起算点

赌资数额累计的时间起点应该从何时算起？本书认为，赌资的累计应从建立赌博网站并实际接受投注之时起计算，这是赌博人员真正与赌场建立联系并已经参与赌博的时间点，行为人实际参与了赌博活动。即将从赌场开业起至被执法人员抓获关闭时止，对网络赌场存续期间的所有参赌人员和赌资进行累计计算。

但是需要注意的是，"累计"应当是一个时间上的概念，不涉及计算方式的问题，是将赌场存续期间所涉及的全部赌资和参赌人员计算在内。所以"累计"并不能影响到"赌资"和"参赌人数"的计算方法，其只是一个量的积累。

（三）参赌人数

开设赌场罪"情节严重"的另一个重要考察因素是"参赌人数"的多少，《意见》规定参与赌博者总数超过120人的，视为"情节严重"，并规定了两种计算方法：

1. 以赌博网站数库中的会员账号数量来认定

《意见》为了解决账户与参赌数一一对应的问题，还明确了一人使用多个账户或者多人使用一个账户的，应当按照实际使用的人数计算参赌人数。

在赌博网站型开设赌场犯罪中，参赌人员通常需要在赌博网站注册会员账户才能参与赌博活动，会员数量可以直接反映出参赌认人数。

问题在于，赌博代理等行为人通过微信、QQ、搜索引擎等方式发布、推广赌博平台的推荐码或链接，很多人会因为好奇而点开链接或下载软件，并在该平台上注册，此后发现是赌博软件或者网站，或者发现需要充值才能参与，就退出并卸载软件。但在这个过程中，赌博平台的后台数据中，已经记录并将其作为该代理的推广成果，公安机关会登录代理的账号，提取相关数据后，就会看到该代理下线的注册的账号数量、下线的投注金额等等。但直接以此来认定其发展的参赌人数并不一定合理、科学，因为"参赌人数"不是"注册人数"，即首先是要"参赌"，而对于仅注册而未充值的账号而言，它们并没有投注，没有"参赌"，显然属于无效帐号，不应将它们列入"参赌人数"的指标之中。

在实践中，赌博网站会为参赌人员提供便利，一键登录就能自动生成账号，往往不要求实名制，所以也存在大量的一人持有多个账号的情况，而且还存在借用他人账号赌博的情况。为了避免被打击，赌博网站会定期清理会员或投注账户，甚至会更改域名要求赌客重新注册账号，所以会员账号的数量往往不能反映出实际的参赌人数。

2. 以银行账户数来计算

因赌博活动中资金往来通常采取转账的方式，可以以频繁转入、转出赌博网站的账户数量来认定参赌人数。由于银行账户都要求实名制，即使有多个账户进行赌资流转也可以确定到具体赌客，但是不能排除使用他人银行账户进行资金流转的情况。

综上，计算参赌人数时，应该将会员账号与银行账户结合起来，如果几个网站会员账号用的是一个银行账户进行赌资流转，则这几个会员账号大概率是同一赌客在操作。同理一个会员账号用了几个不同的银行账户支付赌款，那么背后往往也是一个实际的赌客。

此外，在网络赌场中，120人的参赌人数是很容易达到的，例如微信群最多可加500人进群，120人的标准对于网络开设赌场而言，实际上已经偏低，与该罪的人身危险性和社会危险性不相符。

3. "参赌人数"的累计计算

《意见》规定参赌人员进行累计计算，是为了将所有曾在赌场参与赌博的人数都计算在内。由于开设赌场罪侵犯的是我国的社会管理秩序，参赌人数反映出来赌场的规模大小，直接影响到了本罪社会危害性的大小，故成为开设赌场罪"情节严重"的标准之一，但也正是因为如此，累计计算参赌人数时应当以实际人数为准。因为无论怎么累计，一个人都不应该被计算成两个人，一个人无论在赌场中下注几次，利用了几个账户都只能被计算为一个人。

实践中应依照《意见》及管理规章等的认定参赌人数的方法，以身份证号码作为唯一匹配标准，并注意以身份证号码、充值网名、赌博游戏玩家姓名等字段进行匹配筛选，排除重复人员，将参赌人数相加，计算网络赌场中的累计参赌人数。

综上所述，关于开设赌场罪情节严重的认定标准，应该准确把握赌资和参赌人员的计算方法，以及对于"累计"的理解。至于抽头渔利和违法所得标准，因其归根结底是来自于赌客的赌资，所以赌资和参赌人数是更能体现开设赌场罪的社会危害性，具体案件中更容易获取数据，计算方式也相对简单，是重点把握的两个标准。

第二节　网络开设赌场犯罪量刑问题

量刑是指审判机关在查明犯罪事实，认定犯罪性质的基础上，依法决定犯罪分子是否判处刑罚，判处何种刑罚、罚度或所判刑罚是否立即执行的刑事审判活动。[①] 对于网络开设赌场罪这一新型网络犯罪形式，在定罪时要注意避免与其他罪名的混同，量刑时应注重对这种新型犯罪的惩戒方式及力度。

一、网络开设赌场的量刑

（一）网络开设赌场犯罪量刑的现状

刑法修正案（十一）实施后，通过对裁判文书网相关案例的初步检索整理，及量刑情况对比发现，对于网络开设赌场犯罪量刑的轻重，各地法院主要参考因素包括：赌资数额大小、参赌人数、抽头渔利的多少，以及行为人在犯罪中所起的作用等。

赌博罪的刑期在三年以下，量刑差别并不明显。与之相比，开设赌场罪案例中，量刑差距较大。在网络上开设赌场，涉及的赌资额非常巨大，一般都是在百万元级别，更有特大案件涉及赌资达到千万、亿万级别。在抽水渔利方面，虽然涉及的赌资数额较大，但一般抽头的比例为1%~5%，行为人抽水渔利的数额却较少。同时，其主刑时间一般不会特别高，在两年至五年左右。此外，涉及开设赌场罪的案件，法院基本上都会加以附加刑，罚金数额与行为人

---

① 张明楷：《刑法学》，法律出版社，2016年第5版，第434页。

渔利数额和赌资数额有很大关系。下表 5–2 是随机选取的几个案例量刑情况：

表 5‒2：开设赌场罪案例与量刑情况表

案号	罪名	主刑	附加刑	赌资数额	获利数额
〔2022〕粤 18 刑终 49 号	开设赌场罪	二年六个月	罚金 12 万元	513.05 万元	6729.25 元
〔2021〕陕 06 刑终 248 号	开设赌场罪	一年六个月	罚金 3000 元	——	59885 元
〔2022〕湘 3125 刑初 23 号	开设赌场罪	一年六个月	罚金 3 万元	——	11 万元
〔2021〕鲁 0921 刑初 276 号	开设赌场罪	判三缓五	罚金 100 万元	——	661 万余元
〔2022〕渝 0113 刑初 720 号	开设赌场罪	三年	罚金 46000 元	1300 万余元	3 万余元

因开设赌场罪有罚金刑，故笔者曾横向对比以图发现规律，但事实上并无任何规律可言。由于目前并无明确司法解释对本罪的罚金判罚数额标准予以规范，法官的自由裁量权较大，亟待规范裁量权，将量刑纳入法庭审理程序。经简单计算，约 99.36% 的案件判处了罚金刑，平均罚金 28845.58 元，且有约 63.1% 被告人在判决前缴纳了罚金，如下图 5–1 所示：

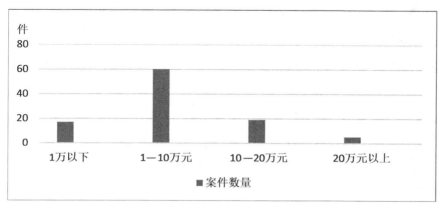

图 5‒1：罚金数额与案例数量图

数据来源：聚法案例网，检索日期：2022 年 12 月 30 日。

（二）法定与酌定考量因素

对于开设赌场罪，通过中国裁判文书网分别检索关键词，"免于刑事处罚、缓刑、取保候审"，并在结果中初步分析，可以发现，约2%免于刑事处罚，10%取保候审，10%适用缓刑。以广东地区为例，相关考量因素见下表5-3：

表5-3：开设赌场罪考量因素情况表

辩护方向	被告人及辩护人意见	法院采信情况	采信率
无罪辩护	证据不足，不构成开设赌场	12件案件中提出不构成开设赌场罪的辩护意见，法庭均未采信	0
罪轻辩护	属于聚众赌博或帮信罪	有12件案件中提出构成较轻的赌博罪或帮信罪等，仅有一件采信	8.3%
	如实供述，认罪态度好	有112件案件中提出此辩护意见，法庭采信101件。	90.2%
	属于共犯中起次要作用的从犯	有109件案件中提出此辩护意见，法庭采信57件。	52.3%
	具有自首情节，可以从轻处罚	有22件案件中提出此辩护意见，法庭采信13件。	59.1%
	犯罪情节轻微，社会危害性不大，请求宣告缓刑	有96件案件中提出此辩护意见，法庭采信28件。	45.42%

部分数据来源：法纳刑辩公众号。[①]

（三）刑罚力度情况

根据以上检索，随机抽取相关案例进行分析，发现刑罚力度与犯罪性质难以适应，表现在以下几方面：

1. 网络开设赌场的危害性与处罚力度不相匹配

虽然刑法修正案（十一）提高了开设赌场罪的处罚，但就整体量刑情况，由于受到传统赌博罪的量刑情况的影响，处以刑罚仍与社会危害性不符。由于网络开设赌场的危害更加巨大，而在司法实践中却处罚相对较轻，一些比较严重的案件，处罚力度并不明显。

---

① 法纳大数据：《广州地区开设赌场罪大数据报告》，2017-11-08。

案例：相关案例 3 个

在季某某等开设赌场案中，①涉案用于接收赌资的被告人黄某、季某、马某名下 3 个中国农业银行账号分别接收资金 502 万余元、554 万余元、575 万余元，赌资已经达到 1600 余万元，但是其主犯仅判处有期徒刑四年，并处罚金人民币二十万元。

在刘某某、曾某某等 11 人开设赌场案中，②被告人通过电信网络发布信息等方式，组织招揽国内 9242 人为会员进行赌博，截至案发，涉案赌资流水达 24 亿余元，该犯罪团伙非法获利 2400 多万元。法院二审以开设赌场罪分别判处被告人七年至一年不等的有期徒刑，并处最高 55 万元的罚金。

在黄某某、陈某某等开设赌场罪案件中，③其犯罪团伙累计吸收赌资一千余万元，主犯黄某某、陈某某违法所得分别为 57 万、60 万，而在二审判决中，二人均仅被判处二年六个月有期徒刑。

以上都不仅仅是个例，随机抽取的典型案例中大多数处罚都相对较轻。由于刑罚力度不足，无法从根本上对网络开设赌场行为人起到惩处和教育作用。根据罪刑相适应原则，对于此种危害性极大的犯罪，应给予更严厉的处罚。

2. 对于最高法定刑显得略低

目前而言，实施网络开设赌场犯罪仅能对行为人判处最高十年有期徒刑。如上述刘某某一案，赌资流水达到惊人的 24 亿余元，有的网络赌场所涉及的赌资少的有几千万元，多则可以达到数千亿元人民币，如此特大的网络赌博案件，对于主犯的处罚，即使对其处以法定刑最高刑期，也仅为十年。此类案件，因网络赌场的虚拟性、隐蔽性、跨境进行等特点，公安机关查处和取证等都十分困难，但影响大危害深，并带动了其他相关犯罪如洗钱犯罪、诈骗犯罪以及黑社会性质犯罪等的产生，对我国正常金融秩序以及社会风气造成较大的冲击和破坏。最高法定刑偏低无法真正起到刑罚的警戒和教育作用，故惩罚力度应与犯罪情形匹配，从而抑制网络开设赌场犯罪的产生和发展。

① 《季爱兵等二审刑事案》，北京市三中院〔2019〕京 03 刑终 246 号刑事判决书。
② 最高人民检察院典型案例，发布日期：2021-11-29。
③ 《黄振春、陈武良等开设赌场罪》，福建省三明市中院〔2019〕闽 04 刑终 12 号刑事判决书。

3. 对于罚金刑规定不合理

在网络开设赌场案件中，往往会附加适用财产刑，但并无统一标准，法官自由裁量权较大，有些并不是十分合理。

在随机抽取的案件中，有些罚金数额与其渔利数额大致相同，如张某等开设赌场一案，① 经鉴定，参赌人员共押注 30.61 万元，按照参赌人员赢款 5% 的抽头比例，被告人从中抽头渔利 6410 元。法院以开设赌场罪判处有期徒刑三年，并处罚金人民币六千元。但在一些案件中，行为人网络开设赌场的非法所得数额十分巨大，但财产刑数额明显小于其非法所得的数额，如在夏某等开设赌场罪案件中，② 一审认为被告人为赌博网站担任代理并接受投注，构成开设赌场罪，夏某判处有期徒刑三年三个月，并处罚金人民币 10 万元。二审认为被告人以游戏网站为媒介，为他人的赌博行为提供费用结算等帮助，其行为均已构成赌博罪。夏某累计收取赌资 2000 余万元，获利 270 万元，但二审判决有期徒刑二年六个月，并处罚金人民币 10 万元。

可见，罚金刑并没有具体的数额及幅度标准，有些案件的判决也与其危害性不对等，非法所得留在了不法分子手中，这就使得更多的不法之徒铤而走险，妄图以几年的刑期和较小的罚金换取更大的利益。产生以上问题的主要原因在于：

首先，《意见》规定，赌资达到 30 万元属于"情节严重"情形，但此数额已经明显偏低。《意见》在 2010 年出台，距今已经十多年，而近十余年是我国经济高速发展的时期，人们的收入水平也大幅度增加，赌客在参赌时出手阔绰，与十年前相比，当今投注金额明显提高了一个档次。就案件情况来看，开设赌场罪所涉及赌资一般都会在百万级别以上，千万级别甚至上亿级别的案件也不在少数。故 30 万元以上即属于"情节严重"，虽然有利于打击开设赌场犯罪，但已与现实脱节，也导致量刑明显不平衡。

其次，对于更为严重的情形量刑幅度未做进一步规定。《意见》规定"情节严重"情形量刑区间在五至十年，该区间有整整五年的量刑幅度，给予了法

---

① 《张玉、付永庆开设赌场一案》，河南省驻马店市中院〔2019〕豫 17 刑终 603 号刑事判决书。
② 《夏建秋、陈文等开设赌场罪一案》，福建省宁德市中院〔2019〕闽 09 刑终 197 号刑事判决书。

官极大的裁量权。在实际司法裁判过程中，由于没有统一具化的量刑标准，加之具体案情的差异，导致量刑差距过大。《意见》没有规定类似于"特别严重"情形，量刑不够细化。

综上，开设赌场罪的定罪量刑还有相当的讨论空间，有待于在实践中进一步完善。

二、网络开设赌场罪的不起诉情形

在12309中国检察信息网上可以检索到大量不起诉相关案例，根据刑法和刑诉法的规定，不起诉决定有三种类型：

（一）法定不起诉（又称绝对不起诉）

犯罪嫌疑人没有犯罪事实，或者有本法第十五条规定的情形之一的，人民检察院应当作出不起诉决定。

例如在罗某某开麻将馆涉刑案（鄂监检一部刑不诉〔2021〕14号）中，因已过追诉期限，决定不起诉。

（二）酌定不起诉（又称相对不起诉）

对于犯罪情节轻微，依照刑法规定不需要判处刑罚或者免除刑罚的，人民检察院可以作出不起诉决定。

案例：林某某、吕某某开设赌场案[①]

"九卅娱乐城"网站经鉴定具有赌博功能，五名被告人明知该网站系赌博网站仍为其提供技术支持、人员招聘、网站推广等服务，并非法获利70余万元到400余万元不等，构成开设赌场罪。

该案涉及的苏某某，入职后负责网站游戏测试工作，后晋升为组长，至案发时非法获利人民币约83万余元。但是检方认为，虽然苏某某涉嫌开设赌场罪，但犯罪情节轻微，具有法定、酌定的从轻处罚情节，根据《刑法》第三十七条的规定，不需要判处刑罚，决定对苏某某不起诉。[②]

可见，在赌博游戏网站公司工作，不一定都是犯罪，构成犯罪也可能不起

---

① 《林俊贤、吕正宇开设赌场案》，贵州省水城县人民法院〔2019〕黔0221刑初224号刑事判决书。
② 贵州省水城县人民检察院水检刑不诉〔2021〕23号决定书。

诉。网络开设赌场的行为具有多样性、复杂性，一些行为介于罪与非罪之间，处于灰色地带，而关键在于如何理解犯罪情节是否轻微、是否轻微到不需要判处刑罚或者免除刑罚的程度。因实践中缺乏明确、统一的标准，不同地区的司法机关对该此把控宽松度不一，存在较大自由裁量空间。

在不起诉案件中，有的将银行卡手机卡借给同学买卖网络赌博软件（伊检一组刑不诉〔2021〕37号），或明知他人开设赌场而提供资金帮助（集检一部刑不诉〔2021〕4号），或帮助他人代理的赌博网站进行推广（衢龙检一部刑不诉〔2021〕44号），或通过建立微信群开设赌场（渝綦检刑不诉〔2020〕218号），或担任微信群群主而组织赌博（太检刑不诉〔2021〕2号）等。

此类不起诉案件的酌定情节有：犯罪情节轻微；具有从犯情节，在团伙中地位、作用较低；无违法所得或违法所得数额较小；主观恶性较小；无前科劣迹；到案后能如实供述自己的犯罪事实（坦白）；积极主动退赃；认罪认罚，真诚悔罪等。因根据刑法规定不需要判处刑罚，最终决定不起诉。

如何判断犯罪情节轻微，一直存在理解分歧，这也是实践中相对不起诉适用较少的具体原因之一。有观点认为，原则上应将相对不起诉限制为法定刑为3年以下有期徒刑的轻罪案件，也有观点认为，犯罪情节轻微存在于所有种类的案件中，重罪中也存在犯罪情节轻微。本书认为，后一种观点更合理，根据案件的具体情况，无论嫌疑人所涉罪名是重罪还是轻罪，只要符合相应的法定、酌定量刑情节下，其行为对应的情节足够轻微，就可认定符合犯罪情节轻微的要件。

（三）证据不足不起诉（又称存疑不起诉）

根据刑事诉讼法第一百七十一条第四款补充侦查的规定，认定犯罪事实不清、证据不足，决定不起诉。

例如：在一起涉赌案件中（河检一部刑不诉〔2021〕1号），杨某某依托线上平台组织赌博，并发展下级代理，从中抽头渔利。但检察院认为，现有证据证明的赌资数额未达到罪标准，调取的后台数据证明抽头渔利的情况证据不足，组织他人赌博的人数缺乏证据予以证明。故现有证据不能证实杨某某的行为已构成开设赌场犯罪，犯罪构成要件事实缺乏必要的证据予以证明。故此案不符合起诉条件，最终决定不起诉。

综上，网络开设赌场罪案件的特点是，犯罪电子证据取证困难，存在一定的法律漏洞和监管空白，再加上相关的司法解释和指导案例并不充分等原因，导致这类犯罪取证难、定罪难、量刑难，某些行为人进入司法程序后不一定最终被判刑。应根据事实和证据，准确分析行为人的行为定性，并根据罪责行相适应原则准确量刑，在打击犯罪的同时保障人权。

第六章 网络开设赌场犯罪的证据问题

开设网络赌场案件最终是否入罪以及构成何种罪名，关键看其行为、运营模式等是否符合本罪的构成要件，以及控方是否有充分的证据来证明。

第一节 网络开设赌场罪的主要证据

一、网络型开设赌场案件的证据链条

开设网络赌场案件的证据主要包括：口供、远程勘验记录（包括：账户管理信息、投注输赢明细表、代理佣金比例及数额等情况）、现场勘验记录、通话记录及短信记录、聊天记录、银行转账明细、微信支付宝及各支付平台的赌资流转记录、电子数据司法鉴定、证人证言等等，简述如下：

（一）证据清单

1. 有证据证实发生了开设赌场的犯罪事实

（1）开设赌场案件来源。包括公安机关接报回执单、受案登记表、立案决定书和他人举报或提供线索等；锁定嫌疑人及到案经过：包括案发、抓获经过，入境时所持有的有效护照或其他有效证件。

（2）开设赌场的情况。包括检查笔录、参赌人员证言、赌场现场监控录像与照片、证据保全决定书及清单或扣押决定书及扣押清单、收缴物品清单等。

（3）参赌人员情况。包括参赌人员的户籍资料，有前科的还包括行政处罚决定书、判决书等。

（4）被告人主体身份。能证明被告人身份信息的材料，如户籍证明、身份证、护照等。如果是外国人（多国籍、无国籍）的，还包括其入境时所持有的有效护照或者其他有效证件。如果是盲人、又聋又哑的人，包括《残疾人证》等证明。如果系国家工作人员的，应包括任职及职务信息。

2. 有证据证实开设赌场行为是被告人实施

被告人开设赌场的证据包括被告人的供述、证人证言及证人辨认笔录、同案犯的证言及辨认笔录、赌博网站及账号、其他电子证据等。

3. 有证据证实被告人具有开设赌场的主观故意

被告人主观故意的基本证据包括：被告人的供述、证人证言及辨认笔录等。

4. 被告人社会危险性的认定

包括被告人犯罪前的行为表现，犯罪的情节、手段、数额，犯罪后的表现以及是否符合取保候审条件等，包括：①前科劣迹、累犯等情节的判决书、释放证明、行政处罚决定书等法律文书；②自首、坦白等情节，包括案发、侦破、抓获经过、被告人供述；③立功情节，包括决定书、判决书、情况说明等；④被告人有固定居所、固定职业的房屋产权证、房屋租赁合同、劳动合同等；⑤被告人患有重大疾病的病史资料、诊断报告等；⑥女性被告人怀孕、哺乳的医院诊断证明、婴儿出生证明等。

（二）开设赌场罪的关键证据要素

1. 是否存在赌场

对于证明是否存在开设赌场的犯罪事实，要对如下要素进行分析：

（1）作案时间：包括开设赌场的起始、结束及持续的时间，基本证据包括被告人供述、证人证言、账簿、网站登录情况、App 使用情况等。

（2）作案地点：开设赌场的实体地点，基本证据包括房地产权证、租赁合同、房租收据、转租证明、证人证言、赌博场所照片等；涉及网络赌场的，包括相关网站、App、微信群、聊天室的创建和运营情况，以及赌博网站账号密码的来源。

（3）作案人员：包括其身份信息及刑事责任能力，还包括作案人员在共同犯罪中的地位和作用的基本证据，如被告人供述、证人证言、辨认笔录等。

（4）作案目的：是作案人员开设赌场的主观动因，包括非法牟利、洗钱等，基本证据包括被告人供述、证人证言、辨认笔录外，还有账簿、转账记录、银行流水等书证。

（5）手段及经过：网络运营型开设赌场案件的特点是参赌人员通过被告人提供或控制的网络空间进行赌博，投注金额、投注次数、抽头渔利等一般通过电子数据形式予以反映。

（6）犯罪金额、违法所得及分赃情况：包括涉案赌场接受投注的赌资数额、违法所得金额、各被告人间分配违法所得情况等。网络开设赌场的应当有远程勘验检查工作记录，或及时提取、固定包括但不限于投注金额、投注次数等能够证明涉案赌资的电子数据，一般是通过鉴定意见和审计报告予以证实。

（7）参赌人员基本情况及处理：包括参赌人员的年龄、身份、参赌次数、时间、地点、方式、赌注大小、携带赌资多少、参赌过程、是否有涉赌前科及此次行政处罚情况等，基本证据包括被告人供述、证人证言、辨认笔录、行政处罚决定书、户籍资料、证据保全决定书及清单、收缴、追缴物品清单。

2. 开设赌场的关键要素与证据

（1）赌资数额

实践中游戏账号使用情况复杂，因经常变换密码以及电子证据固定相对困难等原因，往往难以直接确定投注的具体金额；而银行转账记录虽然相对完整且容易查询，但很多赌博网站现在绑定代理的银行卡都是黑卡，给代理转钱也是通过网络转账或黑卡转入，这就导致很难查清具体的资金流向，难以准确认定投注的金额。

网络赌博主要通过第四方支付平台、大量的银行黑卡、地下钱庄等进行资金结算，有些赌资的流转会借助专业的洗钱团队操作，尤其是最近几年，赌资在流转过程中出现了利用游戏装备以及比特币等虚拟币的洗钱方法，要想查清最终的赌资以及抽水金额非常困难。

案例：李某某等人开设赌场案 ①

李某某等人开设赌场案中，被告人开发"BBC 篮球俱乐部"网站，依托于 NBA 等篮球比赛的实时比分结果，让玩家竞猜输赢。会员通过香港"可盈可乐"平台给该网站提供的虚拟货币地址充值虚拟货币（比特币、以太坊、泰达币）来换取网站平台积分进行赌博，赌资结算也是以以太坊币和比特币结算。

比特币等虚拟币的流转情况很难查清，还有一些案件中运营者利用个人账号进行"租码""跑分"，也就是通过大量普通金融类的账户，将非法资金隐藏在正常的交易项目中，更加大了查清资金流向的难度。

与线下实体赌场案件中赌资的认定方法不同，公安机关在办案时，网络赌博赌资的认定，一般是银行流水、交易记录、赌博网站或软件记录的"点数、筹码"等，且按照在网络上投注或者赢取的点数乘以每一点实际代表的金额认定涉案赌资。但网络赌博特殊性在于，赌客在网站上初始充值，并进行多次赌博操作，反复提现、下注，网站或赌客的个人账户会对赌客的每次投注及提现进行记录，赌客有可能仅充值了一次，但网站或软件上显示的交易记录的总和，却可能是初始充值金额的数倍、数十倍，甚至更多。因此，如果单纯将这些银行流水、网站交易记录简单相加，作为认定赌资的依据，明显是不合理的。如果行为人投入虚拟点数赢取一定的点数后，会将赢取的点数继续投注到赌局中，以投注点数认定赌资会产生重复计算点数的情况。

案例：华某某等开设赌场再审案：②

在本案中，对该问题有专门评析。公诉机关认为，赌资的计算应以赌博网站上所载明的交易记录为准，但经历了一审、二审及审判监督程序，法院认定，涉案网站上所载明的交易记录存在重复、累计的问题，不可简单相加，最终认为：线上网络赌博以初始投注额及赢取数额作为赌资数额的计算方式是妥当的。

这一判决重要的参考意义在于，网络赌博中的接受投注金额并非实际投入赌资，但该数额依然是判断行为危害性的重要情节，在计算过程中的核心原则是避免重复计算和不适当扩大计算。

---

① 李贵鑫、商锐开设赌场案，聊城市东昌府区人民法院〔2019〕鲁 1502 刑初 556 号刑事判决书。

② 最高院《中国审判指导丛书·审判监督指导》2019 年第 1 辑。

（2）涉赌人数

在开设赌场案件中，后台数据中可以查看赌客的投注记录，这是认定赌资、参赌人数的重要依据，办案机关也常作为重点证据收集。但此类后台数据一般不会将投注账户和未投注的账户区分开，即存在无效账号问题，如果一个账户没有银行流水记录、没有输赢记录，则应当认定这一账户为无效账户，计算时应将无效账号剔除出去。

此类案件中，参赌人数是重要的定罪量刑标准，未实际投注的无效账号，不属于刑法规制的"参赌人数"范围，不应纳入案件中进行评判。

（三）证据的综合分析

1. 开设赌场案件的印证关系

（1）作案人员：被告人供述、证人证言、相关人员辨认笔录之间能否相互印证。

（2）行为过程：被告人供述、证人证言、检查笔录、现场勘验笔录、搜查、扣押笔录、清单、证据保全决定书、清单、作案地点、赌资、账本等能否相互印证，网络开设赌场的资金链、技术链、人头链等能否相互印证。

2. 关联证据之间的逻辑性分析

（1）关于作案人员和行为过程。作案人员是否是赌场的所有人或实际经营人，其是否具备开设赌场的能力和条件。

（2）关于参赌人数和赌资。根据查获的赌资、账本情况判断参赌人数，与相应参赌人员的证人证言等证据进行比对，对于明显不匹配的，应当让被告人作出说明或找到相应证据进行印证。

3. 证据链条的认定难题

（1）犯罪主体关联

网络开设赌场通常服务器架设在境外，很难查获，很难理清网络赌场背后运营模式和组织架构。一些境外聊天软件如蝙蝠、飞机等，这些聊天软件不需要实名注册。并且主要涉案人员具有一定的反侦察能力，不使用真实身份参与，更增加了案件的难度。

赌博网站管理人员之间彼此隔离，代理与其他代理、大股东、庄家之间联系较少，即使有联系，侦查机关也很难找到证据。因而，犯罪嫌疑人与其他犯罪主体之间的关联性的证据，一般来说有网络聊天记录、发帖记录、转账记录、通话记录、上网记录、其他人的口供等，如果难以证实犯罪嫌疑人与赌徒、下线代理、上线代理、庄家、幕后老板、银商、群主等主体之间的关联性，则很难定罪。

（2）网络信息流向

在移动互联背景下，全球各国出现了一大批知名移动聊天工具，如北美地区有影响较大的 Whats App，亚太地区有微信（WeChat）、Line、KakaoTalk等，各自占据一定份额的市场，技术各有特点，不一定都能遵守电信监管部门的要求，给侦破工作带来难度。例如蝙蝠聊天 App（Bat Chat）是一款安全加密的聊天通信软件，采用端到端加密技术，且信息随时可以双向撤回；纸飞机App 拥有专有服务器，用户在这里面发起私密聊天之后可以设置为阅后即焚模式，公安部门在面对有反侦察能力的代理时，有时候取证非常困难。

（3）资金流向

赌资交易电子化、数字化，极易修改、毁灭，难以获取、固定网络赌博电子证据，赌资难以查清。分析案件时，需要印证账户管理信息、投注输赢明细表、银行流水账等大量电子证据的关联性，涉及赌博行为、账号分配、抽头盈利比例、赌资交收流程等证据，如果账账不相符、账物不对应、证据间不能相互印证，就难以从证据上建立电子证据与涉案人员、涉及罪名之间的联系，案件就无法达到事实清楚、证据确实充分的定罪条件。

赌资必定在网络赌场和参赌人员之间实现了流转，否则就不会犯罪成立而仅是网络游戏。但当运用司法证明的标准来对这种必然存在的行为去调取证据予以证明时，可能会面临一系列的困难。首先，如果上下线之间采用现金交易，则除非言词证据印证，难有其他痕迹；其次，如果通过银行转账完成，那么单独开卡仅用于网络赌博的情况极少，大都混杂在生活、生产所用账户中，筛选极为耗时；第三，即使筛选出可疑资金，由于 ATM、电话银行、网上银行等并不能显示无论是转入或转出的账户详情，而调取详情的周期漫长。所以虽然在犯罪中赌资往来必然存在，但囿于证据现实情况，即使最完满的状态其也只能为印证所用，单纯依赖赌资往来认定犯罪的案例尚不存在。

二、电子证据及其运用

电子证据是打击信息网络犯罪的最佳证据，主要包括计算机证据、网络证据和大数据证据三种形式。由于网络开设赌场案件的证据需要法律知识、计算机知识的综合运用，技术含量高，专业性强，一般人员难以辨别，需要对鉴定意见和审计报告具有一定的相关专业知识，才能从电子证据入手进行分析。

（一）网络开设赌场案件的基本电子证据

2016年"两高一部"《关于办理刑事案件收集提取和审查判断电子数据若干问题的规定》，列举了四类常见的电子数据形式。2021年最高检《人民检察院办理网络犯罪案件规定》第二十七条扩充至七类电子数据，主要包括以下形式：（一）网页、社交平台、论坛等网络平台发布的信息；（二）手机短信、电子邮件、即时通信、通讯群组等网络通信信息；（三）用户注册信息、身份认证信息、数字签名、生物识别信息等用户身份信息；（四）电子交易记录、通信记录、浏览记录、操作记录、程序安装、运行、删除记录等用户行为信息；（五）恶意程序、工具软件、网站源代码、运行脚本等行为工具信息；（六）系统日志、应用程序日志、安全日志、数据库日志等系统运行信息；（七）文档、图片、音频、视频、数字证书、数据库文件等电子文件及其创建时间、访问时间、修改时间、大小等文件附属信息。

1. 网站型开设赌场案件的基本证据

（1）常见证据

①购买域名、租用服务器等证明被告人构建赌博网站的证据。

②银行流水、证人证言等证明被告人参与赌博网站收益分成的证据。

③证明被告人使用的赌博网站下级代理账号的权限、接受投注金额等的证据。

④参赌人员的证人证言。

⑤远程勘验工作记录、电子数据固定的相关证据。

⑥搜查笔录、扣押笔录、扣押清单、物证照片等书证。

⑦被告人供述。

⑧其他有关定罪量刑的证据。

利用网络开设赌场案件的其他证据还包括：

①证明被告人控制、管理特定网络空间并提供给参赌人员进行赌博的证据，包括微信群、QQ群、网络社区截图等；

②转账记录等证明被告人抽头渔利的相关证据；

③被告人制定相关赌博配套规则并予以施行的证据。

（2）主要类型

①电脑主机、语音网关、移动硬盘、U盘等提取和恢复的电子证据。成员之间相互联系的QQ聊天记录信息；存储的资金往来账目、花名册、通讯方式、网站截图，源代码等文档信息。

②犯罪嫌疑人（被告人）手机中提取和恢复的电子证据包括涉案手机的用户身份信息、图片照片、视频录音、通话记录、日志记录、应用数据（QQ、微信、微博）、通讯簿、邮件、GPS等对案件有价值的信息。

③在计算机和网络系统产生的存储于计算机、外围设备、网页等能证明案件真实情况的数据、信息或痕迹。其形式主要有网络赌博账号开设、发放记录；电脑文档、表格形式记录网络赌博投注额、输赢记录和实际收付赌资的账单、账本等；赌博网站中各级账号的投注额和输赢记录，有关网络赌博的网络聊天、邮箱记录。

④涉嫌犯罪的系统操作的日志信息；IP信息；服务器、服务器的运行日志信息、服务器IP信息等信息。

（3）代理型开设赌场罪的电子证据

认定赌博网站代理型开设赌场罪的证据相对类型化，基本包括：上下线之间言词证据的验证、远程勘验、现场勘验、电脑硬盘的数据恢复司法鉴定、通话记录及短信记录、银行转账明细等，重点是以下三类证据：

①远程勘验，侦查人员通过技术手段截获赌博网站的代理账号及登录密码，并获取使用该账号的IP地址，后在见证人的见证下使用该账号登录，查看其下线代理、参赌会员的数量和名称，并通过选取起始日期生成综合报表，显示

在选定时段内接受投注金额、代理占成比例、代理佣金比例及数额等情况。制作远程勘验记录并刻录光盘。

②现场勘验，侦查人员在扣押涉案电脑时，当场开机利用专业的分析软件，查看该电脑的与涉案相关的存储情况、浏览网页的历史记录等，制作现场勘验记录并刻录光盘。

③电脑硬盘司法鉴定，由专业的司法鉴定机构对扣押的涉案电脑硬盘予以鉴定，对其中存储的涉案信息予以提取，对通过该电脑打开过的部分赌博网站页面予以恢复。需要说明的是，无论电脑硬盘的恢复鉴定或手机短信等内容的提取、恢复鉴定，相当依赖于鉴定设备与软件，其提取或恢复的内容有一定的随机性，甚至更换鉴定机构所得结论并不一致。

（二）电子证据的运用

网络赌场主要依托于各类网络平台，犯罪行为产生的痕迹也主要存储于虚拟空间和电子介质之中，但电子数据数量庞大且分布散乱，而且电子数据的固定、提取和鉴定工作不仅要求具备专业的知识和技术能力，还会有诉讼程序和时效的限制，这使得取证工作面临着诸多的考验。

1.电子证据的发展与证据三性

计算机证据强调证据的真实性，但面临的最大问题是如何判断其真实性。2005年《计算机犯罪现场勘验与电子证据检查规则》第12条指出，固定和封存电子证据的目的是保护电子证据的完整性、真实性和原始性。两高一部《关于办理刑事案件收集提取和审查判断电子数据若干问题的规定》第22条明确了判断电子证据是否真实的审查内容，该法第28条指出不具备真实性的电子证据不得作为定案的根据。《公安机关办理刑事案件电子数据取证规则》第二条规定要确保收集提取的电子数据真实、完整。以上可见，现有规范中关于电子证据内容的法规重点关注如何审查判断电子证据的真实性。

第二代电子证据被称为"网络证据"，主要表现形式是电子邮件、网页记录、网络聊天记录、网络痕迹信息等。目前根据公安部《计算机犯罪现场勘验与电子证据检查规则》等的规定，办案机关通过向网络服务商等中立第三方调查取证，以解决真实性问题。但网络证据难题是如何判断其关联性问题，我国电信诈骗多发，说明老百姓对网络空间的关联性认识不足，或者说，网络空间的行为很难证明是某个具体的人所为。电子证据的关联性包括内容关联性和载体关联性，"内容关联性是电子证据的数据信息同案件事实之间的关联性，载体关联性是电子证据的信息载体同当事人或其他诉讼参与人之间的关联性"。[①] 目前主要采取证据间相互印证的方法，[②] 例如电子证据所涉及的技术等级、网络赌博账号平时的使用情况等。

在人工智能时代，大数据证据得到重视和发展。因"一切皆可数字化"，大数据证据可以较好地解决电子证据的关联性问题，例如通过对海量数据信息的分析，办案人员可以轻易地将"行为"与"人"联系起来。但是，大数据证据面临的最大挑战是证明力问题。确定证据证明力大小有两种方式，一种是法律事先作出明确规定，一种是司法人员根据经验法则做出判断。在网络开设赌场罪中，办案人员往往面临海量数据信息，如成百上千的参赌人员个人身份信息、千万和上亿级别的资金往来记录等，如此海量的信息无法由人力来逐一审查；如果由机器而非人做出的预测性"判定"，可能会挑战法官等法律群体的经验法则，进而影响到确定证据证明力大小的方式。

目前我国电子证据的法律规范体系已经初步形成。据不完全统计，共有近百部法律规范，但对网络证据关联性问题的关注较少或不够具体，对大数据证据的证明力问题则几乎没有进行规制，亟须这一方面的法律规范进行指引。

2. 电子证据的特点

（1）电子证据客观性强而关联性弱

对于远程勘验、电脑鉴定类证据，虽然其能将代理账号的下级代理账号、参赌会员账号及一定时间内接受投注金额等情况详细记录，但其证明的仅是该 IP 地址或该台计算机曾经使用代理账号进行登录操作，由于其只是客观记述，故作为证据在关联性上很脆弱，如果要证明行为人使用该代理账号发展会员、接受投注，则必须有其他证据予以印证，否则可能陷入不能排除合理怀疑的境地，实践中尚不存在仅依靠远程勘验、电脑鉴定，且被告人不认罪而予以定罪

---

① 刘品新：《电子证据的关联性》，载《法学研究》2016 年第 6 期。
② 汪闽燕：《电子证据的形成与真实性认定》，载《法学》2017 年第 6 期。

的案例。

　　跨境网络赌场一般采用"金字塔式"的代理组织结构，上下级间、代理间及代理与参赌人员之间仅通过社交聊天软件来单向联系，彼此之间可能只知道网络昵称，但并不清楚真实的个人信息，这造成公安机关在掌握了网络赌场的实质犯罪证据后，无法对应地将证据与实际犯罪人之间实现一一对应，导致犯罪证据的关联性存疑。

　　此外，对目前依附于合法网络游戏进行赌博的行为的定性并未形成统一认识，互联网时代背景下如何区分正常玩家和赌徒，如何区分正常玩家的充值与赌徒玩家的赌资下注，都是实践中的难题；再如关于涉案资金的认定，包括涉案码量、赌资、投注点位、抽头渔利数额等对案件定罪及量刑的影响，目前还未有相对确定统一的标准和尺度，也是摆在司法者面前的难题和挑战。

　　（2）电子证据即时性强和取证困难

　　电子数据基于电子化技术手段存储于网络虚拟空间，自身具有脆弱性，容易被篡改或者删除。

　　网络赌场组织规模庞大且全天候营业，产生了海量的电子数据，犯罪痕迹以碎片化的形式散落在多个系统终端，甚至是不同的国家内，公安机关受管辖权及刑事程序审批的限制可能无法及时开展具体的侦办工作，即便是取得了后台数据，因数据量过于庞大，且存在账户号和人员无法一一对应的情形，需经过大量工作才能进行分类梳理，可能导致无法对开设网络赌场犯罪实施及时有效的监管。同时，犯罪分子还会采取措施规避网络监管的追踪，例如安排专门的技术人员定期格式化系统后台的数据，制定完整的覆盖数据和销毁程序等。这就给网络赌场的取证工作带来了极大的障碍，难以形成的完整证据链条对网络开设赌场犯罪进行有效打击。

　　远程勘验的进行实际上是使用截获的账号和密码在赌博网站上登录操作，由于赌博网站的反侦查意识较强，定期更换账号、密码为常态，一旦代理被采取强制措施，则代理账号必然第一时间被封，无法正常登录。所以在审查起诉的退回补充侦查阶段，难以再次进行远程勘验以更详细的观察代理账号内情况。由于在侦查阶段对代理账号进行远程勘验的同时，没有对其下线参赌会员账号进行勘验，在代理账号被封，参赌账号无法正常使用时，难以通过对参赌账号使用的 IP 地址找到参赌会员。

（3）跨境赌博的电子证据需要国际协作

跨境开设赌场是目前网络开设赌场犯罪的主要行为方式。目前，周边国家跨境开设的网络赌场主要专门面向我国境内开设和营业的，犯罪组织的主犯在境外通过远程操控网络赌场的运作，通过在境内大量吸收网络赌场代理的方式来拓展赌场规模并维持赌场的正常运作。

网络赌场的跨境属性给犯罪侦破工作带来了国际侦查协作困难的问题，在涉外司法协助方面，公安机关需要依托两国签署的双边协议来完成境外的犯罪证据收集及犯罪人缉拿和引渡工作。但是，在实际操作中，不同国家间的司法协作要面临刑事管辖权冲突、法律制度差异及赌博文化认识差异等问题，导致针对网络开设赌场犯罪的国际司法协作多处于有名无实的状态。国际司法协助制度中现存的漏洞导致跨境开设网络赌场犯罪日益猖獗，菲律宾、印度尼西亚等东南亚国家已成为网络开设赌场犯罪人的主要聚集地区。

3. 电子证据的运用

目前主要依据是两高一部的司法解释，[①]该解释围绕信息网络犯罪案件的管辖、取证及证据审查等问题作出进一步规范，以有效应对网络技术发展所带来的信息网络犯罪治理困境。进一步优化了电子证据取证规则，明确可以采用数据电文形式共享电子数据，实现跨地域调取电子证据。为了确保跨地域调取的电子数据的合法性、客观性、关联性，要求办案机关通过核验电子签名、数字水印、电子数据完整性校验值及调证法律文书编号是否与证明文件相一致等方式，对电子数据进行审查判断。此外，还规定了远程询（讯）问规则，避免因跨地域侦查而导致信息网络犯罪陷入"久侦不决"的困境。[②]

裁判文书的证据表述中也不乏"电子型"证据，常见的有聊天记录及截图、转账记录及截图、App 或网页截图等。裁判文书对证据是否进行法定类型归类陈述并不影响实现个案的实质正义与程序正义，但说理的详尽与否却切实影响

---

① 《关于办理信息网络犯罪案件适用刑事诉讼程序若干问题的意见》（法发〔2022〕23 号）。

② 夏伟：《破解网络犯罪的管辖、取证和财产处置三大难题》，《法治日报》2022 年 9 月 7 日第五版。

着案件参与人对裁判结果的理解程度。裁判文书的说理性程度不仅体现在定罪量刑的说理，证据部分的说理也应加以重视。证据的说理性不仅限于对证据的简单列举，还包括了证据与定罪、量刑情节之间关系的论述。对证据进行法定类型归类的文书一般意味着该案法官对案件证据进行了较好的论证，在列举证据本身的同时释明该项证据的证明对象，更有条理性地梳理出了证据与待证事实之间的关系。

第二节　证据质证举要

网络开设赌场案件中通常对多种相互印证的证据综合予以认定，其中主要包括服务器数据、查获的电脑数据、App 或网页上记载的数据，特别是对电子数据的鉴定结论和审计报告。

一、《鉴定意见书》的质证

鉴定意见作为刑事诉讼法中规定的八类证据之一，在刑事案件中出现频率非常高，有些案件中成为定罪量刑的核心证据。鉴定意见如何有效质证，如何一针见血地直指鉴定意见的痛点，如何说服裁判者在裁定时切实考虑辩护人的意见，是刑辩律师研究的重点。

（一）鉴定意见概述

1.基本概念及证据属性

我国没有专门的刑事证据法，有关于刑事证据制度的基本框架主要由《刑事诉讼法》所确立，同时还由其他零星的司法解释进行了补充。1996 年刑诉法中称为"鉴定结论"，2010 年的《关于办理死刑案件审查判断证据若干问题的规定》中最早规定了"鉴定意见"，2012 年的《刑事诉讼法》正式改为鉴定意见，成为法定的证据种类之一。

所谓鉴定意见，是指鉴定人运用科学技术或者专门知识，对诉讼中涉及的专门问题通过分析、判断形成的一种鉴别意见。[①] 或者说，鉴定意见是指鉴定人在诉讼活动中运用科学技术或者专门知识对案件涉及的专门性问题进行鉴别和判断后得出的意见。[②]

通过以上概念可见，鉴定意见就是鉴定人的"意见"，无论进行何种鉴定，鉴定人都要运用自己的专业知识、设备和技能，对刑事案件所涉及的专业问题做出鉴定和判断。因此其本质上属于主观性的"言词证据"，不能因其以书面的形式出现在案件中，将其归类于书证。既然属于一种主观证言，就有存在倾向性而偏离公正性的可能，或因工作失误等原因导致的就需要按刑事诉讼法及其解释、司法鉴定程序通则等要求综合审查，才能确定其是否可采信。

相关法规依据主要是《全国人民代表大会常务委员会关于司法鉴定管理问题的决定》（2005 年发布，2015 年修订），2020 年司法部先后发布了《法医类司法鉴定执业分类规定》《物证类司法鉴定执业分类规定》《声像资料司法鉴定执业分类规定》三大规定，其中对具体的鉴定事项进行了说明，例如，死亡原因鉴定属于法医类病理鉴定、文书鉴定属于物证类司法鉴定、电子数据鉴定属于声像类司法鉴定。

2. 相关制度与规则

（1）鉴定人出庭制度

2012 年《刑事诉讼法》确立的鉴定人出庭制度，鉴定人出庭作证的条件：一是公诉人、当事人或者辩护人、诉讼代理人对鉴定意见有异议的；二是法院认为鉴定人有必要出庭的。这意味着控辩双方只要对鉴定意见存有异议，法院也认为鉴定人有必要出庭作证的，就应当通知鉴定人出庭作证。

鉴定意见如何得以形成，取决于司法鉴定程序的启动规则，鉴定意见的证明力和认可度又取决于鉴定程序的规范性与公正性。我国刑事诉讼法并未赋予犯罪嫌疑人、被害人等拥有鉴定机构的选择权，由于缺乏有效的参与机制，使得被告人只能被动地接受不同诉讼阶段相关的司法机关所委托的鉴定机构，导致本就缺乏信任的双方关系更加紧张，被告人及其辩护律师对鉴定意见提出异

① 陈瑞华：《刑事证据法》，北京大学出版社，2021 年第四版，第 317 页。
② 刘静坤：《证据审查规则与分析方法》，法律出版社，2018 年版，第 161 页。

议比较常见，因此，现行法律制度下，赋予被告人及其辩护律师独立启动鉴定人出庭作证的权利尤为重要。

实践中情况并非如此简单，鉴定人出庭接受的是交叉询问，其口头意见将作为鉴定意见的有机组成部分，然而其是否出庭仍取决于"人民法院认为有必要的"这一条件，虽经辩护人和被告人申请，鉴定人不出庭接受询问也不鲜见。

与鉴定人出庭制度相配套的还有专家辅助人制度，这是我国2012年刑事诉讼法修改的一项制度创新，也是进一步对辩护权尊重的体现。专家辅助人通过协助控辩双方对鉴定意见的质证，可以弥补当今司法鉴定制度的一些缺陷，增强法庭的质证效果，实现刑事诉讼的公正价值和效率价值，节约诉讼资源，从而帮助法官准确认定案件事实，做出公正审判。但是，专家辅助人的意见只是辩方申请的专家对鉴定意见的质疑和反驳，是辩方的助力，其本身并不能成为诉讼证据及定案证据，而且同样受制于"人民法院认为有必要的"规定。此外，因对于有专门知识的人的选任、管理、出庭申请程序、专家意见的作出方式等都没有具体规定，这就造成了操作上的困难，导致专家辅助人的出庭的案例较少。

（2）鉴定意见的排除规则

2021年的《刑事诉讼法解释》第九十八条规定了鉴定意见作为定案证据的排除规则，并且详细列举了具体情形。相较于其他言词证据，鉴定意见无"瑕疵补正"及"合理解释"规则，这就意味着鉴定意见有严格的限制，只要有第九十八条规定的情形，就应当立即排除。

学者对非法证据排除规则有专门论述，其中那些作为排除规则适用对象的非法鉴定意见的缺陷分为四类，[①] 分别是"鉴定机构和鉴定人资格和条件的缺陷"，"鉴定程序和方法的错误"，"送检材料鉴真程序的违法"以及"鉴定文书形式要件的欠缺"。

以上分析可以在实践中作为辩护时的质证方案指引。但是需要看到，尽管

---

① 陈瑞华：《刑事证据法》，北京大学出版社，2021年第四版，第169页。

司法解释针对非法鉴定意见确立了证据排除规则，但在法院的刑事判决书中，基本对控方的鉴定意见予以采信，真正将其认定为瑕疵证据，或排除于定案根据之外的情况，还是较为罕见的。我国刑诉法赋予了犯罪嫌疑人、被害人补充鉴定和重新鉴定的申请权，规则的完善，有助于最大限度地发挥司法鉴定及鉴定意见在诉讼活动中应有的作用。

（二）鉴定意见的质证举要

有效辩护应当以预先确定的辩护策略为中心开展质证，所有的质证都是服务于辩护，脱离于辩护的质证不是质证。在质证时，应遵循质证规则，即围绕鉴定意见的证据能力与证明力进行，也即从鉴定意见的合法性、真实性与关联性三个方面展开。以某网络开设赌场罪案件的《鉴定意见书》（简称《意见书》）质证为例：

1. 证据能力即证据的"合法性"问题

实践中常见问题是鉴定时间早于委托书时间，如果审查认为明显委托鉴定时未制作委托文书则系程序违法，不得作为定案依据，如果为填写错误作出合理解释则可作为定案依据。

该案中，鉴定资料处理文件"创建时间"显示为 2021 年 2 月 9 日（周二），早于受理时间 2021 年 2 月 20 日（周六）和检验开始时间 2021 年 2 月 20 日（周二），没有受理即开始对鉴定资料进行数据处理，进入鉴定实施程序，即检材在"封存阶段"被违规操作，不符合 2016 年《司法鉴定程序通则》规定的司法鉴定的委托与受理的规定，属于《刑诉法解释》第九十八条第（五）项规定的"鉴定程序违反规定的"情形，故不得作为定案的根据。

2. 证明力即证据的"真实性"与"关联性"问题

该案中，《意见书》鉴定标准和方法采用"GB/T 29362-2012 电子物证数据搜索检验规程、GA/T 756-2008 数字化设备证据发现提取固定方法"，据此可得知，该《意见书》鉴定类别属于"电子证据的存在性鉴定"。《声像资料司法鉴定执业分类规定》中对"电子数据存在性鉴定"可实现的鉴定范围进行了描述，即：电子数据的提取、固定与恢复和电子数据的形成有关联性分析，包括数据的生成、用户操作、内容关联。但该鉴定意见实行的检验步骤实质仅为电子证据的提取（对检材生成副本）与固定，未进行电子数据的形成有关联性分析，包括数据的生成、用户操作、内容关联，使用方法与得出结果不符，按其分析步骤无法得出其分析结果。故鉴定意见的结论是不真实的，也与指控的事实缺乏关联性。

（1）检验过程得不出鉴定结论

对该《意见书》分析步骤还原如下图6-1所示：

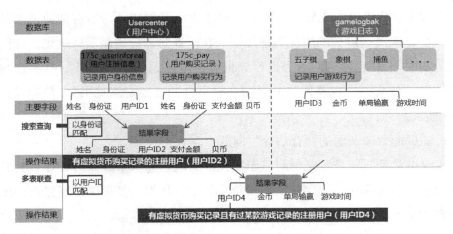

图6-1:《鉴定意见书》分析逻辑的还原示意图

通过对数据表的两次操作"搜索查询（以身份证匹配）"与多表联查，数据库的操作链路上，每一次操作结果均有体现的重合字段只有"用户ID"（用户的身份标识号），其他字段均为非重合字段，因此只能以"用户ID"进行联查。字段"用户ID"因多表联查导致每次结果范围不同，解析如下图6-2所示：

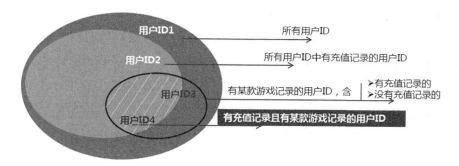

图 6‑2：充值且玩过某款游戏的用户数量分析逻辑示意图

按照操作步骤最终联表查询的数据结果是：同时满足有过充值记录（虚拟货币购买记录）且有过某款游戏记录的注册用户名单（两条件同时满足，且为并列关系）。但无法得出《意见书》中结论：某用户在某款游戏的有效充值明细。

结合被告人供述等其他信息可知，用户充值后可以兑换金币玩所有游戏，17175 平台不具有对单款游戏充值的功能，因此在电子数据上无法体现对"某款游戏的充值明细"，故该《鉴定意见书》的鉴定意见不符合客观事实。

（2）分析结果与客观事实相悖的验证

通过以下图 6–3 所示方法进行验证，《意见书》的结论是否符合客观事实：

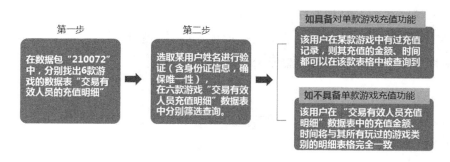

图 6‑3：交易有效用户逻辑分析示意图

以用户"艾合买提"为例，在"姓名"一栏搜索"艾合买提"，在"身份证"一栏验证是否身份证号为唯一，得出以下截图并分析：在疯狂捕鱼、五子棋、奔驰宝马、捕鱼达人中，该玩家玩过此种游戏，就可在该游戏中查到该玩家，但在四款游戏中均可得到该相同的截图，"交易明细"完全一样。同时，象棋、捕鱼季游戏中，由于该玩家没有玩过该游戏，故两款游戏中筛查无目标玩家，也说明虚拟货币购买记录（充值记录）是唯一的，但无法对单个游戏进行充值。

可见，涉赌游戏平台不具备对单款游戏充值的功能，《意见书》得出"每款游戏有效人员交易明细"的结论是错误的，与客观事实相悖。

综上，辩护人认为该《司法鉴定意见》检验方法与所得结果不符，所得结果与客观事实不符，故不合法、不真实、无关联性，不能作为定案的根据。对此，辩护人提出申请，请求鉴定人出庭作证。本案中，辩护人发表相关质证意见后，法庭休庭期间，公诉方不得不组织了补充鉴定和第三方机构的针对性单项鉴定，此后又进行了新一轮的质证。

3. 对鉴定意见的进一步分析

辩护人还应当充分利用控方鉴定意见书的内容，从中发掘对当事人有利的证据事实，争取更有利的结果。例如该案中：

（1）"gamelogbak"中各款游戏数据库中，未显示有法币或虚拟货币的相关信息；法币和虚拟货币仅存在于购买记录中，未在游戏日志中出现，游戏中只有游戏金币（道具）。两者完全分开，严格分管，符合《游戏管理暂行办法》的相关规定，可见游戏平台不符合网络赌场的特征

（2）根据原检材，采用电子数据形成关联性分析的思路，对数据的生成、用户操作、内容关联进行直观展示，并得出以下结论：

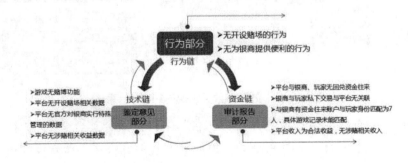

图6-4：平台行为合法性印证逻辑分析示意图

①平台经营方既没有参与任何游戏的相关数据，也没有回兑的相关数据，没有接受投注的行为；②银商与普通玩家在平台的数据表现一致，平台经营方对银商没有特殊的管理渠道；③玩家在平台无回兑数据，无法从平台获得法币或具有实际价值的物品，不符合赌博的基本定义，即玩家无法从平台进行赌博行为；④资金链路停止于"充值兑换"环节，平台经营方唯一收益模式为虚拟货币销售；平台与玩家之间无法币或虚拟货币双向的"交易"数据，玩家与玩家之间无法币或虚拟货币双向的"交易"数据。平台无以"营利为目的"（在赌博活动中获取的收益）的非法所得。

据此，有行为必然有结果，无行为必然无数据。电子数据是所有行为人在游戏平台实施行为的客观记录，上述分析表明，被告人不构成开设赌场罪。

综上，鉴定意见的质证要点包括：鉴定人和鉴定机构是否具备相应资质，鉴定程序是否合法，检材是否真实、充足、可靠，鉴定意见文书形式是否完备，鉴定意见结论是否客观、明确。

二、《专项审计报告》的质证

实务中，开设赌场罪和赌博罪案件中涉案赌资数额、参赌人数的确定是不仅是一个影响涉案人员行为轻重对其量刑的重要标准，也是准确对涉案人员的相关款项进行收缴和判处罚金的重要参考。此类内容多数是依据审计机构出具的《专项审计报告》，故应当进行举证质证。

（一）《专项审计报告》的性质

在开设赌场罪和赌博罪案件中，公安机关为了准确的认定赌资数额、获利金额、抽水数额、参赌人数，会聘请第三方机构（一般而言是会计师事务所）对具体金额和人数进行相应的鉴定，会计师事务所会在完成相应材料的分析之后形成报告，一般叫作《专项审计报告》，是审计机构接受委托后，凭借自己的专业知识对相关材料进行专业分析并得出意见后出具的书面文件。

《专项审计报告》与《鉴定意见书》名称并不相同，此前一直存在是否为书证或鉴定意见的争议，根据最新刑诉法解释的规定，《专项审计报告》应参照鉴定意见来质证。实践中，很多涉案人员包括部分刑辩律师都会觉得，该份证据已经经过专业的人士进行鉴定了，肯定是没有问题的，再针对该类证据发表意见也是没有意义的。事实上，这种观点是错误的。

在《专项审计报告》中，审计人员明确提及自己是按照《中国注册会计师审计准则》相应的专业规范来进行审计工作，表明其"专业性"；另一方面，其本质上是专业人员根据专业知识所形成的专业判断，这种判断是偏主观的，而且是形成于案件事实之后，存在出现瑕疵与错误的可能。可见，专项审计报告本质上与其他证据并无采信规则上的优先性，涉赌案件中的鉴定意见、审计报告，如果最终要采信，仍需要经历完整的举证、质证、辩论和法庭审查和认定的整个过程。

2.《专项审计报告》的质证

（1）审计程序是否合法

首先需要从鉴定所依据的材料来源、内容是否完整等角度考虑是否符合鉴定的前提条件，依据我国《司法鉴定程序通则》第十四、十五条规定，司法鉴定机构在接受委托之前，要审查委托鉴定方所提供的材料的完整性、真实性，如果经过审查材料不具有完整性、真实性，则不能接受委托并进行鉴定工作。以上述开设赌场罪案件的《专项审计报告》为例，在该份报告中，鉴定人员为了使其结论"严谨"，特意注明："某分局提供的涉案人员的支付宝、微信交易数据是完整、真实和准确的。"该种做法看似"严谨"，实则问题很大，鉴定机构将接受委托之前的"审查"责任予以免除，其假设委托人员提供的材料是完整、真实的。通过这样的方式不对材料是否完整、真实予以审查，这属于完全违反《司法鉴定程序通则》的错误做法，也是属于不符合《刑诉法解释》第八十四条规定的情形："（六）鉴定的过程和方法是否符合相关专业的规范要求。"可见，该《专项审计报告》的真实性存疑，因为作为鉴定基础的材料都不具有真实性和完整性，就不可能做出与事实相符的"鉴定意见"，所作出的意见会与事实偏差较大。

（2）核算方法是否错误

报告中对相关数据的性质认定是否有误。游戏行业监管执法要点要求明确区分了游戏虚拟货币与游戏道具，虚拟货币发行企业与虚拟货币交易企业，普通竞猜类游戏、宣扬赌博类游戏和赌博类游戏。游戏行业法规要求游戏虚拟货币不参与游戏，须存在于游戏之外。

但是，该《专项审计报告》中对虚拟货币和游戏金币未能进行区分，"金币"为游戏道具，也不具有实际金额价值。五子棋、象棋相关数据为游戏数据，而非交易数据，该数据并无"交易性质"，并非虚拟货币或人民币的交易数据，《专项审计报告》认定"游戏数据"为"交易数据"错误，在关键数据性质判断错误的情况下，不具备得出正确计算结果的基础。

银商与玩家私下进行的游戏币和人民币交易在平台已查证的数据上没有任何体现，与游戏平台没有任何关系，二者之间人民币的交易只能依据其银行流水进行核算，不能依据游戏数据进行推论。故上述折合人民币的数据并非游戏充值情况，与平台没有关联性。

（3）用户数核算是否合法

第一，从"参赌人数"是否采用身份信息作为判断是否具有唯一性的标准。《专项审计报告》以人名进行匹配核算不符合法律规定。游戏行业要求以身份证信息进行身份认定，这也是游戏平台在处理用户投诉必须要参照的标准。应以"身份信息"作为识别赌客的唯一标准。

审计人员在统计参赌人数时，着重考察与用于收取赌资的"银行卡"的往来明细，并将与之发生转账关系的"账号"数量作为计算参赌人员多少的关键。但报告以人名匹配，并未考虑到重名现象，也未考虑到支付宝账号和微信账号为同一人使用或者同一名赌客使用多个不同的支付宝账号、微信账号进行结算的情形，也未扣除掉非赌客账号，结果的准确性、证据的真实性无法保证;《专项审计报告》明知应以身份证信息进行人员匹配，因交易渠道以身份证信息匹配人员数量少或无法匹配，强行改用人名匹配进行核算，有捏造夸大交易数据的可能。

第二，《专项审计报告》核算的时间区间远超过游戏平台数据时间，也超过指控犯罪的期间，是不合法的。

第三，上述三个交易渠道核算的交易数据均与游戏平台经营财务数据无关联，平台外交易与平台经营完全割裂，审计机构得出的"依据游戏币充值渠道"汇总银商与玩家交易的相关结论是虚假的与"平台充值渠道"有关联的交易。

（4）结论

该《专项审计报告》认为："……至此，游戏币与人民币完成兑换，平台同时收取交易游戏币金额的千分之一作为手续费"。收取手续费是赌场抽水渔利的典型表现，但对于"千分之一手续费"如何得出、如何认定，在报告中并未无体现，故这一结论没有事实依据。

鉴于该《专项审计报告》存在诸多疑问，辩护人已经提出申请，请求审计机构出庭作证，对此答疑释惑。综上，辩护人认为，该《专项审计报告》不具备真实性、合法性、关联性，不能作为定案的根据。

3.挖掘利用《专项审计报告》相关数据

辩护人也应当充分挖掘利用《专项审计报告》相关数据，从中找到对当事人有利的证据事实。

（1）收入来源

第一，资料显示游戏平台唯一收入为虚拟货币"金币"的销售收入，且只有官方唯一销售渠道，数据"购买记录"存储位置：Usercenter—175c_pay。

可见，收入类型符合《虚拟货币监管和执法要点指引》二、（三）3、的监管要点，即网络游戏虚拟货币发行与交易的区别，明确虚拟货币发行企业的收入为"企业自身发行的网络游戏虚拟货币销售收入"。

第二，财务资料中无显示平台内有其他类型收入；游戏过程中，对战双方因游戏产生的金币消耗未显示有金额，也未在财务资料中有数据显示该消耗产生了收入；财务数据中未显示《报告》"意见一"中收取"千分之一"手续费的收入。

（2）回兑功能

该《专项审计报告》未提出数据中有可疑交易方或支出项，平台资金流向止于充值数据，游戏中无金额相关财务数据，未显示有回兑金额，示意图6-5：

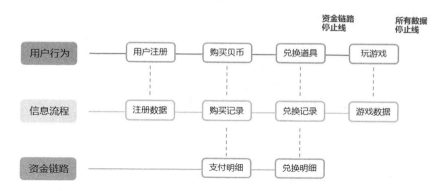

图 6‐5：用户行为、信息流程、资金链合法性分析示意图

综上，相对于其他证据来说，鉴定意见和审计报告的质证技术要求更高，辩护人不仅要对法律问题精通，同时还得深入了解案件所涉行业的专业知识、惯例规则和发展现状，才能做出更加准确的判断。

第七章 网游公司合规管理概述

企业合规管理体系建设，是推动企业守法经营和实现可持续发展的必由路径。合规管理既是促使企业自觉守法的制度保障，也是企业自我防范法律风险的重要措施，特别是对于防范刑事法律风险，最大限度地减少企业和企业人员违法犯罪现象的发生，具有重要意义。

第一节 网游公司合规管理理念的确立

涉赌风险是网游公司在经营活动中遇到的严重风险之一，主要是企业经营者缺乏刑事合规意识所致。所以，网游公司经营者需要提高刑事合规意识，通过规范公司内部治理措施，防范游戏平台涉刑法律风险，满足相关部门对网络游戏平台的监管责任规定。从根本上说，游戏行业相关人员需要认真考虑自己究竟应该为谁做游戏、应该做什么样的游戏、应该如何让自己的职业生涯更有社会责任感。

一、企业合规管理的理论与实践

"合规"是由英文"compliance"翻译而来，1977 年美国颁布《反海外腐败法》是合规产生的标志，而最早引起我国关注的是 2006 年发生的德国西门子公司行贿案，之后，西门子公司着手建立独立而有效的合规体系，并为各国企业所采用。[①]

[①] 陈瑞华:《西门子的合规体系》，载《中国律师》2019 年第 6 期。

一般认为，企业合规是指企业及其员工的经营管理活动要符合国家相应法律法规、行业规范、监管制度、行业惯例、社会道德规范、国际惯例和企业的规章制度等与企业相关的规则和条例。[①]

企业合规管理，是指企业立足自身实际情况，结合刑法、行政法、民商法等法律法规以及国际规则建立起能够有效防范违法犯罪的经营管理体系。企业合规管理涉及的方面非常广泛，包括整个商业模式、供应链管理、行业监管、网络安全、数据安全等多个层次。任何企业，尤其是发展到一定阶段具有一定规模的企业，如果没有正视合规管理问题，那么很可能就会引发法律责任、受到相关处罚，遭遇法律风险甚至刑事风险，则不仅影响到企业和企业的经营者，还会影响到无辜股东、普通员工等其他利益相关人。

从司法实务角度看，刑事合规是指涉嫌单位犯罪的企业或实际控制人、经营管理人员、关键技术人员等涉嫌实施与生产经营活动密切相关的犯罪，在检察机关等国家机关或者第三方组织的监督下，通过制定和实施合规整改计划，强化企业自治，建立健全预防违法犯罪的合规管理体系。

在2018年中兴公司受到美国制裁后，我国许多公司开始重视并着手进行合规体系建设。但总体上看，公权力机关先于企业充当起企业合规主要推动者的角色。2020年3月，最高人民检察院率先在深圳等地六家基层人民检察院开展"企业犯罪相对不起诉适用机制改革"试点工作，2022年扩大到全国范围。至此，企业合规与司法程序开始全面对接，一个以实体法规定为主、行业规约规范和企业内部规章制度为辅的企业合规管理体系正在我国逐步形成。[②]

我国实行罪刑法定原则，《刑法》第30条、第31条有关于单位犯罪的构成和处罚条件的立法规定，刑事诉讼法中对于不起诉的适用条件限制严格，因此刑事合规的实践作用不无限制和争议，从制度理念和目标的角

[①]　谭世贵、陆怡坤：《优化营商环境视角下的企业合规问题研究》，载《华南师范大学学报（社会科学版）》2022年第4期。

[②]　裴炜：《刑事数字合规困境：类型化及成因探析》，载《东方法学》2022年第2期。

度看，企业合规体系建设逐步向"大合规"体系演变，涉及的内容包括：公司治理结构中包括董事义务等管理决策机制的"合规"；行政监管层面，尤其是金融监管层面所要求的业务范围内的"合规"，其中一般强调"规"的层次包括"职业道德""行业伦理"等内容；特别领域、特别情形中法律风险的防范合规，例如，具有严格准入要求领域的经营合规。可见，除了预防犯罪外，企业"大合规"致力于预防式防控企业引发的受到相关处罚的风险。

因此，企业合规不仅需要在企业外部形成一定的激励和监督机制，还应强调从内、外部兼容并用企业治理与社会治理两种手段，在企业内部建立合规体系、营造合规文化、加强企业自律，并完善第三方合规服务体系，共同消减企业违规的风险。

企业合规研究主要集中在刑事和行政领域，针对其他领域的研究较为缺乏，"重刑轻民"现象突出，制约了企业合规的有序、全面建设。一直以来，"企业合规"一词常常被"刑事合规"代替，合规不起诉、合规无罪抗辩、不起诉整改等，体现了对企业合规的认知和司法实践。但是，我国现阶段的企业合规改革试点工作以检察机关为主导、多机关并行办案的实践模式虽未定型，但行政机关在企业合规中的潜在功用正在不断被发掘。[1]

由于不起诉决定、督促合规整改及与行政处罚的衔接等均属于事后的追责和补救手段，其事前预防功能并不明显，而且，企业合规植根于各部门法，只有通过重视和增加民事合规、行政合规的环节，才能最大限度地缓和企业与公权力机关的矛盾，赋予企业相对可预期的保障。

限于篇幅，本书主题主要以"大合规"理念为出发点，讨论企业的刑事合规问题。在游戏产业快速发展的背景下，网络游戏平台作为网络空间责任主体，所面临的刑事法律风险在提高。刑事合规就是要发挥法律风险预防功能，实现游戏平台风险管控与国家法律规范层面、政府网络监管职责层面的统一，承担起网络"共治"模式下游戏平台预防网络犯罪、维护

---

[1]　陈瑞华：《论企业合规在行政监管机制中的地位》，载《社会科学文摘》2022年第2期。

网络安全的社会责任和企业主体责任。

涉赌风险是网游公司在经营活动中遇到的严重风险之一，一定程度上是企业经营者缺乏刑事合规意识所致。特别实践中，虽然对违法性认识错误的问题具有复杂性，但企业经营者对其生产经营活动中可能涉嫌的法律风险并非一无所知。大量的刑事判决表明，涉案企业完全知悉其行为具有违法性，只是对行政不法与刑事不法的定性持有不同意见。[①]

因此，网游公司经营者需要提高刑事合规意识，通过规范公司内部治理措施，防范游戏平台涉刑法律风险，满足相关部门对网络游戏平台的监管责任规定。从根本上说，游戏行业相关人员需要认真考虑自己究竟应该为谁做游戏、应该做什么样的游戏、应该如何让自己的职业生涯更有社会责任感。

企业合规已经成为当前学术界和实务界高度关注的话题，特别是近年来，企业合规经营频频被国家领导人在多个重要场合提及。2018 年 8 月，习近平总书记在推进"一带一路"建设工作五周年座谈会上指出，要规范企业投资经营行为，合法合规经营，注意保护环境，履行社会责任，成为共建"一带一路"的形象大使。[②]此后领导人的系列谈话表明，党和政府高度重视企业的合规经营问题，对民营企业及企业家增强合规意识与责任意识、加强企业自律提出了明确要求。

当前，在"一带一路"建设中，企业面临着诸多的法律合规风险，如国家安全审查风险、反垄断风险、知识产权侵权风险、税务风险、商业贿赂风险以及在环保、雇员保护、个人隐私保护等方面的风险。在国际化经营的背景下，企业合规经营和合规管理的紧迫性更加突出。

二、我国网络游戏产业概况

网络游戏产业是一项新兴的文化娱乐产业。在经历了形成期阶段后，

---

① 江西省高级人民法院刑事裁定书〔2019〕赣刑再 1 号。

② 人民网 2018 年 08 月 28 日，http://politics.people.com.cn/n1/2018/0828/c1024-30254357.html，访问日期：2023 年 4 月 25 日。

近几年已进入了快速成长阶段。由于网络游戏行业的特殊性，并且国内起步较晚，一开始又是以代理国外游戏起家，发展模式受到争议，因此对国内网络游戏产业的现状进行分析，可以更深一步的了解存在的问题。

网络游戏通常指以 PC 为游戏平台，互联网为数据传输介质，以游戏运营商服务器为处理器，通过网络传输方式（Internet、移动互联网、广电网等）实现多个用户同时参与的游戏产品，通过对于游戏中人物角色或者场景的操作实现娱乐、交流的目的。

常见网络游戏有三种形式：第一种是客户端网络游戏（端游），是需要在电脑上安装游戏客户端软件才能运行的游戏，主要指大型角色扮演类网络游戏（MMORPG）和休闲客户端网络游戏；第二种是网页游戏（页游），用户可以直接通过互联网浏览器玩的网络游戏，不需要再安装客户端增加成本，也是网络科技发展的自然现象；第三种是社交游戏（手游），指的是一种运行在社会性网络服务（SNS）社区内，通过互动娱乐方式增强玩家社交游戏交流的网络游戏。主要是手机用户端的飞速发展而形成，比如米哈游公司以《原神》为代表的各类游戏，在卡通渲染、人工智能、云游戏技术等领域实现行业领先。

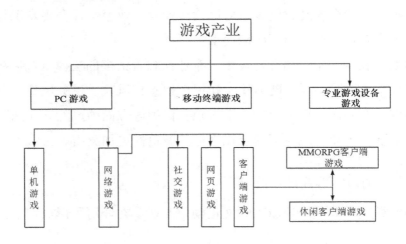

图 7 - 1：游戏产业示意图

一般的网络游戏开发流程包括：调研—开发—测试—运营，主体是游戏开发公司、游戏运营公司、游戏开发运营公司。通常开发流程是：项目经理（产品经理）前期预估项目成本、风险、市场情况，根据目标消费群体、能力、产品定位、游戏风格等进行游戏原型策划、执行策划，确定主要构架、主功能开发，游戏整合调试，游戏内部测试（功能性测试），公测获取用户群的信息表、已确定游戏的一些商业运营方式。一般由开发组长对美术、音效等部门进行协调，项目经理对项目整体把控。以上可见，这是一套复杂的流程，需要投入大量的人力物力，依靠团队合作才能完成。对此的了有助于理解游戏经营者与外包游戏开发者之间的合作关系，以及他们在涉赌时的犯意联络问题。

网络游戏是令人沉迷、氪金的"精神鸦片"，还是体现科技创新和产业价值的文化产品？实际上，网络游戏已经成为一个重要的产业，构建在算力基础上的虚拟游戏世界，对芯片科技的发展具有促进作用，游戏玩家是对技术进步最敏感、算力需求最旺盛、付费意愿也最强的群体，是不断加速的科技革命重要的推动力之一，而在大型3A（高成本、高体量、高质量）游戏研发方面，我国还有一定差距。

中国互联网发展状况统计调查报告显示，截至2022年6月，我国网民规模为10.51亿，互联网普及率达74.4%。[1] 在这一背景下，网络游戏产业得到进一步发展，由此带来的游戏产业销售收入不断增加，2022年1—6月，中国自主研发游戏国内市场实际销售收入1245.82亿元，中国游戏用户规模约6.66亿人，电子竞技游戏市场实际销售收入为637.12亿元，均稳中略降，进入存量竞争时代。但中国游戏企业持续布局海外市场，自主研发游戏在海外的实际销售收入达89.89亿美元，同比增长6.16%。[2]

此前，国内运营的网络游戏多是由国内公司代理的外国游戏，代理商通过高价和付费获得代理权、运营权，这使得我国游戏产业大量的利润外流。如今，在政府实施的一系列鼓励和推动国产民族原创游戏出版政策推动下，我国原创网络游戏快速发展，以米哈游的《原神》、网易的《梦幻西游》、叠纸的《无期迷途》等为代表，"中国创造"的网络游戏已经成为国内游戏产业的支柱，并

---

① 央视新闻，2022-08-31。

② 中国音数协游戏工委《2022年1—6月中国游戏产业报告》，中国经济网，2022-09-02。

走向海外，网络游戏产业在经历快速成长期后，处于走向成熟期的阶段。

2022 年 4 月份国家恢复了版号的发放，2022 年 12 月 28 日，国家新闻出版署发布 12 月国产网络游戏审批信息，共 84 款游戏获批，还有 44 款进口游戏通过审批。①

游戏是数据载体表现的一种主要形式，而数据是社会财富的基石，AI、虚拟现实、元宇宙等概念的基础呈现形式，以及数据获取储存等载体，也促进了电子游戏、影视等艺术形式的发展，这是数字时代的基石。在美国发起全面围堵、打压的背景下，可能被其赚钱又洗脑，故国家应继续保持一定的游戏管制，严禁国外游戏平台和产品的侵蚀，坚守文化阵地。

同时，我国已经制定了文化出海的政策，鼓励优秀传统文化产品和影视剧、游戏、VR 电竞等数字文化产品走出去。2022 年 7 月，商务部服贸司发布了《关于推进对外文化贸易高质量发展的意见》，支持扩大网络游戏审核试点，创新事中事后监管方式。同时积极培育网络游戏、电子竞技等领域出口竞争优势，提升文化价值，打造具有国际影响力的中华文化符号。

中宣部出版局在 2022 年度中国游戏产业年会上表示，今年将启动"网络游戏正能量引领计划"，推动正能量成为网络游戏发展主基调。②实施"网络出版技术创新发展计划"，重点推动虚拟现实、感知交互、游戏引擎、动作捕捉等网络游戏底层技术创新突破，推动元宇宙、数字孪生、云游戏等新业态拓展应用。因此，以网络游戏为首的文化娱乐产业，还会有较大的发展。

三、网游公司与合规管理

网络赌博和开设赌场形式多样，寄附型网络赌场中依托网络游戏进行非法活动就是常见类型，也是网络游戏公司最容易触及的雷区。根据粗略的检索统计，2022 年网络游戏犯罪相关判决高达 3253 份，其中以构成开设赌场罪为主，案件数量为 2105 例，赌博罪案件反而较少，只有 142 份，帮信罪案件为1047 例，其他被停服、立案的相关游戏以及公司更是难以计数。

---

① 观察者网，https://www.guancha.cn/ChanJing/2022_12_28_673197.shtml，访问时间：2023 年 2 月 20 日。
② 每日经济新闻官方账号，2023-02-14。

（一）网游公司刑事风险高发的原因

网络赌博和开设赌场犯罪产生有其社会历史根源，也离不开犯罪条件和相关因素的影响，从业者有意无意地忽视了游戏应该走的正道。从具体犯罪成因来看，主要有以下几方面：

1. 高额不法收益与较低风险的诱惑

网络科技的发展带来了传播的广泛性及网络交易的便捷性，利用传销式的发展模式，新型网络犯罪能产生巨额的不法收益。另一方面，网络犯罪的风险某种程度上低于传统犯罪，量刑较轻。例如直到 2020 年《刑法修正案（十一）》，才加大了对开设赌场犯罪处罚力度，量刑提升为五年以上十年以下有期徒刑。犯罪风险低回报高，诱使犯罪嫌疑人将犯罪场所转移至虚拟的网络空间，涉赌资金、人数规模及社会危害性，远非线下实体赌场可比，近几年来屡屡爆出涉案流水高达数十亿元的网络开设赌场案大案，涉赌资金之大令人瞠目。

2. 隐蔽性强

网络犯罪手段更新换代快，从传统的赌博网站型，发展到非典型网络赌场，被害人甚至无法分辨相关网页上堂而皇之的所谓官方游戏网站是否为赌博游戏网站，没有做好防范心理准备，一步步陷入网络赌博陷阱。另一方面，网络的虚拟性促使许多心怀不轨之徒更倾向于隐藏在暗处实施犯罪行为，通过隐匿自己的真实身份，远程操控即可，而赌资流转可以通过"跑分平台"等各类非法第四方支付平台完成，极大降低了犯罪成本和犯罪风险；还可以通过各种高科技方式毁灭证据、逃避侦查打击。如此一来，网络赌场体现出更高的隐蔽性。

3. 网络监管困难

目前我国应用程序发展较快，各种网络游戏、App、直播平台等如雨后春笋，其背后是获得和没有获得许可证的各种网络游戏公司，违法违规现象的基数较大，则网络赌场犯罪自然就会增多。另一方面，上游为犯罪集团提供技术工具、收集个人信息，或为导流获客、广告推广；中游实施诈骗或开设赌场等犯罪；下游利用支付通道"洗白"资金，构建起完整黑灰产生态圈，成为网络犯罪多发高发的重要原因。[①] 对网络黑灰产的监管存在一定困难，文化等部门

---

① 《最高检：网络黑灰产成为网络犯罪多发高发的重要原因》，人民日报客户端 2021-01-25。

虽然出台了大量关于网络游戏监管的规章制度，但与网络赌博和网络赌场相关的新生事物种类繁多，花样翻新，线上线下、境内境外、虚拟现实相互结合，监管措施和手段不一定能够跟上情势变化，监管困难。

4. 网络亚文化的影响

亚文化一般是指区别于"主流"与"中心"的边缘文化，通常对应于人们心目中那些与传统道德、习惯、社会意识和社会心理相异的、越轨的行为与表达方式。[①]青年群体通过多元化的互联网媒介技术，以其独特的文化趣味、表达需求与社交习性，从根本上驱动着今日网络文化的发展方向。其中，网络的虚拟性和匿名化，使人的社会角色虚拟化，道德、责任意识容易淡漠，导致各种各样的犯罪亚文化形态。按照社会失范理论，[②]网络亚文化群体缺乏是非观念和对错的规则标准，犯罪就会产生，比如网络色情泛滥、网络赌博成风、网络黑客肆虐等。网络赌博属于新型社会失范——网络工具性失范现象，是对互联网技术的非法利用所导致的结果失范。在失范状态下，他们秉持功利主义和金钱至上观念，以所谓"低道德优势"攫取社会财富，宣扬"一夜暴富"，并为此不择手段，非法利用互联网工具获取不正当利益，突破底线发财。这些网络亚文化形态，很大程度上降低了犯罪的悖德感和罪恶感，反而激发出一些人强烈的占有欲、扭曲的成就感及错位的消费观，诱发网络赌博犯罪发生。

（二）网游公司合规理念的确立

近年来，随着网络游戏行业的高速发展，网游公司的不正当竞争、数据安全问题乃至刑事风险问题日益凸显。网络游戏产业中不少是初创企业，以年轻人为主的网络游戏企业员工往往法治意识较为薄弱，最后因无知或侥幸心理触犯了法律。可见从网游公司到员工都需要确立刑事合规理念。

1. 全生命周期的风险意识

企业是具有生命周期的，经营者应当树立全过程风险意识，除了经营风险和市场风险之外，还应清楚地了解相关法律法规，尽量避免政策风险以及刑事

---

① 《网络亚文化中的青年表达——网络文化系列谈》，中国青年报客户端，2020-09-24。
② 是指关于社会成员对规范无所适从或各行其是的观点和理论，主要来自涂尔干和默顿。参见张兆曙：《互联网的社会向度与网络社会的核心逻辑》，载《学术研究》2018年第3期。

法律风险。

（1）网络游戏行业监管政策风险。网络游戏行业是国家政策支持的新兴行业，但也受到工业信息、文化和新闻出版等部门的监管，网游公司避免涉赌风险的第一步，应当是首先树立合法合规经营意识。在我国境内从事网络游戏运营的，需要取得增值电信经营许可证、网络文化经营许可证、互联网出版许可证等许可，否则可能会对生产经营活动产生重大不利影响。在发行或运营网络游戏时，游戏产品的内容应获得相应的内容审查或备案许可。因此，游戏公司应当遵守相关法律法规的规定，打好经营正规公司的基础。

（2）虚拟货币和资产政策风险。游戏公司大部分收入来自虚拟物品销售，但虚拟货币相关业务，需取得额外批准或许可，因此需要及时了解虚拟资产监管的法律法规，及可能承担的责任，避免对业务前景可能承受重大不利影响。

（3）网络游戏自身生命周期中的风险。在网络游戏产品及服务从市场策划、研发、发行到运营的"全生命周期"，可以划分为以下四个阶段，每个阶段都存在刑事风险：

①游戏测试期：玩家对游戏还不是很了解，为了吸引更多的玩家，公司不得不大力进行广告投入。本阶段运营的主要目的是提高产品的知名度及注册数以尽可能打开市场，主要刑事风险在于，网络游戏本身涉嫌违法，例如网络游戏是否存在禁止性内容，例如淫秽色情、危害社会公德、赌博暴力等，是出版行政主管部门进行网络游戏审批时审查的重点。此外，若开发出海网络游戏，还应确保网络游戏内容符合当地法律法规的基础上，亦不会与当地的文化、宗教、种族、民族等相冲突。

②游戏成长期：玩家逐渐接受了游戏的玩法，游戏的活跃加大，充值次数和金额不断增加。本阶段的主要运营目的是最大限度地占有游戏市场，对于有资质的、正规的游戏网站，主要刑事风险在于涉赌，尤其是涉及"银商"和"代理"的时候，平台具有监管的义务。本阶段可能会引入游戏的代理，而代理可能不受控制构成犯罪，从而牵连到游戏公司。若游戏平台明知银商和代理组织玩家通过第三方平台结算赌资、抽水渔利而予以放纵、默许，消极履行其监管义务，甚至是参与其中，则涉嫌开设赌场犯罪。在广告推广、提供链接服

务等方面，可能涉嫌开设赌场罪、侵犯著作权罪等相应罪名的共犯，或者帮助信息网络犯罪活动罪。

③游戏成熟期：游戏注册人数、玩家每天活跃和付费均逐渐趋于稳定。这个阶段运营的主要目的应该是通过引入新的游戏道具、设置新的任务属性等方式，获取最大的利润和市场占有率以及维护玩家的忠诚度。虽然并非所有开发、运营棋牌类、捕鱼类游戏软件的企业都会涉赌，但是，一旦游戏从"娱乐"转化为"博彩"，则很可能会被认定为"赌博网站"。

④游戏衰退期：游戏进入了淘汰阶段，因产品的技术属性落后或题材老化等原因，用户逐渐会对游戏失去兴趣，玩家逐渐离开了游戏。目前一款端游的平均生命周期就是3—5年，对于页游来说，很多游戏的生命周期也就是3—5个月。本阶段游戏收入逐步下降，运营的目的应该是减少支出，尽量增加利润回收。但是不能为了增加收入，提供游戏积分交易、兑换或以"虚拟货币"等方式变相兑换现金、财物的服务，这又转变为赌博网站，从而涉嫌开设赌场罪。

案例：黄某、胡某某开设赌场案①

在黄某、胡某某开设赌场一案中，法院认为，万某公司在经营期间先后开发并推出皇后游戏网站以及贝贝游戏手机版，供玩家在游戏平台上购买游戏币后作为筹码与其他玩家进行"斗地主"等游戏。后因经营状况不佳，被告人联系了项某（另案处理）等人作为银商，代为出售游戏币并以一定比例向玩家回收游戏币，从中赚取差价。至此，游戏币和人民币之间实现了顺利的兑换。法院以此认定被告人构成开设赌场罪。

这些游戏平台利用游戏币进行反向操作，并进行各种掩饰，但这种自以为聪明的伎俩终究逃不过法律的制裁。

2. 完善内控机制合法合规运营

网络游戏开发、运营商建立符合监管规定的内控机制非常重要，例如应根据相关规定制定用户服务协议和代理守则，声明严禁恶意利用本游戏进行赌博等违法行为，一经发现，立即封停账号，并向公安机关举报。这样可以很大程

---

① 《黄信、胡建识等开设赌场一案》，杭州市下城区人民法院〔2017〕浙0103刑初79号刑事判决书。

度上保障公司沿着合法轨道发展。

作为管理者，涉及私服外挂等可能涉及著作权犯罪；如果明知员工提供的游戏源代码系非法所得，仍然使用或允许他人使用，可能涉嫌侵犯商业秘密罪。以建立商业秘密内部管理框架为例：

从现有的网络游戏公司涉商业秘密或技术秘密案件来看，相关商业秘密通常涉及游戏的源代码，包括游戏引擎源代码、产品源代码、编辑器源代码、相关技术文档等，员工侵害商业秘密后往往伴随着利用前述商业秘密开发实质性相似的新游戏，或开发运营外挂私服等行为。从案件来看，包括民事纠纷（侵权纠纷、合同纠纷、劳动争议等），也包括刑事案件，最终认定的罪名有侵害商业秘密，也有著作权侵权，视被告具体行为而定。

针对商业秘密，我国已经建立了较完善的立法体系，以《反不正当竞争法》《刑法》为主，辅之以《技术进出口管理条例》等法律法规以及相关司法解释，故网络游戏公司面临的主要还是管理能力问题。要想更好地保护商业秘密，需要建立基于自身的商业秘密保护体系的制度，尤其是在保密措施方面，可以参考最高人民法院的《关于审理侵犯商业秘密民事案件适用法律若干问题的规定》，该司法解释列举了若干法院认可的、具有操作性和参考价值的保密措施，当然，制度建设并不仅仅限于文本起草，关键是执行。

综上，从大合规的角度看，刑事合规与行政合规理念是游戏企业必须具备的经营理念之一，只有综合地提高风险防范能力，才能最大限度地降低企业风险，促进企业健康运营发展。

第二节　网游公司合规管理的法规范依据

网络游戏行业属于互联网信息服务业的子行业之一，受到相关政府部门监督管理及行业协会自律监管。网游公司合规管理主要涉及两大方面，一是运营的游戏本身，二是作为获利方式的虚拟货币问题。

一、网络游戏的监管规范

（一）网络游戏的分类与特点

根据对网络游戏进行管理的部门规章，以及游戏行业的最新发展情况，可以将网络游戏作如下分类：

1. 禁止类的赌博游戏

研发、出版赌博或变相赌博游戏的，或者是为赌博或变相赌博行为提供平台、工具等帮助的，抑或者为赌博或变相赌博提供软件下载、信息、广告的，均视为违法犯罪行为。

根据《禁止利用网游赌博通知》及《棋牌类网游专项核查工作通知》《第十九批违规查处工作通知》所列示的执法标准，及 2018 年《文化部关于加强棋牌类网络游戏市场管理工作的通知》等的规定，禁止的赌博或变相赌博游戏包括：含"赌场""赌博""老虎机"字样游戏，梭哈类、扎金花类、六合彩类，百家乐、骰宝、21 点、牌九、赢三张、牛牛等类似玩法，有宣扬赌博的内容或出现经公安机关认定的赌具形式的游戏等。

游戏企业应开发拥有自主知识产权、体现民族精神、内容健康向上，具有运动体验、技能训练、益智教育等功能的游戏。人们运用技术、速度、智慧等来取得胜利就是竞技，而运用运气、概率、机会来决定输赢即为赌博。此类投注类游戏，实质上是披着竞技游戏外衣的赌博游戏，以小博大的"赌概率"特征明显。玩家以法币购买虚拟货币后进入游戏，游戏平台提供反向兑现服务以及相互转移虚拟货币机制，"赌博"色彩浓厚，可识别性高，司法实践中认定的"网络赌博"大多数属于此种类型。可见，如果网游游戏平台、手机 App 等应用程序给参赌人员提供用的游戏是国家明令禁止的赌博游戏，则可以认定为开设"网络赌场"，游戏运营者构成开设赌场罪。

案例：焦某开设赌场案

在焦某开设赌场案中，[①] 被告人先后设立网站论坛和游戏大厅，以多种赌博游戏吸引玩家注册网站会员，购买虚拟货币"X 币"后，进入站内游戏大厅投注赌

---

① 肇庆市端州区人民法院〔2018〕粤 1202 刑初 5 号刑事判决书。

博，并可随时将赌博投注的盈利或剩余金币兑换回人民币。法院认为，被告人以营利为目的，建立赌博网站、组织人员开发具有赌博性质的游戏并接受会员投注，均构成开设赌场罪。

本案中，法院将涉案多款游戏认定为"具有赌博性质的游戏"，包括《北京赛车》《快三挖宝》《幸运飞艇》《幸运二八农场游戏》《捕鱼达人》《竞技虚拟足球》等，这些游戏操作十分简单，以"赌"为主要特征，具有明显赌博性质。

2. 博彩特点明显的游戏

游戏氪金玩法是支付一定现金或充值换取游戏币，①来获得"卡池"内随机出现的物品／角色，其出现概率通常与价值成反比，玩家在"下一把可能就抽中了"的运气心理预期下，很容易滋生成瘾心态。市面上大部分此类游戏是追逐利润的，但对贫穷家庭的青少年和缺乏陪伴关爱的独生子女，是一种廉价的奶头乐，而且要不断氪金。"氪你的钱"是互联网企业、游戏公司产品设计时的目的和收入来源。

我国近两年也对随机抽取类氪金游戏加大了监管力度，2016年《监管通知》第二条第六项提出，网络游戏运营企业采取随机抽取方式提供虚拟道具和增值服务的，不得要求用户以直接投入法定货币或者网络游戏虚拟货币的方式参与；及时在该游戏的官方网站或者随机抽取页面公示可能抽取或者合成的所有虚拟道具和增值服务的名称、性能、内容、数量及抽取或者合成概率。

在《监管通知》的约束下，国内众多"开箱子""开盲盒"类网络游戏，纷纷修改规则，例如往往会设立几道兑换流程，以避免被认定为"直接投入"；或改变"抽奖"形式，或"公布相应概率"等。但是随机抽取的本质没有改变，且因游戏公司不提供源代码，玩家很难去核验概率的真实性。此外，玩家充值"开箱子"属于"接受投注"的行为，与赌博的区别仅在于"开箱子"所获得的道具没有官方的途径反向兑换成法币，实际上很容易产生出售账号和稀有道具的情况，游戏内仍存在"微交易"系统。

开箱、抽卡这类玩法因或涉赌，持续引发各国监管部门的争议，但其作为

---

① 氪金：网络用语，从日语的"课金"发展而来，主要指在游戏中的充值行为。

当前大多数游戏产业的主要收入来源，一旦被禁的范围扩大，将会对全球游戏公司的收入造成巨大影响。

"万物皆可盲盒"的背后，可能暗藏网络赌博、消费欺诈、霸王条款，例如某品牌魔盒获得最高奖项的概率仅为0.0007%，与赌博无异。2022年8月22日，四川省、重庆市消费者权益保护委员会发布盲盒App调查情况结果，并约谈盲盒星球、元气部落、盯潮、潮玩4款盲盒经营者。[①]

总之，游戏运营者这种以营利为目的设置开箱规则、接受投注，使相关游戏非常接近于"开箱博彩"，可能会涉嫌开设赌场罪。[②]这是经营者特别需要注意的情形。

3.棋牌类、捕鱼类游戏

我国棋牌文化源远流长。作为游戏产业中的一部分，棋牌游戏是大众喜闻乐见的娱乐形式，目前棋牌游戏主要以斗地主、捕鱼、地方麻将等三大类构成。

（1）棋牌游戏的发展

1998年鲍岳桥创立北京联众互动网络股份有限公司，将围棋带到线上，并由此开启我国的电子棋牌行业新纪元，并在几度浮沉中不断发展变革，可以分为以下阶段：

①金币＋实物奖品，娱乐为主模式。例如2003年8月，腾讯首次推出QQ游戏平台，以强大的渠道资源，迅速占据最大市场份额，电子棋牌游戏逐步成为最流行的网络娱乐方式之一。游戏平台通过提供线上棋牌游戏大厅，按照游戏运营服务收取一定费用，到周末或月末按照累积金币或金豆多少进行排名，并发放实物奖品，但奖品吸引力不大，电子棋牌游戏主要以娱乐功能为主，竞技功能较弱。

②金币＋币商，赌博为主模式。随着竞争趋于激烈，"金币模式"逐渐成为大多数游戏产品的盈利来源。"金币"即游戏运营商发行的一种虚拟货币，玩家充值购买虚拟货币换取游戏道具来进行对局。由于国家规定游戏虚拟货币

---

① 中国消费者报微信公众号，https://www.guancha.cn/economy/2022_08_24_654979.shtml。

② 艾静、佟炫雨：《网络游戏涉赌风险的边界探讨暨对游戏运营者的刑事合规建议》，盈科律师事务所网站，2021-09-13。

不能双向兑换，即无法变现，"银商或币商"应运而生，导致电子棋牌游戏娱乐功能渐弱，赌博功能占据了主导地位。

2018 年以来，国家有关部门加强了监管，并针对涉赌牌类游戏展开了专项整治行动。例如曾经风靡一时的"德州扑克"成为集中严打对象，绝大部分德州扑克游戏运营商集体下架至今未上线。

2018 年 3 月国内网络游戏版号暂停审批，到 2018 年 12 月，游戏版号虽然恢复审批，但每月过审游戏数量较此前明显减少，而棋牌类游戏几乎从过审名单中消失。2019 年以来，仅有一款真正意义上的棋牌类游戏"波克大众麻将游戏软件 V1.0"拿到游戏版号。

据国家新闻出版广电总局官网提供的数据，近年来审批通过的捕鱼版号共805 个，出版机构 84 家，获得版号的运营商 443 家。获得捕鱼版号数量最多的运营商为北京畅元国讯科技有限公司，共有 22 款捕鱼游戏版号，其次为上海易接信息科技有限公司，共计 11 款。而时至今日，"麻将、斗地主、炸金花"等已连续 4 年未获得新版号，无法获得上线的资格。[①]

③棋牌 + 电竞模式，回归娱乐竞技本源。棋牌游戏门槛低，拥有更广泛的群众基础，而且棋牌游戏本身也是智运会的比赛项目，体育总局棋牌运动管理中心曾发起网络棋牌大赛，包括围棋、象棋、斗地主等项目。目前，"棋牌 + 电竞"新模式出现，例如上市公司天神娱乐的游戏业务，从传统游戏的研发及发行，转向电竞方面，其发展被各方看好

（2）游戏涉赌的原因与发展方向

棋牌类、捕鱼类游戏主要采用射幸玩法，在实践中极易被做成赌博类游戏，在"寄附型"网络赌场中，行为人主要是将赌场"寄附"于棋牌类游戏当中。此类游戏本身并不具有赌博性质，但被游戏运营者、币商等群体非法利用，为玩家提供赌博机会，游戏平台直接或间接地涉嫌开设赌场犯罪。近年来公安机关已经捣毁多条基于这两种品类游戏形成的"游戏—银商—代理/群主"、赌博黑灰产业链，涉案金额数十万乃至上亿不等。

---

① 《我们统计了审批通过的所有捕鱼游戏版号》，"游企帮"公众号，2022-05-16。

目前麻将、斗地主等电子棋牌游戏回到娱乐模式，但在监管压力下，许多公司将服务器与运营地点设立在境外，以代理形式吸引国内玩家，跨境赌博犯罪越来越多且屡禁不止。

对此，有专家学者呼吁，把棋牌和电竞结合，通过电竞不断挖掘棋牌运动的竞技属性和文化价值，增加对玩家的吸引力，压缩棋牌赌博的生存空间，从而推动整个电子棋牌行业的健康有序发展。[①]"棋牌＋电竞"的商业创新模式被认为是电子棋牌行业未来的一条绿色健康发展之路。

根据游戏日报研究院的数据，从 2020 年 1 月的游戏细分品类"用户独占率"来看（用户只玩一种类型的游戏），棋牌游戏位居第一的位置，说明棋牌游戏在经历合理的监管后，迎来了一轮较为快速的发展。

4. 新型游戏业态——链游（Game Fi）

2021 年"元宇宙"概念成为网络热词，区块链技术的去中心化特点让玩家可以自己参与决策，VR 眼镜、可感知手柄等各类可穿戴设备使得"沉浸式体验"成为可能，进而催生了区块链游戏（链游）的发展。链游是视频游戏和去中心化金融的结合，是基于区块链技术发展的一种新兴游戏产业。

传统游戏规则的制定、场景的设置、游戏币的发行和价值、玩家角色的分配等，由游戏开发商一手操控，平台掌握游戏控制权，玩家是"付费赢"，即玩家通过充值玩游戏，依靠购买装备、皮肤、游戏形象等以提升战斗力和游戏等级，从而赢得游戏。而链游模式下，玩家使用虚拟货币购买某款链游的角色、道具等，在游戏平台上进行操作升级或与其他玩家进行对决获胜，才能获得一定的游戏英雄、道具等奖励，再兑换、出售成数字货币，或者通过游戏操作直接获得数字货币，以此获得收益，此即所谓 play to earn（P2E）的"边玩边赚"模式。[②]

链游的"玩赚"模式，是否构成赌博犯罪，还应当看具体的运作模式。当前链游可以分为卡牌类、养成类、竞技类、角色扮演类、收藏类等，每款游戏

---

① 朱武祥：《创新电子棋牌游戏模式，回归娱乐竞技本源》，南方都市报公众号，2019-11-14。

② 卢捷培：《链游开发背后的五大刑事风险，赌博居首，应如何防范避免？》，搜狐新闻号，https://business.sohu.com/a/506643828_382039。

的模式各不相同。如果玩家通过投入他们的时间和知识来赚钱，即通过证明算力大小（数字货币挖矿）或通过投入时间或知识进行升级等形式获取游戏奖励，则涉赌犯罪的风险可能性较低，可能仅仅是违反了相关行政管理规定；而如果一款链游的主要游戏模式是通过开盲盒或是参加并赢得棋牌活动等赌"概率"的形式获得奖励，则很有可能涉赌博犯罪。

在链游中存在着游戏形象、游戏道具等之间的交易机制，这就需要一般的"数字货币"作为交易媒介。鉴于当前各国国家对数字货币监管趋严，各加密货币性质认定和发放规则尚不明晰，虽然我国在《关于防范比特币风险的通知》（银发〔2013〕289号）中将BTC认定为虚拟商品而非货币，但是在各地司法实践中关于数字货币的认定仍存在差异。如果加密数字货币被认作"商品"，则加密货币与数字商品之间的交易或被归类为"交换"行为而非"买卖"行为，进而难以获得有力的法律保护。

对于链游模式，玩家通过游戏就可以获得相关的加密货币，并且这个数字货币可以在二级市场自由交易，天然符合"提现"的功能，那么玩家在链游中赚到的可以提现或兑换的游戏币、游戏道具，是否是通过"赌概率"得来的，才是这款链游是否涉嫌赌博犯罪的关键。

综上来看，不管链游平台采取何种形式和标榜何种高科技，还是应把握涉赌游戏的核心特征，即涉嫌赌博的游戏或应用程序具有直接后间接的提现功能，实现了虚拟货币与法定货币的双向兑换。

需要注意的是，链游在金融犯罪领域存在较大刑事风险：①由于链游可以通过充值或者提现虚拟货币的形式与法定货币进行流通，不法分子利用这一特点转移赃款，使链游自动或者被动成为洗钱活动的地下钱庄，以"链游"之名行"洗钱"之实，可能构成洗钱罪。②非法集资罪有四个构成要件：非法性、社会性、公开性、利诱性。链游作为一种面对公众且以P2E为游戏理念的游戏类型，本身即具备社会性、公开性、利诱性特点，如果再向玩家宣传或者承诺"保本保息"，便具有了非法性特点，可能构成非法集资罪。③若链游的开发者或运营商的最初目的是为了吸收资金而不是开发游戏，则可能构成诈骗罪。

总之，对于游戏产品来说，如何保证合规运营，同时加深与相关法律法规的结合，需要游戏公司不断探索。

（二）网络游戏的审批备案管理

网络游戏具有娱乐性、互动性强等特点，加之游戏电竞行业的宣传影响，吸引了许多年轻人成为玩家，甚至沉迷其中而荒废学业和工作。但是，因巨大的利益驱动，市面上各式各样的网络游戏层出不穷，不断有资本进入到网络游戏行业。那么，开办、运营一家合法的网络游戏公司需要具备哪些资质或证件，是投资者不得不考虑的问题。

网络游戏公司根据其经营范围、经营业务的不同分为游戏研发公司、游戏运营公司以及集研发与运营为一体的综合性网络游戏公司等类型，其中，游戏运营公司和综合性网络游戏公司为监管的重点，需要办理以下证照或手续。

1. 营业执照

营业执照是任何一家公司开展经营业务的前提。虽然市场上也有一些个人或工作室等非法人组织的方式从事游戏研发工作，但从企业合规、投资风险等角度考虑，有限责任制的公司主体无疑是更好的选择。

2. 增值电信业务经营许可证

简称"ICP 证书"（Internet Content Provider），根据《电信条例》的规定，指利用有线、无线的电磁系统或者光电系统，传送、发射或者接收语音、文字、数据、图像以及其他任何形式信息的活动。

同时，该条例将电信业务分为基础电信业务跟增值电信业务。前者是指提供公共网络基础设施、公共数据传送和基本话音通信服务的业务，如三大电信公司提供的此类业务；增值电信业务则是利用基础电信网络服务，向他人提供信息网络服务的业务。开展增值电信业务，则需要取得许可，俗称"ICP 许可"。而网络游戏就是典型的由软件程序和信息数据构成，通过互联网、移动通信网等基础信息网络提供的游戏产品和服务，属于增值电信业务。该证件由工信部负责，主要确定互联网基础设施建设以及对于互联网基础设施进行监管。

此外，根据《互联网信息服务管理办法》及《电信条例》等的规定，如果网络游戏公司在开展游戏业务的过程中提供了有偿的经营性服务（如游戏币充值、游戏广告等），则需办理 ICP 许可；反之，如果提供的是无偿的游戏服务，则仅需在监管部门办理备案登记，即 ICP 备案。

3. 网络文化经营许可证

该证件是由文化和旅游部负责，对于游戏的内容进行审核，确定游戏产品的市场准入规则。根据《互联网文化管理暂行规定》及《网络游戏管理暂行办法》的规定，从事网络游戏研发生产、网络游戏运营、网络游戏虚拟货币发行、网络游戏虚拟货币交易服务等形式的经营活动，需要取得《网络文化经营许可证》（简称"文网文"），如果擅自从事此类经营活动，会受到监管部门的警告、罚款等行政处罚。

值得注意的是，文化与旅游部于 2019 年 6 月份发布了《关于调整〈网络文化经营许可证〉审批范围进步规范审批工作的通知》，明确表示文化与旅游部不再承担网络游戏行业管理职责。在随后的 7 月 23 日，文旅部正式发布决定，废止《网络游戏暂行管理办法》，不再核发利用信息网络经营网络游戏类的"网络文化许可证"。

但是，这并不意味着不需要取得相关证件了。根据该《通知》，已经核发的网络游戏类文网文，依然有效。也就是说，开展经营网络游戏公司，依然需要具备网络文化经营许可证，但是基于国家行政部门职能机构调整，网络游戏监管目前正处于过渡期，相信不久的将来会有相关文件予以明确。（目前国内游戏行业主要由中宣部负责监管，而未来游戏业相关管理规定正在制订），这里也可以看出我国监管部门对于游戏企业经营虚拟币的严管状态。

4.《网络出版服务许可证》

根据《网络出版服务管理规定》第二条的规定，网络游戏的运营，也属于网络出版的范围，需要依法取得《网络出版服务许可证》。在 2016 年之前，该证件名称为《互联网出版服务许可证》。

5. 办理软件著作权证、版号

著作权证由国家版权局负责，确定网络游戏软件著作权没有纠纷。软件著作权登记是网络游戏公司发行某一网络游戏的基础，游戏项目需要在版权保护中心先取得软件著作权登记，才可以到国家新闻出版广电总局申请网络游戏的出版号。

作为游戏上线运营的必要资质之一，文化和旅游部网络游戏运营备案（文号）以及新闻出版署负责的出版审批文化和国际标准书号，这两个方面构成了"版号"（ISBN），如大家熟悉的《王者荣耀》，其批准文号为新广出审〔2017〕6712号，ISBN为978-7-7979-8408-9。

上述证件是针对网络游戏经营主体而言的，取得上述证照，才算成为一家具备网络游戏运营资质的公司，而软件著作权登记及游戏版号，针对的是单个游戏项目资质。

6. 游戏运营审批或备案

该项审批或备案也是针对单个游戏产品。《网络游戏暂行管理办法》根据游戏产品来源的不同，将网络游戏分为国产网络游戏及进口网络游，并规定国产网络游戏自运营之日起30日内应当按规定向国务院文化行政部门履行备案手续，而进口游戏，则需要取得文化行政部门的审查批准，方可运营。

如前所述，《网络游戏暂行管理办法》已被废止，未来相关网络游戏的备案、审批流程以及相应的备案部门等等，需要等待下一步监管文件的出台。

7. 域名IP备案

公司在申办各类资质及证件时，监管部门会对公司的网站设计、内容等进行审核，搭建一个网站则需要购买域名并履行相关的备案手续。

从证件的批准部门可以看出，新闻出版总署侧重于游戏产业的前置内容审核，文化和旅游部关注的是游戏进入市场后的事项监督，主要有消费场所的监督和市场乱象的整治等。

（三）网络游戏涉嫌赌博的逻辑

游戏娱乐不必然等于赌博，游戏本身并不一定是赌博工具，但被不法企业和参赌人员利用成为赌博工具的游戏本身可能并没有过错。例如监管部门虽然停止颁发德州扑克等棋牌游戏新的版号，却并没有取消此前颁发的此类版号，表明监管重点是放在被严打整治的、含有赌博性质的网络游戏上，应该打击的是赌博行为而非游戏本身。

一些游戏之所以被认定为涉嫌开设赌场，最根本的原因在于符合开设赌场的构成要件，以捕鱼游戏为例：

在正常的捕鱼游戏中，如果规则是按照概率事件随机设计，玩家捕到鱼以后"掉落"的金币和装备的数量和种类就是不确定的。虽然同样是不确定的概率事件，但与赌博活动不同的是，捕鱼游戏不允许玩家将获得的金币和装备兑换为人民币，因而游戏被限定在"娱乐"范围内，金币和装备并不具有市场价值。而在涉嫌开设赌场的捕鱼活动中，直接或间接的渠道，玩家可以将获得的金币、装备直接或间接地兑换为人民币，实现通过不确定的概率事件进行人民币赌输赢的目的，进而实现"以小博大"的赌博效果。

因此，如果利用捕鱼游戏中的不确定性概率事件，在捕鱼环节之外添加开设赌场活动需要的其他环节，则就可能符合开设赌场罪的构成要件，构成开设赌场。因为捕鱼环节的相同，因此正常的捕鱼游戏与赌博游戏区分的关键不在于游戏环节，关键在于构成开设赌场的其他环节能否被认定和查证。

根据2010《网络游戏虚拟货币监管和执法要点指引》，网络游戏公司或技术人员在开发网络游戏时，开发以下三种形式的模块内容并运行，网络游戏就可能变为赌博游戏：

1. 网络游戏运营企业在用户直接或变相投入法定货币或虚拟货币的前提下，采用抽签、押宝、随机抽取等偶然方式获得游戏道具或网络游戏虚拟货币。

2. 网络游戏运营企业向用户提供含有法规和相关主管部门认定为赌博形式或内容的游戏。

3. 网络游戏运营企业在用户直接或变相投入法定货币或虚拟货币的前提下赠予积分供用户使用，并利用该积分采取抽取、押宝随机抽取等偶然方式获得游戏道具或网络游戏虚拟货币。

实践中，游戏运营者在游戏里并不直接提供虚拟物品与现实货币的交易端口，网络游戏隐性赌博环节似乎没有完整的现金流，只是一种需充值玩的网络游戏而已，对此是否可以认定开设赌场犯罪存在一定争议。但是，若游戏运营者另行开设游戏官方交易平台，专门为多种游戏提供装备回收、玩家交流、买卖账号以及各种稀有道具的交易，或者明知游戏平台存在有组织的反向兑换行为，故意对聊天室、游戏大厅中"道具回收""回收金币"等敏感词汇信息不屏蔽、不制止、不履行监管义务的，仍可能涉嫌开设赌场犯罪。

二、游戏虚拟货币的监管要点

（一）虚拟货币概述

反洗钱金融行动特别工作组（FATF）将虚拟货币界定为：一种价值的数字表示，其可以进行数字化交易，具有交换媒介、记账单位和价值存储的功能，但不具有法定的货币地位。常见的虚拟货币有比特币、莱特币等数字货币，具有去中心化、匿名性、全球可兑换性、交易便捷和不可撤销性等特征，[1]是网络虚拟财产的重要组成部分。

本书使用狭义的虚拟货币概念，仅指网络游戏中的虚拟货币，是网络游戏运营企业发行的虚拟兑换工具，由游戏用户使用法定货币如人民币按一定比例直接或间接购买，并以特定数字单位表现，有点、券、钻石、Q币等类似名称，用于兑换发行企业所提供的网络游戏服务，例如1元人民币兑换10个Q币，Q币用于腾讯游戏中的虚拟道具购买等。

相比较而言，用户通过虚拟货币兑换为游戏币或在游戏内通过竞技所获的分数，即具有货币性质的存在于游戏程序之内的虚拟道具，可用以购买游戏内的其他道具，称为"游戏币"。玩家使用"游戏币"可以在游戏中购买其他道具或者服务，但是不能兑换成为虚拟货币。如我们在玩《王者荣耀》游戏里，每局可以获得相应金币，而使用这些金币我们就可以购买相应游戏中"英雄"的使用权。

2009年《网络游戏管理暂行办法》，从规章角度规定了虚拟货币的定义、虚拟货币的发行与交易、终止运营的补偿、随机抽取等内容，规定了虚拟货币监管内容。虚拟货币的定义是：网络游戏虚拟货币是指由网络游戏经营单位发行，网络游戏用户使用法定货币按一定比例直接或者间接购买，存在于游戏程

---

[1] 胡春健、陈龙鑫：《涉虚拟货币领域刑事犯罪研究》，载《上海法学研究》集刊2020年第20卷（上海市检察院文集）。

序之外，以电磁记录方式存储于服务器内，并以特定数字单位表现的虚拟兑换工具。

除了 2022 年《民法典》《防范和处置非法集资条例》等法律法规提及之外，对虚拟货币业态实施规制的多是规范性文件。自 2013 年起，接连发布风险提示与监管规则，主要有中国人民银行、工信部等五部委发布的《关于防范比特币风险的通知（银发〔2013〕289 号）》，2017 年中国人民银行、中央网信办等七部委发布的《关于防范代币发行融资风险的公告》，2021 年中国人民银行、中央网信办等十部门发布的《关于进一步防范和处置虚拟货币交易炒作风险的通知》，以及 2021 年国家发展改革委等部门发布《关于整治虚拟货币"挖矿"活动的通知》等。从这些文件的内容可以发现境内监管虚拟货币交易炒作活动的主要路径是，监管政策逐步升级从严，从提示公众投资风险逐步加强到禁止代币发行融资，限制境内交易渠道，直至全面禁止相关业务，禁止发挥金融作用；监管范围逐步加大，从否定货币属性到禁止代币发行、防范集资交易、整治挖矿、对境内虚拟货币相关业务全面禁止、打击虚拟货币交易炒作等。

我国刑法中与虚拟货币有关的刑事罪名数量较多，而且上述央行 2013 年通知中指出，比特币及其他类似的具有匿名、跨境流通便利等特征的虚拟商品有比较大的洗钱风险；2017 年 9 月央行等七部委《关于防范代币发行融资风险的公告》中，则直指 ICO 涉嫌非法发售代币票券、非法发行证券以及非法集资、金融诈骗、传销等违法犯罪活动。2018 年 1 月 17 日，公安部和国家工商总局部署开展网络传销违法犯罪活动联合整治，重点查处案件类型之一，即包括以"虚拟货币"为幌子的网络传销活动。

在中国裁判文书网，以"虚拟货币"为关键词进行检索，相关刑事案件的情况如下图 7-2：

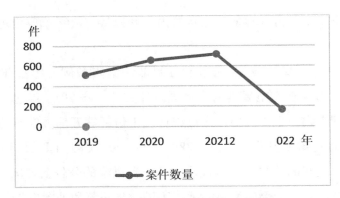

图 7-2：涉虚拟货币刑事案件数量图

数据来源：中国裁判文书网，截止日期：2022 年 12 月 30 日。

排除 2022 年度法律文书上网时间的滞后性因素，可见近几年相关刑事案件的数量呈现稳步上升的态势。成都链安发布的数据显示，2022 年虚拟货币相关文书中，刑事案由 161 件，其中帮助信息网络犯罪活动罪、掩饰隐瞒犯罪所得 / 犯罪所得收益罪、诈骗罪、开设赌场罪占比最多。与 2021 年相比，帮助信息网络犯罪活动罪依然是占比最大的；掩饰隐瞒犯罪所得 / 犯罪所得收益罪案件占比提升，由 22% 上升到了 30%；诈骗案件占比由 22% 下降到 17%；2022 年虚拟货币传销案件并不突出。不同类型案件，涉案金额跨度比较大。而网赌和洗钱案件的涉案金额往往都超千万，甚至达数十亿、上百亿。[①] 此外，涉及虚拟货币的犯罪呈现出很明显的链条化、产业化的态势，其中公司化、专业化、职业化特征明显。

（二）网络游戏虚拟货币管理中的市场现象和监管要点

网络游戏的自律与监管是一项复杂的工程，对于虚拟货币运营方面而言，目前主要的监管文件是《网络游戏虚拟货币监管和执法要点指引》（文化部办公厅文件，办市发〔2010〕33 号，简称《指引》），以此文件为基础，加强网络游戏市场监管，促进游戏市场有序健康发展。

1. 网络游戏虚拟货币与虚拟道具（游戏币）的区别

法规：《指引》第二部分第（一）条第 3 项监管要点：网络游戏虚拟货币

———————————

① 成都链安：《2022 全球虚拟货币犯罪态势及打击研究报告》，中国产业经济信息网，2023-01-03。

与虚拟道具（游戏币）的区别。

表7－1：网络游戏虚拟货币与虚拟道具（游戏币）区别表

性质	网络游戏虚拟货币	虚拟道具（游戏币）
产生方式	由具备合法发行资质的网络游戏运营企业发行，受管理部门监管。	由网络游戏研发企业作为游戏内容研发，一般称为金币，仅在游戏中流转。
获得来源	由用户在游戏外使用法定货币直接或间接购买。	由虚拟货币兑换或由用户通过游戏方式获得，包括赠送或赢取方式。
存在形式	存在于游戏程序之外。数据路径：仅存在于用户购买记录中。	存在于游戏程序之内。数据路径：仅存在于游戏日志中。
数据保存	由运营企业予以保存。购买记录按《游戏管理暂行办法》保留180天。存储位置：Usercenter—175c_pay。	由运营企业予以保存。游戏日志按《游戏管理暂行办法》保留180天；存储位置：Gamelogbak。
用途	可在同一企业经营的一个或多个游戏（平台）中使用。	只可在某一特定游戏中使用。
用途	可兑换成为游戏道具、游戏币或其他增值服务。	只能兑换成游戏道具，不可兑换成虚拟货币，即仅用于游戏中流转，不可反向兑换成人民币。
价格	由发行单位制定，发行价格一般不变，也是申请虚拟货币发行资质时报备价格，接受相关部门监管的定价。	根据游戏币总量的多少，价格可以上下浮动。

2.用户购买网络游戏虚拟货币后通过赠送获得的消费积分，是否属于网络游戏虚拟货币

法规:《指引》第二部分第（二）条第3项监管要点：根据《网络游戏管理暂行办法》规定，当积分仅通过用户以法定货币购买虚拟货币后按一定兑换比例获得，并能够兑换发行企业所提供的网络游戏服务（包括游戏虚拟道具及增值服务）时，应认定为间接购买的虚拟货币而实施监管。

如果该积分不可兑换发行企业或其他企业所提供的网络游戏服务（包括虚拟道具及增值服务），仅可兑换小额实物，则不认定为网络游戏虚拟货币，可作为网络游戏虚拟货币发行企业的促销行为。

3.如何区分网络游戏虚拟货币发行企业和交易服务企业

法规:《指引》第二部分第（三）条第3项监管要点：网络游戏虚拟货币发行与交易的区别

表7-2：网络游戏虚拟货币发行与交易的区别表

性质特征	发行企业	交易服务企业
经营方式	向用户直接提供网络游戏虚拟货币的发行和销售。	提供用户之间的各类网络游戏虚拟货币的交易平台。
服务范围	网络游戏虚拟货币的出售及提供相关使用服务，即通过销售虚拟货币再转换为游戏道具向用户提供游戏娱乐服务。	提供网络游戏虚拟货币交易服务。
收入来源	企业自身发行的虚拟货币销售收入。游戏平台是否提供唯一销售渠道是关键（虚拟货币购买记录存放位置于数据包"Usercenter—175c_pay）。	网络游戏虚拟货币交易服务费或其他增值服务。
经营虚拟货币种类	本企业发行的虚拟货币。	其他企业发行的虚拟货币。
经营虚拟货币的价格	价格基本不变，按照报备价格销售并取得收入。	价格可随供需上下调整。

需要注意的是，2019年7月10日，文化和旅游部已经废止《网络游戏管理暂行办法》，即网络游戏运营企业发行网络游戏虚拟货币不需特定资质，不需通过审批。但是这不意味着网络游戏虚拟货币发行与交易不受监管。

4.关联企业同时经营网络游戏虚拟货币发行和交易服务活动的监管问题

法规:《指引》第二部分第（四）条第3项监管要点：网络游戏虚拟货币发行（交易）企业通过关联公司或者以关联交易等形式，直接或者间接地实际控制网络游戏虚拟货币交易（发行）企业经营行为的，可认定为同一企业同时经营发行与交易活动。

在监管中应当强调股权结构、公司治理、经营管理、财务制度等方面的深层次联系，将关联公司纳入整体监管；应当注意电子数据的检索、恢复、复制、提取、固定、保密和痕迹纪录等方面的合法性，并尽快实现行政执法电子证据的程序化和规范化。

5.网络游戏虚拟货币间接交易的监管问题

法规:《指引》第二部分第（五）条第3项监管要点：网络游戏运营企业不支持网络游戏虚拟货币交易的，应采取措施禁止网络游戏虚拟货币在用户账户之间的转移功能，即禁止用户在达成交易协议后随意转移网络游戏虚拟货币，通过间接交易的方式达到完成交易的目的。

应该关注的是，网络游戏平台是否支持虚拟货币在用户账户之间的转移，相关数据是否仅存在于电子数据虚拟货币销售记录的数据表"pay"中，还是在其他数据表中也有体现，包括虚拟货币在用户间可以转移的记录和可以反向兑换人民币的记录。

6.网络游戏的合法与非法

法规:《指引》第二部分第（六）条第3项监管要点：普通竞猜类网络游戏、含宣扬赌博内容的网络游戏和网络赌博游戏的主要区别

表7-3：普通竞猜类网络游戏、含宣扬赌博内容的网络游戏和网络赌博游戏
主要区别表

性质	普通竞猜类游戏	宣扬赌博内容的网络游戏	网络赌博游戏
参与前提	用户不需要投入虚拟货币或仅投入虚拟道具（游戏币）。游戏币没有金额，不具有实际价值，应关注游戏日志数据包中是否有虚拟货币的数据记录。	用户需要直接或变相方式投入网络游戏虚拟货币。	用户需要直接投入法定货币、虚拟货币或实物。
表现方式	以推动用户健康娱乐体验为目的，不存在法规和主管部门认定的赌博表现形式及内容。游戏平台是否有禁止赌博的提示，或人工客服提示禁止赌博。	存在用户通过抽签、押宝、随机抽取等偶然方式或法规和相关主管部门认定的赌博表现形式及内容。	存在法规和相关主管部门认定的赌博表现形式和内容（如老虎机、轮盘赌等）。
收益结果	获取指定游戏内的虚拟道具和增值服务。在游戏日志中，用户游戏输赢结果仅显示为游戏道具金币的流转。	获取游戏内的虚拟道具和增值服务或虚拟货币。	直接或间接获得法定货币、实物。

7.网络游戏虚拟货币的发行量监管问题

法规:《指引》第二部分第（七）条第3项监管要点：按季度填报《网络游戏虚拟货币发行量季度报表》报企业所在地省级文化行政部门备案。网络游戏虚拟货币的表现形式、发行范围、单位购买价格和发行额等数据是动态变动的，基于网络游戏运营企业自身便利的网络数据采集条件，各级文化行政部门可通过对企业申报的各游戏的最高在线人数、网络游戏虚拟货币发行量、使用量等数据的分析，探索构建虚拟货币发行的网络申报平台及数据分析模型，以便对企业以恶意占用预付资金为目的的网络游戏虚拟货币发行行为及时发布预警。

（三）网络游戏虚拟货币执法中的违法现象及要点

网络游戏公司在经营期间是否存在因虚拟货币问题受到过行政处罚的记录，可以通过向文化管理部门查询获知，常见违法行为表现如下：

1.未取得《网络文化经营许可证》，擅自从事网络游戏虚拟货币发行或网络游戏虚拟货币交易服务。

2.已取得《网络文化经营许可证》，但超出其许可经营范围，擅自从事网络游戏虚拟货币发行或网络游戏虚拟货币交易服务。

3.已取得《网络文化经营许可证》，未经批准，擅自同时经营网络游戏虚拟货币发行和网络游戏虚拟货币交易服务。

4.网络游戏运营企业在用户直接投入网络游戏虚拟货币的前提下，采取抽签、押宝、随机抽取等偶然方式分配游戏道具或虚拟货币。

5.网络游戏运营企业为用户提供如下服务：使用网络游戏虚拟货币购买、兑换实物兑换其他企业的产品和服务。

6.网络游戏虚拟货币交易服务企业向未成年人提供虚拟货币交易服务。

7.网络游戏虚拟货币交易服务企业为未经审查或者备案的网络游戏提供交易服务。

8.网络游戏运营企业恶意发行网络游戏虚拟货币，并未按规定将发行种类、价格、总量等情况报送注册地省级文化行政部门备案。

9.网络游戏运营企业未按规定要求网络游戏用户实名注册，并保存用户注册信息。

综上，虚拟货币具有匿名性、全球可兑换性和交易便捷性等特点，很容易成为赌博、洗钱等犯罪的重要工具和手段，对社会秩序带来极大的挑战，也给监管者带来了巨大的监管压力，游戏企业应掌握虚拟货币的特点和监管要点，梳理刑事合规理念，避免涉赌刑事风险。

第八章　网络游戏经营者与刑事合规

行为人利用网络游戏开设赌博网站吸引赌客，是当前开设赌场罪的主要犯罪形式。因本罪并未规定为单位犯罪，就网络游戏平台而言，追究刑事责任的主要是公司的股东、高级管理人员以及其他主要人员，一旦涉开设赌场犯罪，该公司就可能会遭受重创而退出市场。故本章主要讨论网游公司运营过程中经营者的刑事合规问题。

第一节　经营者刑事合规的自审

2021 年 11 月，腾讯系平台宣布暂停所有捕鱼类游戏推广和搜索，下架近百款游戏产品。2022 年初华米 OV 等国内主要安卓渠道纷纷限制棋牌、捕鱼游戏的准入，产品上架和在架都需要提供产品合规报告（含产品管控策略）。[①] 可见，游戏的监管在不断强化，准入门槛大幅提高，监管视野也从游戏研发方和运营方，前置到渠道平台方。对网络游戏经营者而言，要实现良性发展，企业刑事合规风控成为必须关注的重点。

一、经营者主体责任与自审制度的建立

实践中，涉及开设赌场犯罪案件的游戏企业往往存在较为严重的管理漏洞，相关企业负责人或主要经营者则缺乏相管理意识和管理能力，甚至是最起码的

---

① 腾讯新闻，https://new.qq.com/rain/a/20220909A0AXMS00。

管理态度，导致刑事风险的发生。

（一）经营者主体责任及其依据

2013 年 8 月 12 日文化部《网络文化经营单位内容自审管理办法》（文市发〔2013〕39 号），原来主要由政府部门承担的网络文化产品内容审核和管理责任将更多地交由企业承担，要求网络文化经营单位应当建立内容审核制度，落实主体责任，提升企业自我管理能力，对拟上网运营的文化产品及服务内容进行事前审核，确保文化产品及服务内容的合法性。

文旅部办公厅《关于开展涉赌牌类网络游戏专项整治行动的通知》（文旅明电字〔2018〕6 号）要求，各地文化行政部门和文化市场综合执法机构，要进一步加强对牌类网络游戏经营单位的行政指导，部署开展自查自纠，自觉抵制牌类网络游戏中涉赌行为。网络游戏经营单位坚持底线红线原则，完善内容管理制度，严格审核标准，完备审核流程，从游戏研发测试、上线运营无宣传推广等各个环节加强内容管理，及时修改完善游戏机制和功能，避免牌类网络游戏成为不法分子的赌博工具。通过开展自查自纠，落实企业主体责任。

2021 年 9 月 2 日中宣部印发《关于开展文娱领域综合治理工作的通知》，要求严格内容监管；加强游戏内容审核把关，提升游戏文化内涵；压实游戏平台主体责任，推进防沉迷系统接入，完善实名验证技术，维护行业良好生态。

2022 年 11 月 30 日中国文化娱乐行业协会（简称中娱协）发布《文化娱乐活动内容自审规范》，提出"文化娱乐行业经营者应当建立内容自审制度，合理配备专业人员，加强内容自审工作，确保来源合法、内容合法"，明确了禁止内容，供游戏游艺等行业会员单位及从业者参考，在市场前端科学、规范地建立内容安全自律管理机制。第十五条（二）规定，文化娱乐活动不得含有宣扬赌博内容，其中游戏游艺设备不得含有以下宣扬赌博内容：（1）具有或者变相具有押分、退分、退币、退钢珠等功能的；（2）捕鱼机等以设置倍率形式以小博大的；（3）老虎机、转盘机、跑马机等由系统自动决定游戏结果的；（4）含有其他宣扬赌博内容的。

自审的法规依据还有：《关于移动游戏出版服务管理的通知》《网络出版服务管理规定》《互联网信息服务管理办法》《出版管理条例》《关于防止未成年

人沉迷网络游戏的通知》《移动游戏内容规范》《中华人民共和国国家通用语言文字法》《著作权法》《网络游戏适龄提示》《未成年人保护法》等。

（二）经营者自审制度的建立

根据以上规范要求，游戏运营企业应防微杜渐，建立起一整套行之有效的自审制度，确保刑事合规，总体要求是：游戏内容专人审核、事前事中事后介入、加强企业人员培训、及时更新合规要求等。

1. 确立刑事合规审核机制

（1）建立游戏审核团队：根据《网络文化经营单位内容自审管理办法》的规定，网络文化产品及服务的内容审核工作，由取得《网络文化内容审核人员资格证书》的内容审核人员实施。

根据《网络游戏管理暂行办法》第十五条，网络游戏经营单位应当建立自审制度，明确专门部门，配备专业人员负责网络游戏内容和经营行为的自查与管理，保障网络游戏内容和经营行为的合法性。对于未建立自审制度的，需要承担行政处罚责任。

目前，对于大中型游戏研发、运营和出版企业，一般会根据《游戏企业内容自审流程团体标准》，建立专业审核团队或配备专职审核人员，明确流程，在多部门协调下，进行游戏开发运营的全生命周期或部分重点阶段跟进自审。小型企业以及创业型工作室，为节省成本，多数情况下审核人员是兼职的，且多数无明确流程，仅在版号申报或上线前进行自审。

（2）建立游戏自审制度：一是自审责任制度，即通过职位描述和要求，建立自审人员岗位责任及问责制度，并建立内容差错登记机制度。二是自审工作制度，包括：内容自审流程、自审内容、多级审查机制和相关配套机制等。

（3）设定自审内容范围：游戏产品的自审涉及世界观、文化内涵、防沉迷系统、选题策划、游戏功能、角色、玩法、测试、美术、出版等内容；版本活动包括：开发版本、申报版本、上线运营版本、活动更新版本、版权保护等；推广宣传包括：宣传物料、游戏公告、游戏论坛等。

（4）明确自审流程：在选题策划阶段审核：游戏内容导向、价值观、市场定位、核心玩法、类型风格等内容。游戏研发阶段审核：游戏情节、角色玩法、关卡等维度的内容；游戏报审前审核阶段：检查游戏产品的相关文档是否齐备，立项、研发、测试文档；前期自审报告；送审报告初稿；内容自审问题清单等。主要是提供测试链接（页游）、游戏说明书、公司营业执照、规定格式的自审验收报告扫描件、用户注册协议等。游戏上线前审核阶段：按照出版行政主管部门的审核意见修改。

2. 平台功能风控措施

一般来说，游戏功能主要有：赠送功能、充值商城、好友聊天、排行榜、活动抽奖、兑奖功能等。有些功能如赠送、打赏、实物兑换功能等，可能被他人利用，用于转移游戏虚拟货币、虚拟道具变现；有些功能（如：上下分功能）被他人用于组织赌博，此类内容是重点防范的涉赌风险。

游戏的审查趋严不可避免，游戏公司应当首先确保游戏内容、玩法的合规。自审人员游戏功能测评，全面、细致地自审是否存在转移虚拟货币的功能，是否有违规行为，完成产品测评报告，为游戏公司的功能和规则提出整改建议，确保公司对可能涉赌的功能环节做重点整改与监管。

案例：2022 年"净网""护苗"行动典型案件[1]

包括三起涉网络游戏的案件，分别是上饶某公司违规提供未成年人网游服务案、福州某网络游戏未要求未成年人以真实身份信息注册案、天津某公司未针对未成年人使用网络游戏服务设置相应时间管理功能案。游戏公司违反未成年人保护的相关规定，违规运营游戏或游戏网站，除公司本身受处罚外，直接主管人员和责任人也受到相应处罚。

3. 游戏外部风控措施

为防范平台被非法利用，作为游戏企业的客户管理方面，与代理在商业交往中是否能够做到合规，是游戏企业能否杜绝风险的关键。网游公司应加强对游戏代理的监督，通过多种形式告知其不能参与赌博，触犯法律红线，发现其涉嫌参与赌博时，要及时进行封号、终止代理服务等处罚，必要时直接向公安机关举报。还要防止银商介入，警惕他人利用本平台游戏组织赌博并提供资金

---

[1]　中国扫黄打非网，2022-08-29 。https://www.shdf.gov.cn/shdf/contents/767/447383.html。

兑现服务，从而改造为赌场。

在涉赌外部风险防范方面，应根据相关规定制定用户服务协议和代理守则，在用户注册时，明确提示根据文化部《网络游戏服务格式化协议必备条款》制定的公司用户许可协议，用户使用真实身份信息进行注册，方便日后产生的纠纷处理。

加强禁赌宣传，平台声明严禁恶意利用本游戏进行赌博等违法行为，在游戏显著位置刊登禁止利用网络游戏进行赌博活动的公告，在游戏界面通过滚动条、游戏公告等方式高频词发布禁赌提示，并将处罚措施公布在游戏公告中，做到事前风险防范。

在产品日常运营中，自审及技术人员对产品运营情况进行全天候监控，在监管过程中同时运用人工和技术手段，对游戏内及论坛等用户交流的场所进行监控。安排人员重点审核和监控游戏内用户充值金额、游戏内言论以及突然激增的、明显不正常的流水等，尽到事中监管。

公司人员在日常审查中或经用户投诉举报，发现游戏用户存在涉赌行为的，需及时对涉赌账号采取封禁措施，一经发现，立即封停账号，并向公安机关举报，尽到事后监管。

自审合规报告应配套制定诸如《用户协议》《行为规范》《禁赌声明》等平台规则，并提出定期更新、全网公示、显著突出等具体的操作指引。

4. 公司内部管理风控措施

员工管理方面，部分案件中，存在员工私下与银商勾结买卖游戏币的情形。因此游戏公司应主动避免与银商发生关联，经常对员工进行合规培训，提高公司员工的法律意识，防范员工从事或放纵违法行为；参与实际经营的股东以及高管和技术人员进行警示，要求其切记不能对银商行为持放任态度，否则公司及相关人员必将为游戏的赌博化承担后果。

除建立外部各项风险措施，网游公司还应配套制定诸如《员工行为准则》《游戏审核规范》《游戏运营管理制度》《部门管理制度》《员工合规承诺》等合规运营制度，要求员工合法合规，不触碰法律底线。

5. 游戏玩法合规自审

用户管理方面，游戏玩法也是监管的重点。游戏玩法功能主要包含虚拟货币和虚拟道具使用、概率公示、输赢上限、排行榜、道具转移功能、聊天功能、敏感词屏蔽、房间功能、兑换功能、防沉迷功能、违规举报、禁赌宣传等。

相关规章已经明确禁止的玩法包括：百家乐、扎金花、梭哈等由系统按照概率性分配决定对局结果的玩法，具有以小博大即赌博的可能；转盘抽奖、开盲盒等随机玩法，玩法与人民币直接或间接挂钩；为玩家转移游戏虚拟货币 / 虚拟道具提供便利的玩法，则可能涉赌。

因此在进行游戏产品合规自审时，要测评所有玩法的规则逻辑，评估游戏内是否存在此类概率性玩法，厘清违规与合规的界限，进行重点防范。合规报告需要反映玩家参与游戏是否需要充值、充值上限、玩家的奖励是什么、游戏奖励怎么获得、获奖概率多少等信息，必要时改变游戏架构、更新玩法，增加智力竞技娱乐元素，减少赌博元素，才能避免刑事风险。

可见，游戏玩法合规是游戏公司上架和运营各类游戏不可或缺的条件，也是避免刑事风险首先要解决的问题，是合法运营不可突破的红线。

6. 客服与投诉处理规范

在相关案件中，公安机关认定游戏公司构成"明知"玩家利用游戏赌博而予以放纵的关键证据，即包括客服的言论和行为，例如明示或暗示可以回收游戏货币或道具，指导玩家如何上下分，或对玩家涉赌投诉放任不管等。案件中客服主管实际是代表公司，被追究刑事责任的不在少数。

网游公司刑事合规自审时，应配套制定诸如《客户服务规范》《客户投诉管理办法》等服务沟通规范，以及投诉处理流程，防止因客服的过失导致刑事责任。

综上，根据常见网络游戏涉赌刑事案件的行为表现，刑事合规自审就是清楚知晓合法的游戏竞技和违法犯罪的区别，明确风险的类型和成因，在明确合规管理目标的基础上，针对不同风险采取相对应的管理措施，建立防火墙，筑牢游戏合法经营的边界，这是企业开展刑事合规管理的必由之路。

二、网络游戏平台的监管责任与边界

在整个网络游戏行业，平台自身承担其监管责任，一直是平台企业的重点关注的合规问题。

（一）网游公司的管理措施

作为公司的经营行为，应对消费者即玩家的合法权益进行保障。对此有明确的规定，例如已经废止的《网络游戏管理暂行办法》（简称《办法》）第23—25条规定：网络游戏经营单位应当保障网络游戏用户的合法权益，并在提供服务网站的显著位置公布纠纷处理方式。停止为网络游戏用户提供服务的，应当提前告知用户并说明理由。发现网络游戏用户发布违法信息的，应当依照法律规定或者服务协议立即停止为其提供服务，保存有关记录并向有关部门报告。

以上可见，网络游戏经营单位（游戏公司）对其认为网络用户（玩家）有非法行为的，负有举证责任，其能采取的监管措施，按照强度递进，分别有禁言（若干时间）、封号、永久封号、向有关部门报告。

上述措施不能任性而为损害到用户合法利益，根据《办法》第26条的规定，网络游戏经营单位在网络游戏用户合法权益受到侵害或者与网络游戏用户发生纠纷时，应当协助网络游戏用户进行取证，并负有向其依法举证的责任。该条规定了游戏平台与网络游戏用户发生纠纷时的处理程序，即应当以注册时的有效身份证件为准，来确定争议主体。争议解决应当遵循以《网络游戏服务格式化协议必备条款》为基础的"服务协议"的约定。

《办法》第20条第（三）部分规定：提供服务时，应保证用户使用有效身份证件进行注册，并绑定与该用户注册信息相一致的银行账户。

问题是，注册时一个有效身份证件只能注册一个账号还是可以注册多个账号，并未有明确禁止性规定，这就为银商行为带来了可乘之机，银商可以注册多个"小号"，即便被平台"杀灭"，也仍然达到了宣传目的。

《文化部关于加强棋牌类网络游戏市场管理工作的通知》第二项第10条规定：应当限定棋牌类网络游戏用户每日充值金额和游戏时间，同一实名信息注册的多个账户应当合并计算。但是,靠人工进行核实并不可行,这就需要开发相关软件依靠技术手段进行管控,在具体处理时,游戏平台并不能任意封号,需要时间进行沟通确认,增大了管理难度。

根据《办法》的要求,网络游戏虚拟货币交易服务企业要建立违法交易责任追究制度和技术措施,严格甄别交易信息的真伪,禁止违法交易。对于网游公司来说,应当开发和运用相关技术措施进行异常交易的识别与查证,并采取相应措施,承担社会责任。由此带来的问题是判断异常交易的标准是什么,如何区别银商行为与玩家的正常行为等等,都增大了游戏公司的监管难度。

(二)网游平台禁止银商行为上有无刑法义务问题

网游公司发现了异常交易而未予以处理,则违反了《办法》第三十二条的规定,应承担责令改正及罚款的行政责任。但是否仅仅因存在银商而入罪,这是一个争议较大的问题。

案例:某网络开设赌场罪案件

在本网络开设赌场罪案件中,网络聊天记录表明,该平台在注册会员账号时,已经签署《用户协议》,该协议中有禁止发布违法信息的行为,据此该平台对发布收分信息的某银商账号进行了封号处理,而且是永久封号,该账号内尚有大量游戏币,被永久冻结。故该银商和平台客服及主管人员进行沟通要求解封,但被平台拒绝。

作为游戏平台的经营者,不能采取官方银商和指定上下分银商的发展模式,此种模式下,因玩家通过胜负赢取的游戏道具可以兑换为现金,这是执法部门判定棋牌游戏是否涉赌的核心标准。

但是,实践中存在仅有自发银商的情况,回兑游戏币完全发生在银商与玩家之间。根据对局游戏的规则,对局游戏必然有输赢,输赢结果必然产生游戏道具的流转,游戏币流转仅仅是一种客观的游戏功能,但银商与玩家利用游戏的输赢数据作为私下核算交易的依据,平台并没有参与回兑行为,那么涉赌行为能否归责于平台则不无争议。

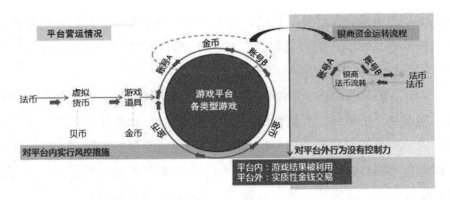

图 8-1：游戏平台内外资金流动分析示意图

银商行为过程及分析如上图 8-1 所示：银商与玩家五子棋对战，在平台表现为正常游戏行为，在电子数据中，只有游戏道具的流转记录，属于游戏数据，没有金额相关的交易结算数据。银商与玩家的交易利用平台内游戏产生的数字结果，发生在平台外，平台没有控制力，而开设赌场罪的特点是"控制性"。

特别是，如果平台对于每个账号获取游戏币或积分的上限进行了一定的限制，在穷尽管理措施后仍然不可避免存在这种线下的私下交易行为，游戏平台和自发银商并无共同犯罪故意（或难以查实），银商涉赌，是否可以推定游戏平台对于线下开设赌场行为的"明知"，并需要因此而承担刑事责任（涉赌共同犯罪）就争议更大。

本书认为，对网游公司而言，实质上将"下分"的通路堵死，才可能避免犯罪风险。因此应严格规范"代理"的行为，清理掉游戏中的"银商"，才能从根本上杜绝"反向回兑"而避免涉赌。但从实践来看，网游公司可以杜绝"银商"模式，但无法杜绝"银商"现象，如同只要有交易市场就有"黄牛"的存在一样，银商也是一种难以取缔的、常见的市场现象。

在仅存在极个别银商的情况下，一般不会进入刑事程序，但是存在较多银商和赌博行为时，游戏平台恐难辞其咎，其放纵、默许还是积极查禁和打击的行为，对刑事风险的可能性影响较大。

此时，网络游戏公司虽然有法定义务制止银商的回兑行为，采取禁言、封号等管理措施，但问题是，如何判断游戏平台已经穷尽监管的手段和方法，真正尽到管理责任的判断标准是什么。虽然没有直接证据证实存在共同犯罪，是否能以银商存在的数量、比例、成交数额等作为考量因素，来适用"推定明知"，认定平台违反监管责任而承担刑责，都是实践中的难点问题。

案例：东方博雅公司德州扑克游戏涉赌案 ①

2011 年以来，东方博雅公司为推广其运营的博雅德州扑克游戏，发展了"渠道商"，后者又发展了人数不等的下一层级币商。渠道商、币商先利用线上游戏中设定的"游戏房间"进行游戏币的高价卖出或低价买入，线下再通过支付宝、微信给付方式收取现金。通过这种"二人牌局"的形式销售和回收游戏币从中赚取差价，形成了游戏币与人民币的兑换渠道，吸引了大量参赌人员通过游戏实施赌博行为。游戏平台则通过游戏规则设定，抽取一定数量的游戏币作为"台费"来消耗游戏币，以实现赚取利润的目的。一审判决认为，公司法人张伟在明知上述情况的前提下，确立了游戏平台与币商间分工明确、互相配合、利益一体的基本运营模式，进而认定东方博雅公司的运营模式非法、德州扑克游戏平台实质具有赌博网站性质。经鉴定，东方博雅德州扑克游戏境内 95 个游戏联运及支付平台实际收入 9.42 亿余元。

2021 年 6 月 22 日，河北省高级法院做出二审裁定，认为一审判决认定事实有的尚不清楚，裁定撤销一审判决，发回重审。目前尚没有检索到重审结果。

本案游戏币代理商套现涉赌，游戏运营方是否该担责问题，存在较大争议，尤其是其中平台监管边界存在争议，有专家表示，游戏平台的责任应当与其监管手段、能力和收益相一致，遵循权利与义务相一致原则，不宜被无限放大。

本案可见，平台该承担起多大的责任，建立的监管措施能不能最大限度地防止问题爆发，一直以来都有很大的争议。

---

① 张剑：《游戏币代理商套现涉赌，游戏运营方是否该担责？》，载《财经》2021 年 12 月 15 日。

第二节　经营者刑事合规的实务要点

网游平台经营者的刑事合规，应当立足我国现行刑法罪名和各项监管要求，探索法律法规所赋予网络平台的网络安全管理义务，明确平台合规的具体标准，并积极履行网络安全管理义务，推动网游平台合规制度的功能实现。

一、经营者刑事合规评价标准

相关管理部门对于网络游戏平台的监管，体现了力度大、针对性强的特点，为此，要实现刑事合规效果，应综合以下考量因素：

（一）主观评价标准

网络游戏平台设立运营要有正当性目的，主观上是否"明知"存在赌博及采取何种措施，影响到其违法性的判断，一般从以下几方面来认定：

1. 游戏平台设立的合法性目的

需要考察涉案网络游戏公司的设立情况，是否以违法犯罪为目的而设立。如前述，合法经营的网络公司除需要取得工商、税务等方面的经营证照外，还必须取得省级以上文化主管部门颁发的网络文化经营许可证，获得网络服务方面的经营资质，确定经营范围，例如利用信息网络经营游戏产品（含虚拟货币发行）等。

2. 游戏平台运营的合法性目的

例如经监管部门告知后，如果及时按照要求整改，不再实施有关行为；接到举报后尽到法定管理职责并采取相关关停、删除、报案等措施。则不能推定存在主观上的明知。对此，《关于办理非法利用信息网络、帮助信息网络犯罪活动等刑事案件适用法律若干问题的解释》与有关通知[①]列举出了"推定明知"的七种情形，可供参考。

网络游戏的监管存在一定的滞后性，游戏平台在运营中往往存在某些违规行为，例如根据《虚拟货币通知》第三条（二十四）项的规定，对违反要求的

---

① 2022 年 3 月 22 日两高一部《关于"断卡"行动中有关法律适用问题的会议纪要》。

网络游戏虚拟货币发行和交易服务企业，由文化部门通知其限期整改，逾期未整改的，依法予以查处。可见，经营者应遵守监管规定，而相关部门的行政处罚情况可以佐证游戏平台经营的合法性问题。

3. 主动采取技术措施进行监管

反向回兑功能是执法部门判定游戏是否涉赌的核心标准，因而要考察企业是否已经通过技术措施禁止虚拟货币在用户账户之间转移；是否存在采取抽签、押宝、随机抽取等偶然方式分配游戏道具或虚拟货币的情形；是否积极配合管理部门，采取技术手段打击"盗号""私服""外挂"行为等。

有的网游平台经营者为规避自身风险，在游戏设计及广告推广过程中，刻意避免出现明显的赌博行为，其虽然声称"禁止赌博"，但是将赌资的结算通过"上下分"的方式交由代理平台、银商来完成，此时应根据询问笔录、资金的流向、利润分配等证据，判断平台经营者主观上是否存在共同犯罪故意。

（二）客观行为合法性标准

客观方面，要求网游平台在日常经营管理中，应避免经营模式中的赌博性质与赌博功能。

1. 赌博游戏的认定标准

国内游戏平台上游戏众多，有争议较大的各类捕鱼游戏，也有普通的五子棋、中国象棋、斗地主、地方麻将等各类棋牌游戏，具体涉赌性质的认定，应根据《指引》第二部分第（六）条第 3 项监管要点中的分类：普通竞猜类网络游戏、含宣扬赌博内容的网络游戏和网络赌博游戏，经营者应特别注意不能触碰赌博类游戏，应从性质特点上挖掘开发游戏的娱乐价值。

从文化娱乐游戏产业发展的角度看，有的网络游戏以我国传统名著角色和地方特色的健康游戏作为制作蓝本，基于深厚的文化底蕴和视觉体验感受，具有较强的娱乐性；有的是从传统的扑克牌玩法"跑得快"和"升级"发展演化而来，在特定地域内广为流传。这些游戏往往是纯粹的娱乐游戏，本身并不具有赌博内容，只是有可能被非法利用。

《网络游戏管理暂行办法》第十条规定，国务院文化行政部门负责网络游戏内容审查，并聘请有关专家承担网络游戏内容审查、备案与鉴定的有关咨询和事务性工作。可见，网络游戏赌博性质的认定需要根据网络监管主管部门即文化执法管理部门的专门鉴定才能做出，或根据其做出的行政处罚通知等进行判断，在存在争议的情况下，公安机关等未通过专门的鉴定部门，不宜直接认定为赌博网络游戏和赌博网站。

2. 游戏的制作与后续开发模式

大中型网络游戏公司自身具备一定的开发、设计游戏的能力，小型公司则是委托他人来完成研发。对于后者，往往容易被牵连进网络赌场案件中，故需要考察受托人是否拥有合法有效的企业法人营业执照、计算机软件著作权登记证书、软件产品登记证书、网络备案号等，也就是说游戏项目的来源应当具有合法性。如果该网络公司对此进行了二次开发，则还要看二次开发是否增加了上下分等赌博功能模块，从而改变了游戏的功能和性质等。

3. 是否有逃避打击的行为

在网络开设赌场案件中，犯罪方式主要是在境外架设或租用服务器、经常性地更换服务器地址、租用他人的服务器等，其目的就是为了增强隐蔽性和机动性，逃避侦查和打击。如果该公司的网络服务器是通过合法手段设置或租用并固定存放于境内，或已经全部租用国内云服务器，管理具有相当的合法性和公开性，则完全不同于实施网络犯罪的隐蔽性、境外性等特征。

（三）游戏平台的营利模式

在游戏领域，国内的收费模式主要是游戏道具收费，依靠在游戏内销售虚拟物品、增值服务达到盈利目的，故其经营的重点是尽可能地将玩家吸引到游戏中，以各种手段刺激消费。比如经典的首充（6元）—月卡（30元）—通行证（128元）—质变氪金点（648元）氪金线，一步步诱惑玩家加大氪金力度。

可见，网络游戏公司经营的核心是虚拟货币发行与交易问题，其营利模式一般从网络游戏虚拟货币的兑换模式及服务费的收取模式来判断，故经营者必须加强自身管理，合规经营：

1. 虚拟货币的发行销售环节

首先企业应建立虚拟货币的备案制度。根据《网络游戏管理暂行办法》（简称《办法》）第十三条规定，国产网络游戏运营之日起30日内应当按规定向国务院文化行政部门履行备案手续，并在其运营网站指定位置及游戏内显著位置标明备案编号电子标签。第十九条（四）规定，将网络游戏虚拟货币发行种类、价格、总量等情况按规定报送注册地省级文化行政部门备案。

其次还要完善玩家实名注册制度（第二十一条）和建立自审制度（第十五条）。网络游戏公司应明确专门部门，或配备专业人员负责网络游戏内容和经营行为的自查与管理，确保网络游戏内容和经营行为的合法性。

案例：利用网络平台经营"一元购"构成开设赌场罪[①]

犯罪嫌疑人陈某某建立"泰享购"等网站，然后通过该网络平台经营"一元购"，即采用将一件商品平分成若干 1 元金额的等份并通过网络平台出售，购买者可以购买其中的一份或多份，当所有等份售出后以一定计算方式从购买者中抽出中奖者获得商品，其他购买者的认购资金不予退还。中奖者可以将中奖商品折价后的款项提现或继续充值进行购买。

该案中"泰享购"网络平台经营"一元购"的模式，表面上是销售实物物品，实际上是以少量认购（即投注）获取大额财物的中奖机会，中奖结果随机产生且中奖者可以提现，该"一元购"模式符合赌博的特征。因此陈某某建立网站用以开展赌博活动，接收投注并从中获利，构成开设赌场罪。

2. 虚拟货币的使用环节

（1）玩家"确认信息"制度。充值请求是要约，充值合同的成立还需要游戏服务商的承诺。《关于规范网络游戏运营加强事中事后监管工作的通知》第三条（十二）规定，应当限定网络游戏用户在单款游戏内的单次充值金额，并在用户进行充值或者消费时发送要求用户确认的信息。确认信息中应当包括充值或者消费的法定货币或者虚拟货币金额、获得的虚拟道具或者增值服务的名称等内容，以及适度娱乐理性消费等提示语。

玩家应予以实名注册后再开展游戏行为，游戏的技术措施如人脸识别、身份证验证等，将虚拟货币的账户主体与真实的主体一一对应，一旦发生损失，便于受害人尽快维护自己合法权益，减少损失。

[①]　利用网络平台经营"一元购"构成开设赌场罪，广东省高级人民法院微信号 https://mp.weixin.qq.com/s/POb W_SLv XW3dwtz U6i1 Vlw，访问日期：2022 年 4 月 23 日。

（2）充值记录留存制度。《办法》第十九条规定，网络游戏企业应保存网络游戏用户的购买记录，保存期限自用户最后一次接受服务之日起，不得少于180日。在该制度之下为了避免运营主体和玩家之间产生与虚拟货币购买相关的纠纷，要求运营主体保存充值或消费记录。

保存虚拟货币发行与游戏玩家充值记录，并做到数据一一对应，玩家账户虚拟货币余额等均应与虚拟货币发行记录相匹配，可以快速定位具体账号和问题，减少虚拟货币被盗窃的损失。

（3）虚拟货币交易记录留存制度。《办法》第二十条规定，网络虚拟货币交易服务企业应保留用户间的交易记录和账务记录等信息不少于180日。主要是解决玩家之间的交易纠纷，平衡玩家之间的利益。玩家在游戏中消费虚拟货币、购买各种道具或装备、参与活动等均应予以明确记录，游戏公司必须明确标注虚拟货币与法定货币的兑换比例，提醒玩家账户的消费余额等细节数据；一旦发生虚拟货币不正常交易或消费的账号存在问题，可以将损失与法定货币予以匹配，有利于证明财产的损失。

（4）违法交易责任追究制度。《关于加强网络游戏虚拟货币管理工作的通知》第二条（十五）款规定，网络游戏虚拟货币交易服务企业要建立违法交易责任追究制度和技术措施，严格甄别交易信息的真伪，禁止违法交易。经营者在明知网络游戏虚拟货币为非法获取或接到举报并核实的，应及时删除虚假交易信息和终止提供交易服务。对于禁止违法交易的内容应在提供服务网站上显著位置进行说明。

这里最重要的是杜绝虚拟货币的反向回兑行为，经营者应建立游戏玩家举报和奖励制度，因玩家发现问题有时候比受害人更早，这样可以便于游戏公司尽快找到违法的线索，积极保存证据，有效运用法律武器维护自身合法权益。

（5）权益保护与纠纷解决制度。《办法》第二十二条规定，网络游戏企业计划终止其产品和服务提供的，须提前60天予以公告。如果用户已经购买虚拟货币但没有使用的情形，应以法定货币方式或者用户接受的其他方式退还给用户。

可见，如果代理商退出代理关系时将从网络游戏公司所购买尚未销售完毕的、剩余的游戏币退还给公司，这是一种正常、合法的市场交易行为，与直接回收玩家的游戏币有着本质的区别，不能混为一谈。《办法》第二十三条规定，网络游戏经营单位应当保障网络游戏用户的合法权益，并在提供服务网站的显著位置公布纠纷处理方式。

综上，游戏运营商作为虚拟货币的发行者，经营游戏并从中获利，理应合法合规运营，建立各项防范制度，远离涉刑风险。

二、经营者刑事违法评价要点

2021 年 9 月，欢聚集团旗下 Hello 语音，虎牙旗下咪呀、可可西里、比伴陪玩等多个语音社交软件，因合规问题被下架。可见，涉赌风险防范及刑事合规已成为网游企业创新发展道路上的重中之重，游戏公司经营者不但要遵守监管规则，合规运行，更要遵守刑法规范，合法运营。但在运营过程中，很可能已经突破法律红线，可以从以下几方面评价其涉网络开设赌场的犯罪行为：

（一）经营性违法行为

1. 经营行为违法

案例：毛某某、赵某某开设赌场案①

被告人毛某某成立广州妙趣网络技术公司，并获得广东省文化厅颁发的"网络文化经营许可证"，开发经营的"扑克王"App 游戏软件经我国国家版权局官方认证通过，并获得了《计算机软件著作权登记证书》。运营时通过公户收取玩家的钻石充值款作为收益来源，涉案游戏也不存在虚拟币与人民币之间的兑换功能。

到此，毛某某运营的游戏平台还是合法的。但是，在经营期间，毛某某发现贾某购买钻石后用于开通圈子，拉玩家进入房间进行赌博活动，其钻石充值款与赌博筹码（金币）可以直接兑换。在明知"扑克王"App 游戏平台被圈主贾某用于开设赌场犯罪活动，其为获取利益，不仅不加制止，仍为贾某提供技术服务，违法所得八十余万元。法院最终认定，毛某某系贾某开设赌场罪的共

---

① 《毛晟毅、赵桠南开设赌场案》，河北省衡水市中院〔2020〕冀 11 刑终 77 号刑事判决书。

犯，且情节严重，其行为已构成开设赌场罪。辩护人认为符合帮信罪特征的辩护意见不予采纳。

从本案可见，网游公司依法取得许可资质，是合规经营的必要前提，但具备合法资质且经依法备案，并非是规避涉赌风险的护身符，判断一款网络游戏、应用程序是否合法的关键是行为，其变成赌博游戏的关键，在于为赌博活动提供了平台。本案是合法游戏平台被非法利用的典型，故经营者切莫明知存在赌博而放任，最后可能构成共同犯罪。

作为平台的开发和运营人员，负有信息网络安全管理义务，出于自身牟利的意图，没有采取有效的措施阻止犯罪，而是为赌博犯罪继续提供平台技术支持，已经展现出技术开发人员和运营人员具有积极加入的主观故意，其行为很可能会被认定为犯罪。

2.违反虚拟货币监管规定兑换实物

根据《关于加强网络游戏虚拟货币管理工作的通知》第二条（八）款的规定，虚拟货币的使用范围仅限于兑换发行企业自身所提供的虚拟服务，不得用以支付、购买实物产品或兑换其他企业的任何产品和服务。

一度涉嫌赌博争议的腾讯公司《欢乐斗地主》棋牌游戏，通过发行虚拟货币"欢乐豆"营利。玩家每天可以免费领取一定数量的欢乐豆，或充值购买。但是，所有的欢乐豆都只能用于继续参与斗地主游戏，不能提现。此种模式下，游戏各个环节都没有涉及现实财物，即游戏中兑换模式是单向的，因此与赌博无关。但是引发争议的是，一是这款游戏在系统中设置了好友之间欢乐豆"赠送"功能，这使得玩家之间很容易实现欢乐豆的流转，并可以建立微交易系统自行买卖，法定货币与虚拟货币实现了反向兑换，从而可能在实质上形成了具有赌博性质的网络游戏。二是游戏中可通过"福卡"等虚拟道具兑换实物，引发属于是否赌博犯罪的争议。

可见，"赠送"功能不符合监管的实质要求，对此理解和区分虚拟货币与虚拟道具，对于遵守监管规定避免涉刑风险具有重要意义。关于兑换实物，根据文化部《关于规范网络游戏运营加强事中事后监管工作的通知》（十）的规定，网络游戏运营企业不得向用户提供虚拟道具兑换法定货币的服务，向用户提供虚拟道具兑换小额实物的，实物内容及价值应当符合国家有关法律法规的规定。

腾讯公司《欢乐斗地主》可兑换的实物通常价值较低，但在一些案件中，有游戏公司为吸引玩家，规定可以用以积分换取加油卡、苹果手机等实物，或通过虚拟货币兑换京东 E 卡、平板电脑等价值较大"礼品"，试图规避涉赌风险，但价值较大的实物兑换不符合相关管理规定。实物兑换、储值卡兑换和货币兑换本质上皆为财物兑换，可兑换实物的价值大小对于兑换机制是否合规具有重要影响。

兑换大额实物实际上是利用玩家"以小博大"赌博心理进行投机，"通过积分换取奖品，没有现金的输赢，不构成开设赌场"的辩解并不能成立。总之，经营者的此种刑事风险主要来源于虚拟货币监管义务的违反。

（二）不作为违反监管义务

这里的不作为，主要是指网游公司不履行管理义务的情形。实践中，有一部分涉开设赌场犯罪的发生，并非网游公司积极实施违法行为或主动追求非法利益的结果，而往往是企业在经营中存在管理漏洞，导致主动或被动的牵涉进相关刑事案件之中。

案例：谷某某开设赌场案①

谷某某负责"飞五"游戏网站程序开发与技术维护，设置专门游戏房间，供银商在房间内锁桌打广告，并将该房间设置成无最低欢乐豆要求，便于玩家进房间找到银商，同时将该游戏设为一对一模式，便于银商与玩家以强退逃跑的方式转移欢乐豆，双方谈好价格后，再私下结算现金。

法院认为，谷某某等明知网站内存在大量交易欢乐豆的行为，不采取技术手段禁止，反而设置专门游戏房间便于欢乐豆变现为法定货币，给赌博提供场所，属于建立赌博网站并接受投注的行为，构成开设赌场罪。

实务中，部分"合法"游戏在运营过程中，不可避免会出现"银商"现象。若游戏运营者基于增加流量、留存客户或非法获利等目的，明知银商组织玩家

---

① 江苏省盐城市中院〔2016〕苏 09 刑终 113 号刑事裁定书。

通过第三方平台结算赌资而直接勾结或予以放纵、默许，则运营者亦存在较高涉赌风险，可能会以开设赌场罪入罪，该风险主要来源于监管义务的违反。

从本案可见，游戏平台无虚拟货币反向回兑渠道不等于无涉赌风险。现在很多房卡类、约局类棋牌、扑克、麻将等游戏中就存在此类问题，这些网络游戏本身都是合法的游戏，但"合法"游戏在运营过程中，不可避免会出现"银商"或代理、红包群主等现象，这会导致人民币与游戏道具之间的反向兑换成为可能，从而可能被认定为网络赌场，但目前对该类平台的认定是否该由第三方认定及由谁来认定，实践中尚未明确，部分已判决案件中有显示由发行游戏的主管单位来认定的情况。

（三）经营者评价为主犯的影响因素

在网络开设赌场案件中，一般涉案人数众多，但存在犯罪事实难以查清，组织架构、运行体系模糊，有在逃人员等问题，导致主犯从犯认定困难。这类案件中涉案人员常常会被分为组织、管理者与普通参与者，问题在于，是否只要从事了"管理工作"，就一定是主犯？

案例：某网络开设赌场罪案件

在本案件中，所谓的"行政主管"胡某某，其大学毕业后入职某网络游戏公司，从事公司行政工作，例如招聘、管理与考核等。后因涉案被公安机关认定为"行政主管"，检察机关以主犯提起公诉。其辩护人认为，胡某某主观上并不知道该公司涉嫌赌博，客观上的工作仅仅是所有公司都具有的普通岗位，对全案开设赌场行为的发生与发展及对公司的发展所起到的作用有限，应认定为无罪。其本人表示，其工作实际上是前台小组长，而且虽然入职多年，但在历次公安、文化部门的检查中，都没有发现和认定该公司存在涉赌问题，如何让一个普通人能够发现并明知该公司涉嫌开设赌场呢？

根据刑法条文中关于主从犯的规定，经营者被认定为主犯的影响因素有：

1. 在公司中的职位

一般而言，涉赌公司的发起者、设立者多为公司股东，也会是公司的高级管理人员，常常会被认定为整个犯罪活动的组织者、领导者，对开设赌场行为起主要作用，因而被认定为主犯。但实际上，有一部分管理人员是后来加入公司的，并没有参与涉案公司及平台的发起设立，也没有参与各种涉赌游戏功能模块的策划、设计，对整个开设赌场行为的发生发展，所起的作用是次要的，可能是从犯。

2. 所从事的具体管理工作

涉赌公司可能会有行政部、客服部、技术部等部门，这种情况下需要结合询问笔录等材料，分析当事人所从事的管理工作，是涉及对全公司进行管理，还是只分管某一部门。对于后者，要进一步分析其部门的工作内容，如果是辅助类部门或者处于整个游戏平台末端、整体作用较小的部门，那么这种情况下可能是从犯。

此外，如果当事人的工作是按照公司的决策所进行，听命于上级主管，没有自主决定权，那么他在开设赌场的发展扩大上，所起的作用便远远小于决策者，认定为从犯可能性也较大。

3. 收入结构

虽然是否获利不是认定是否入罪的要件，但收入结构是判断一个管理人员是否为主犯的重要因素。虽然是管理人员，但其收入结构表明其拿固定工资，没有在游戏平台的利润中拿分红或其他不合理、过高的报酬，则可以从侧面反映其只是一个拿工资的打工者而非重要的管理人员，其收入收到平台的约束，与平台之间存在一定的人身依附性，可能是从犯。

综上，涉网络开设赌场的管理人员，并不一定会被认定为主犯，需要综合当事人入职时间、工作内容、工资收入等各方面综合判断。当然，能否得到法庭支持，最终还是需要回归到证据。比如部分员工指认当事人是公司主要管理人员，但是当事人的口供与这部分员工的证言不能相互印证，也有没有人事任命文件、微信聊天记录等客观证据来印证，更没有银行流水、转账记录等证据来证明当事人拿到了除工资、提成之外的分红等高收入，则这部分证言便是孤证，其真实性实际上是存疑的。

三、刑事合规自审管理效果评估

（一）经营者涉赌风险防范的刑事合规路径

1. 制定符合自身特点的刑事合规建设方案

有效合规才是真合规，网络游戏公司业务类型有别，规模大小不同，发展阶段各异，就刑事合规建设方案而言，如果简单模仿基于平台企业所有可能存在的刑事合规风险制定合规计划，泛泛而谈甚至列举法条，容易导致刑事合规的建设流于表面化、形式化。

因此，平台企业应制定契合自身特点的刑事合规建设方案。例如要有针对性地为网络游戏公司搭建刑事合规方案，捕鱼类游戏、角色扮演类游戏、IP转化类游戏、GameFi游戏等，均具有不同的侧重点和风险点，公司应制定个性化方案，从"用户注册阅读提示"到"账户注销"，全流程、全场景化地去避免违规违法风险。其次根据企业自身特点明确管理人员、代理商等的责任范围及大小，并建立与之匹配的合规自审管理组织；根据企业自身特点确立以防控刑事合规风险为核心的合规管理体系，加强刑事合规的培训工作，建立人员的奖惩机制，强化企业的技术防控管理及公司文化建设，确保事前有预防、事中可识别、事后能应对。最后，应根据企业自身运营和平台用户的阶段表现，对当前企业可能遇到的犯罪情境进行分析评估，找到实际发生刑事犯罪风险的具体可能因素，以确定事后刑事合规建设方案，而不是就已显现的刑事合规风险采取"救火"式的整改措施，以加强建设的针对性，实现有效防控的预期效果。

2. 严格把控游戏规则、功能的合规设计

经营者在网络游戏的开发设计过程中，可以重点关注以下内容：

①网络游戏虚拟货币发行使用与报送、服务费结算方式，严禁开发设置虚拟货币的反向回兑功能模块。②设置每日充值上限，用户每局以及每日游戏积分输赢的上限。③玩家之间系统随机配对，避免自主配对模式，也不能设置通过收取指导费、通过一方逃跑强行退出机制或其他方式实现游戏币的转账功能。等。

在运营过程中则要重点关注：①定期合规自查，加强内部培训，提高员工刑事合规意识。严禁虚拟货币的反向回兑，包括实物兑换与现金兑换、平台直接兑换与第三方平台兑换、默许玩家私自兑换等。②严格验证经销商、推广员等信息，并对其进行合规培训，禁止私自为特定玩家开设房间、抽头渔利。宣传推广内容应侧重于游戏的休闲娱乐性，不可以高额奖品诱导玩家充值。③不能以"手续费""税费""会员费""房间费"等各类名义收取费用，变相抽头渔利。④查禁银商，不能采取自设银商或与银商勾结的经营模式，还要建立有效的巡查机制，严格监管处置银商行为，而不能默认、鼓励银商存在，避免受到银商牵连。⑤开发监控软件等，利用技术手段对员工、玩家、第三方平台的全流程严格监管，并建立完善的用户举报处理机制。监控用户间积分、装备的赠予及转让行为等运营情况，发现异常大额充值、相互叫卖转让虚拟货币、下线代理通过微信红包群等形式实现玩家的赌资兑换等情形，及时处置，视情节严重程度采取撤销相关奖励、禁止登陆、删除游戏数据等制裁措施，或向公安机关举报。⑥加强禁赌宣传，在游戏页面显著位置刊登禁止利用网络游戏进行赌博活动的公告，并在玩家充值界面提示玩家健康游戏。注意规范宣传语，避免使用敏感词汇，应当尽可能凸显游戏的休闲娱乐性质，不使用"现金收益"等引诱字样来吸引用户等。

赌博还是游戏，往往只有一线之隔，网络游戏的合规把控在企业运营中显得尤为重要，遵纪守法才是网络平台必须遵守的原则，企业需要尽快建立并完善刑事合规体系，全面提高自身风险预防、风险识别、风险应对的能力。

（二）刑事合规自审管理效果评估

游戏行业实行国家相关部门管理＋行业协会等社团组织管理＋经营单位自审制度管理，进行管理效果的评估与实证，一定程度上也可以发现问题，避免刑事风险，并保障游戏玩家的合法权益。

1.国家管理部门日常监管结果

根据2010年《网络游戏管理暂行办法》（2019年7月23日废止，但仍具有参考意义）的规定，可以对平台的自审管理进行比较：

表 8‑1：平台自审管理比较表

国家管理部门监管规定	平台执行情况及数据证明	结论
《办法》第三条：国务院文化行政部门是网络游戏的主管部门，县级以上人民政府文化行政部门依照职责分工负责本行政区域内网络游戏的监督管理。	合法游戏平台接受日常监管：（1）"双随机一公开"抽检记录是否合格；（2）平台功能设置违规，责令整改的记录；（3）经营者行政处罚记录	是否符合规定
《网络游戏虚拟货币监管和执法要点指引》	国家管理部门监管细则执行情况对比	是否符合规定

2.企业自审制度管理范围的规定与游戏平台执行情况对比

（1）自审制度管理范围（权限）的规定

《网络游戏管理暂行办法》第十五条：网络游戏运营企业应当建立自审制度，明确专门部门，配备专业人员负责网络游戏内容和经营行为的自查与管理，保障网络游戏内容和经营行为的合法性。

即：运营企业自审制度的管理范围为"网络游戏内容"和"经营行为"，其管理"权限"限于"网络游戏内容"和"经营行为"，具体管理细则对照《网络游戏管理暂行办法》相关规定"第三章　内容准则"和"第四章　经营活动"。

（2）网络游戏内容和经营行为的规定与游戏平台执行情况对比

《办法》规定平台对用户的管理权限仅限于：实名注册、禁止发布违法信息、解决用户纠纷或权益侵害时要求核对身份信息。

表 8‑2：网络游戏内容和经营行为的规定与游戏平台执行情况对比表

法规规定游戏企业对用户的管理权限	平台执行情况及数据证明	结论
第二十一条　网络游戏运营企业应当要求网络游戏用户使用有效身份证件进行实名注册，并保存用户注册信息。	电子数据中是否显示平台实行实名注册。	是否符合规定
第二十五条　网络游戏经营单位发现网络游戏用户发布违法信息的，应当依照法律规定或者服务协议立即停止为其提供服务，保存有关记录并向有关部门报告。	数据提取中的封号记录情况；游戏平台开发的监控软件对情况，如敏感词筛选、银商账号处理等。	是否符合规定

法规规定游戏企业对用户的管理权限	平台执行情况及数据证明	结论
第二十六条　网络游戏经营单位在网络游戏用户合法权益受到侵害或者与网络游戏用户发生纠纷时，可以要求网络游戏用户出示与所注册的身份信息相一致的个人有效身份证件。审核真实的，应当协助网络游戏用户进行取证。对经审核真实的实名注册用户，网络游戏经营单位负有向其依法举证的责任。	玩家投诉处理情况。与询问笔录是否能够互相印证；鉴定意见或审计报告中参赌人数采用的匹配方法是否符合本条规定。	是否符合规定

以对银商的管理措施为例：

表8-3：对银商的管理措施表

行为	措施	平台证据情况
无违规行为	不对其采取管控措施	
有违规行为或出现纠纷	违反第二十五条：停止对其服务（封号、禁言）第二十六条：出现纠纷，可要求提供身份信息审查核实	（1）对银商发布违规信息、采用敏感字作账号名，有封号、禁言记录的电子证据，并有口供相互印证；（2）对玩家之间发生纠纷的，要求提供身份信息等进行核实，有处理玩家投诉表格和口供相关证据。

通过对比发现，银商在游戏平台出现违规的行为，平台实行了封号等措施，没有纵容、放任和包庇银商的行为。或者说，银商在游戏平台并无特权，与其他玩家一致，对其管理需采用统一标准，表明平台与银商并无共同犯罪的意思联络。

3.平台对用户的权益保护细则与执行情况对比

《办法》规定了游戏平台应对消费者（普通玩家）的正当合法权益进行保护，这也是平台经营者的管理边界。

表8-4：平台经营者管理边界表

法规规定游戏企业对用户的管理权限	平台执行情况及数据证明	结论
第二十三条　网络游戏经营单位应当保障网络游戏用户的合法权益，并在提供服务网站的显著位置公布纠纷处理方式。	是否制定玩家投诉处理办法，是否进行实际处理，能否与询问笔录相印证。	是否符合规定

法规规定游戏企业对用户的管理权限	平台执行情况及数据证明	结论
第二十六条　网络游戏经营单位在网络游戏用户合法权益受到侵害或者与网络游戏用户发生纠纷时，可以要求网络游戏用户出示与所注册的身份信息相一致的个人有效身份证件。审核真实的，应当协助网络游戏用户进行取证。对经审核真实的实名注册用户，网络游戏经营单位负有向其依法举证的责任。	是否制定玩家投诉处理办法，是否进行实际处理，是否能与询问笔录相印证。	是否符合规定
第二十八条　网络游戏运营企业应当按照国家规定采取技术和管理措施保证网络信息安全，包括防范计算机病毒入侵和攻击破坏，备份重要数据库，保存用户注册信息、运营信息、维护日志等信息，依法保护国家秘密、商业秘密和用户个人信息。	平台安全系统及相关数据是否按规定执行。	是否符合规定

4. 管理效果的横向对比

游戏平台采取的风控措施与效果，可与网游龙头腾讯游戏官方发布的数据进行比对，以验证游戏平台的风控措施是形同虚设和掩人耳目，还是确有成效。以作者代理的网络开设赌场罪案件为例：

表 8-5：网络开设赌场情况介绍表

腾讯在公安部门协助下雷霆活动管控效果	游戏平台根据第三方鉴定及审计报告数据的管控效果
（1）2016年《德州天天》月活用户约2600万；在公安部门协助下，全权限核实玩家身份，经核实后共处理2220多个账号，约占0.0085%；（2）2016年QQ月活用户数为8.68亿，微信月活用户数为8.89亿；在公安部门协助下，全权限核实玩家身份，微信及QQ共计对16500余个涉赌聊天群进行限制群功能处理，并对超过10000个存在严重涉赌行为的社交账号进行限制支付或红包功能处理，约占总活跃用户数的0.0019%。（3）身份核实难度大。	479万注册用户，18万活跃用户，（1）银商与玩家线下交易，三个交易渠道与线上玩家身份信息可匹配的情况：a.银行：按身份信息可匹配7个；b.微信：按身份信息可匹配0个；c.支付宝：无法匹配。（2）可核实身份玩家：a.与"官方充值用户＋五子棋用户＋象棋用户"数2190占比：0.32%。b.与总活跃用户数占比：0.0038%。c.与注册用户数占比：0.0001%。

经过对比发现，涉案游戏平台中，银商及疑似违规玩家占比极低，游戏平台的风控措施较有成效，初步认为其穷尽了监管手段，取得了与腾讯游戏同样甚至

更优的监管效果，不应因银商的存在就改变平台的性质为网络赌场。

综上，法律法规规定运营企业自审管理范围是"内容"审查和"经营行为"的监管。运营企业对玩家用户的管理权限仅为实名注册、禁止发布违法信息、解决用户纠纷或权益侵害时要求核对身份信息；而权益保护是：在其未触犯"未实名注册""发布违法信息"时，运营企业不得对其停止服务；当用户因权益受侵害与运营企业或其他用户产生纠纷时，运营企业可以要求其提供身份真实信息；当核实真实身份后，经营企业才负有向其依法举证的责任。

第九章 "技术链"主体与开设赌场

基于近年来网络开设赌场犯罪案例的数据分析，网络赌博具有鲜明的技术性色彩，网络赌博的开展离不开网络技术支持。开设网络赌场作为一种网络行为，脱离了技术支持将寸步难行，[①] 故在资金链、人头链之外，有必要从技术链犯罪的角度对此进行研究。

第一节　涉技术链犯罪主体

一、涉案主体情况

（一）基本情况

通过互联网、手机软件、新媒体等开设赌场的新型犯罪不断增加，已成为网络赌博犯罪的主要形式。

随着司法机关加大对网络新型犯罪"技术链"犯罪的打击力度，很多案件中技术开发人员、网络服务提供者由于为赌博网站、应用程序 App 提供技术支持服务，而被采取强制措施，断送了前程。但由于缺乏法律意识和风险意识，他们往往对已经陷入刑事犯罪浑然不觉。

案例：某网络开设赌场罪案

该案件涉及一位从事网络游戏开发和技术服务的年轻被告人。其大学毕业后进入网络游戏公司从事游戏研发工作，作为专业技术人才，原本应该是用自己掌

---

① 于志刚：《网络开设赌场犯罪的规律分析与制裁思路》，载《法学》（沪）2015 年第 3 期。

190

握的技术为自己以及家人创造美好的生活,为社会创造财富,却因为法律知识缺乏,风险意识不够强,不知不觉中沦为他人网络犯罪的工具,最终涉嫌构成网络开设赌场罪共同犯罪,不仅影响到自己今后的人生发展,还造成家庭痛苦,令人惋惜。

从事网络技术工作的通常都是年轻人,根据小包公实证分析平台的分析数据,[①] 从案件数来看,排名前三的被告人年龄及其占比分别为:30—40岁(4446件,占比38.72%)、40—50岁(2921件,占比25.44%)、50—60岁(1517件,占比13.21%),而18—30岁(1439件,占比12.72%)可见被告人年龄分布特征实际上是呈现年轻化特点。

值得高度关注的是在校学生群体。[②] 根据最高检发布的数据,从人员年龄看,低龄化现象突出,30岁以下的占64.8%,18至22岁的占23.7%。大学本科以上学历、民营企业尤其是科技公司收入较高者涉罪人数持续增加,犯罪行为主要表现为开发软件、提供技术支持。这类年轻技术人员抱着"赚快钱""炫耀能力"等想法,以"技术中立"为挡箭牌,实则沦为犯罪的"技术助攻"。

(二)技术主体分类

网络开设赌场犯罪不仅犯罪链条长、涉案人员多,而且由于网络赌场犯罪的技术性,一般赌博网站都会有专门的技术人员进行程序编写和日常的技术维护。互联网技术公司、游戏公司、程序员、技术人员被指控涉嫌赌博网站"技术链"犯罪的案件越来越多,常见的有如下四类高风险主体:

其一,专门制作、销售、维护赌博游戏的公司的技术人员。这类主体以开设公司为掩护,专门开发各类网络赌博游戏并运营,社会危害较大,司法机关一直严厉打击,其相关技术人员在网络开设赌场犯罪中所起作用较大,涉嫌犯罪的可能性极高。

其二,一些网络游戏公司、游戏工作室的技术人员。这类公司开发或外包开发各类网络游戏并运营游戏网站,包括前期对游戏平台的核心功能的开发及

---

① 小包公法律AI,广东博维创远科技有限公司官方帐号,2022-09-07。
② 《最高检发布:"帮信罪"正式成为我国第三大罪名,大量学生涉案!》,法律新视野公众号,2023-02-17。

完整架构搭建，各类游戏及彩票 App 的开发，服务器等硬件租赁、维护，以及后期网络服务的运营与服务等。有很多网络公司为客户研发各类定制的网游客户端 App，根据客户要求加上了线上充值提现以及与人民币的兑换功能，则很可能被定性为网络赌博犯罪提供技术支持和服务的公司，从经理到技术总监到技术负责人员都可能构成开设赌场犯罪。

　　还有一种公司为境外的赌博网站平台提供修改源代码、测试、架设网站、维护服务器、为境外赌博网站提供互联网接入、落地、为其提供加速、跳转等技术支持。一些刚毕业参加工作的大学毕业生，找工作时法律意识淡薄，不幸到了这类公司上班，一旦案发，就有可能受到牵连，对其人生而言不啻是一场悲剧和灾难。

　　其三，一些计算机从业人员个体。该部分人员法律意识淡漠，逐利心态重，利用自己掌握的相关知识，按照客户要求进行定制游戏，赚取开发费用和维护费用；或者直接采用"换皮"的方式对一些游戏的源代码进行改造，自己开发彩票网站、游戏小平台 App 等，并添加了上下分功能，在商业平台如淘宝上出售，并持续提供服务器托管、网络存储等技术服务支持，则可能触犯开设赌场罪。比如一个比较典型的案件是，[①]云南昆明 IT 行业小有名气的程序员，参与过市面多款网络游戏的编程，后自己开发一款网络棋牌游戏，利用该软件进行赌博活动。

　　当然，实践中不是所有的应用程序 App 都属于赌博网站和构成开设赌场罪，应当结合应用程序的属性、兑换功能等认定其是否具有赌博性质。如果仅以营利为目的，通过利用自己掌握的网站的网址、账户、密码等信息，组织多人进行网络赌博活动，则其行为可能被认定为聚众赌博罪。[②]

　　其四，网络技术服务提供者公司技术人员。即信息网络接入、计算、存储、传输服务提供者等公司的技术人员，为游戏平台提供互联网安全服务保障运营。有些案件中，处于利益考虑，网络服务提供者公司和工作室未能严格执

---

① 新浪新闻：http://finance.sina.com.cn/chanjing/cyxw/2022-02-15/doc-ikyamrna0832915.shtml?cref=cj。
② 高贵君等：《〈关于办理网络赌博犯罪案件适用法律若干问题的意见〉的理解与适用》，载《人民司法》2010 年第 4 期。

行用户身份核实及提供网络服务准入门槛的相关规定，放任用户将服务器用于犯罪活动，主管人员和直接责任人员就有可能构成犯罪。如前述，在被雇佣人员中，有些人不直接参与赌博分成，不承担赌博风险，只能以违法来看待，并不构成犯罪。而对于参与管理、参与分成、提供直接帮助的人而言，就理所当然要将其认定为开设赌场的共同犯罪。

近年来，不断有技术人员参与某些游戏项目开发因涉赌导致被公诉的案件发生：《知名程序员开发赌博游戏被抓：曾称可进行程序设置，输赢多少"由我掌控"》[①]；《毕业生嫌码农工作太辛苦辞职"创业"，开发网络赌博软件涉案金额高达四千万，多人家破人亡》[②]；《9名程序员被抓！2年非法获利500万元！》。[③] 作为一名程序员或计算机技术人员，所掌握的技术就是工具，但不要认为自己只是写代码的，自己的行为中立，而要有风险意识，明知道是违法或者可能违法的行为，而为其提供技术支持，是有可能构成犯罪的。

二、技术链主体入罪的构成

就工作内容而言，技术人员负责游戏平台及游戏软件的开发、测试、维护等工作，对其行为性质的认定，以下因素至关重要：

（一）开发的游戏软件是否合法

前文已经论述了网络游戏与网络赌场的关系，此处不再重复。具有正规网文许可证以及游戏版号等合法手续，且本身不具有赌博功能的捕鱼/棋牌游戏、App程序，同样具有涉嫌开设赌场罪的可能。游戏程序的技术开发人员如果在开发时受指使添加了赌博规则和保障赌博活动顺利开展的功能模块，则可能属于赌博游戏软件，进而可能被认定开设赌场罪共犯。

1. 提现功能模块

涉及技术人员的此类案件，在发展初期，主要是考察其所开发的游戏程序中，是否有"提现"功能。即如果在游戏程序中内嵌了"提现"接口，玩家可

---

① 《法制日报》2022年2月15日。

② 《钱江晚报》2019年8月13日。

③ 腾讯新闻，https://new.qq.com/rain/a/20220526A0CAR807。

以直接绑定支付账户进行提现操作，则自然会被认定是开发涉嫌开设赌场的网络游戏。

经过公安机关的严厉打击后，这一简单直接的方式变为更加隐蔽的方式，即变为添加本质上具有金币、道具兑换人民币通道的功能模块。例如开发"出售"金币、虚拟道具获得可以当作现金使用的"京东卡"类较大额的购物卡券、话费券，或者其他可以直接兑换成人民币的虚拟道具等功能，以此隐蔽方式实现赌博筹码与人民币的双向兑换与结算。而游戏平台涉赌的核心问题，是否存在人民币和游戏内虚拟货币即的双向兑换通道。

案例：徐某某、盛某开设赌场罪一案 [①]

在该案件中，被告人为"白羊""千禧""蚂蚁"网络赌博平台，提供源代码修改技术、提供充值提现通道接口、进行广告推广、提供第四方支付方式等方式渔利，其均行为构成开设赌场罪。

游戏内转赠虚拟道具功能也违反监管规定，基于赠送功能，玩家之间可以相互转移游戏币，然后在游戏平台之外，使用第三方支付软件私下根据游戏币价值进行结算。而定向邀请的二人比赛是指用户可定向邀请其他玩家进行比赛，在比赛中故意将游戏币输给另一方以实现转移游戏币的目的。设置上述功能系为银商和玩家转移虚拟道具提供便利，平台设置的该玩法易被认定为赌博玩法。

可见，提现功能是网站涉赌的高压线，若在开发程序层面使得游戏平台提供此功能模块，无论以何种形式伪装，都将被认为赌博网站，涉嫌构成开设赌场罪。

2. 代理模块

赌博类游戏或 App 程序中，往往开发设置了开设代理或下级代理的功能模块。开设网络赌场时，行为人为了尽可能多的发展赌客，往往会设置不同级别的代理和下级代理等账号体系。因此，如果在平台数据中发现相关功能模块开发设计的证据，加之抽水渔利等行为，很可能被认定为赌博游戏和网络赌场。

[①] 《徐克壮等开设赌场罪案》，浙江省景宁畲族自治县人民法院〔2020〕浙 1127 刑初 51 号刑事判决书。

3.抽头渔利功能模块

在赌博类游戏或 App 程序中，因为涉及到投注之后的输赢计算和不同级别的代理的"抽头"活动，往往在软件开发之初就开发了赌资的输赢结算和"抽头"功能模块，以实现实时在线提现到账和佣金结算。

4.禁止赌博活动的风险防控措施模块

正规的网络游戏平台，在开发游戏时应同时添加必要的风险防控措施模块，认真对待玩家投诉，审查可能涉赌的功能。例如：在用户注册账户时的《注册协议》中，设置明确规定"禁止利用账户实施赌博相关活动"；对涉嫌赌博的玩家，设置有相应的处理措施；特别是对利用平台私自倒卖游戏币的"银商"及提供双向兑换的代理等，设置相应的惩罚机制。为防止包庇银商，构成开设赌场的共犯，游戏平台首先不得招募银商，同时需尽到企业责任，防止玩家在游戏内发布涉赌、回兑交易等内容。这些都需要相关技术支持和功能开发设置，做好合规工作，以保证企业平稳发展。

（二）明知情形

虽然具体的开发程序工作与开设赌场无关，但主观上明知他人利用游戏平台进行赌博活动，仍然继续开发或维护，则可能构成开设赌场罪的共犯。

1.技术人员主观上对于平台被他人利用实施赌博活动是否明知

如果程序开发人员开发的是正规的游戏程序，通过正常途径销售是合法的。但是如果在开发时按照客户要求预留了"后门"，即添加与开设赌场相关的接口，则属于主观上明知他人会利用该程序进行违法犯罪活动仍然提供技术支持的情形，存在构成开设赌场罪或帮信罪的可能。在已经明知的情形下，依然继续提供程序开发和维护工作或 BUG 的处理，此时的明知，除了直接证据外，也包括"推定明知"的证明方式，对此《帮信罪解释》第十一条有明确的规定。

当然，如果在开发完成以后才知道自己所开发的程序被用于违法犯罪，且技术人员具有刑事合规意识，此时立即停止相关技术支持和维护工作，则大概率不会入罪。

案例：陈某某、乐某某等开设赌场罪一案 ①

联城游戏网站经营期间，被告人陈某等作为迅狐公司的技术人员，受被告人乐某某指使分别负责赌博游戏的开发、网站维护等工作。在明知联城游戏要求玩家以"银子"为筹码进行游戏，并由银商实现游戏币与人民币兑换的情况下，仍然为网站完善及持续运营提供软件开发、技术支持等服务，并从中获取高额收入，其行为已构成开设赌场罪。

2. 技术开发人员是否适用"技术中立"原则

游戏技术人员中，往往存在这样的观念：计算机技术、网络技术等都是"中性"的，自己无法控制他人将该技术用于犯罪活动，如同正规的棋牌软件不是赌博游戏一样，只要自身不参与赌博活动，开发、运维相关游戏软件就不会构成犯罪。这种观念有一定的市场但并不完全正确。

（1）"中立的帮助行为"理论

所谓中立帮助行为，一般是指虽然客观上对实行犯的犯罪行为起到了一定的帮助作用，但是表面上看属于日常的生活行为或者正常的业务活动范畴，不具有非法目的。我国刑法上这一理论的主要目的是给技术提供者安心，鼓励技术创新。

中立帮助行为有三个特点：一是从外观上看，与日常合法的生活行为和商业行为无异；二是中立帮助者不具有实施违法犯罪活动的主观目的；三是客观上参与到他人犯罪活动当中或者提供了一定的帮助。

所谓技术中立，其含义是"技术"本身没有合法和违法的区分。但是，技术虽然具有工具性质，但一定程度上又受到技术开发者和使用者自身意志的控制和影响，反映其行为的目的，这一抗辩理由在刑事案件中往往能够被否定。

典型的是 2016 年快播公司一案，② 判决书明确载明"以技术中立原则给与法律豁免的情形，通常限于技术提供者，对于实际使用技术的主体，则应视其具体行为是否符合法律规定进行判断。恶意使用技术危害社会或者他人的行为，应受法律制裁"。该案确立的裁判规则是：刑法评价的不是技术本身，而

---

① 《陈为俊、乐清权等开设赌场罪一案》，杭州市中院〔2014〕浙杭刑终字第 633 号刑事判决书。

② 北京海淀区人民法院〔2015〕海刑初字第 512 号刑事判决书。

是利用技术的行为。该使用行为可以被刑法评价,故"技术中立"原则并不能导致对技术人员刑事责任的豁免。

可见,如果技术提供者因他人使用其提供的物品或技术从事违法行为而从中获利,那么难以逃脱责任。办案机关均会注重搜集能够证实程序和工具被用于违法犯罪的证据来证实"专用属性",从而推翻技术的"中立"特征。

(2)主观上对于中立技术被用于违法犯罪存在"明知"

此处的"明知"仅需要概括的认识,无需对他人实施违法犯罪行为的具体内容、后果存在明确和详细的认识。对此可以通过涉案人员供述、同案人员供述、证言及调取的聊天记录、售卖记录等客观证据加以证实。

"明知"也包括存在"放任""默许"等情形,即间接故意。在上述"快播"案中,王欣公司在免费向用户提供快播资讯服务器程序和播放程序的过程中,缓存服务器中存在着大量的淫秽视频,最终使得缓存服务器起到了淫秽视频的下载、存储分发的作用。虽然王欣等人对于传播淫秽物品的具体方法、技术等细节可能并不知情,但是各被告人对于快播公司传播淫秽视频这一基本事实具有明知,且为了"间接"获取广告收入,一直不采取技术措施及加以"禁止",这一不作为的"放任"行为,表明了涉案人员主观上的"间接故意",故被追究刑事责任。

因此,在网络游戏或 App 程序中,如果案件中已经有证据证明技术人员对于他人利用软件实施违法犯罪行为"明知"且从中获利,那么自然不能适用技术中立原则。

三、提供技术支持的共犯认定

(一)主要规定

2010 年《关于办理网络赌博犯罪案件适用法律若干问题的意见》(简称《意见》)第二条,对开设赌场罪的技术支持共同犯罪作了规定:

(1)主观上明知是赌博网站。

(2)为赌博网站提供互联网接入、服务器托管、网络存储空间、通讯传输通道、投放广告、发展会员、软件开发、技术支持等服务,收取服务费数额在

2 万元以上的。

2020 年《跨境赌博意见》中"三、关于跨境赌博共同犯罪的认定（三）第 1 款"的规定增加了"应用程序"的内容，且删除了犯罪金额要求，入罪门槛更低。

（二）行为共犯的定性

1. 主观上的明知

构成帮助提供技术支持行为的开设赌场罪共犯，不需要有事先的共谋行为，但要求对自己的技术支持等行为是帮助他人实施网络开设赌场，具有主观上的明知。

《意见》第二条第 3 款规定，具有下列情形之一的，应当认定行为人"明知"，但是有证据证明确实不知道的除外：（一）收到行政主管机关书面等方式的告知后，仍然实施上述行为的；（二）为赌博网站提供互联网接入、服务器托管、网络存储空间、通讯传输通道、投放广告、软件开发、技术支持、资金支付结算等服务，收取服务费明显异常的；（三）在执法人员调查时，通过销毁、修改数据、账本等方式故意规避调查或者向犯罪嫌疑人通风报信的；（四）其他有证据证明行为人明知的。

"明知"是行为人的主观心理状态，如何界定仍然存在争议。实践中存在两种情形：一种情形是有关主体确实不知道，只是疏于管理；另一种情形则是虽然明知，但是放任或者允许上述行为的发生，而司法机关又难以获得其明知的证据，导致刑事打击遇到障碍。①

2. 推定的"明知"

根据监管规定，判断是否"明知"，可以考虑从主观、客观两个方面综合验证。主观方面，就是看提供帮助者是否明知使用者的使用目的，只要知道使用者的使用目的，就可以认定为"明知"；客观方面，可以根据行为人的文化程度、专业技能和社会认知能力等来综合判断，即使不了解赌博网站具体赌博的内容，具体涉及的赌资、具体参赌人员的情况等，但是对利用网站从事赌博

---

① 陈国庆等：《〈关于办理网络赌博犯罪案件适用法律若干问题的意见〉理解与适用》，载《人民检察》2010 年第 20 期。

活动并非毫不知情，应该具有一定的认知度。

比如，应使用者的要求提供软件开发，这种类型帮助者主观的"明知"可以根据软件开发的内容、要求、规则等，判断开发者是否明知使用者的使用目的。由此而言，技术人员的以下行为，可能会推定其对开设赌场"主观明知"而构成共犯：

（1）在技术上实现了明显用于赌博的功能。

（2）深度参与平台运营。技术的具体类型不胜枚举，但总的归纳起来，提供技术支持者可能实施两大类行为，即前端开发与后期维护。相较于"前端开发"而言，对平台进行后期维护、运营的，介入程度相对更深，可能更容易推定其主观明知。

（3）参与赌场利润分成或领取高额工资。

（4）加入涉案群聊，虽然可能是为了便于及时接受反馈、发现问题、改进App，但若群聊内充斥了涉赌言论，可能会推定其主观明知。

案例：技术人员构成开设赌场案[①]

郭某等开发了"亿游乐"棋牌类网络平台，张某等人为平台技术人员，负责开发、测试及维护；张某供述从开发这款游戏开始其就知道是用来给赌博人用的；推广员陈某供述常在推广群聊到一些代理赌博的情况，郭某和张某都在群内。上述证据可以证实被告人主观上明知赌博人员在亿游乐平台进行赌博，并实施了相关行为，构成开设赌场罪共犯。

当然，对于主观明知的判断不能仅仅依靠口供，要结合其认知能力、既往经历、提供技术支持的方式、获利情况等因素综合判断。例如：技术人员组建了QQ交流群，在该群内讨论涉赌游戏中存在的BUG以及解决方案，虽然涉案技术人员一直主张自己主观上不知情，但其经常登录群聊，且该群内与其相关的聊天记录显示，其处理过游戏平台内存在的BUG，该BUG造成玩家无法结算赌资从而赔钱给玩家的字眼，这些证据足以证实其在主观上是知道该网络游戏被用于实施开发赌场活动或赌博活动。

---

① 《郭献丰、陈辉等开设赌场罪一案》，温岭市人民法院〔2020〕浙1081刑初150号刑事判决书。

3. 主犯的认定

根据刑法理论，为共同犯罪的实行提供方便、创造条件，就是帮助犯。因技术人员通常提供技术支持，实施的是帮助行为，构成帮助犯。但立法上没有规定帮助犯的概念，而是根据共同犯罪人的作用不同，将其划分为主犯和从犯（教唆犯除外），故对帮助型的犯罪，要进一步区分出主犯和从犯。

通常认为，主犯是在共同犯罪中起较大作用的犯罪人。由于网络赌博中技术支持是整个犯罪环节中不可或缺的一部分，如果没有技术支持，网络赌博几乎实施不了，因此技术支持提供者应当认定为主犯。

但是，区分主从犯的标准在于行为人在共同犯罪中所起的作用，因此不能一概将技术人员认定为在共犯中发挥了主要作用的主犯，应考虑其在网络赌博中所处的地位、对犯罪形成的作用、实际参与度、获利程度等因素，进行具体判断。例如如果技术人员仅仅是明知他人开设网络赌博平台而提供一般技术支持的，通常应认定为从犯；但若直接参与了共同犯罪的组织、策划，则可以认定为是主犯。

案例：帮信罪一案①

程某等人通过搭建第四方支付平台系统以及QQ等通讯方式对接上游的网络电商交易平台系统和下游的网络赌博平台系统，为赌博平台提供支付结算服务，获取报酬。期间，被告人吴某加入平台运营，组织他人搭建和整合可以自动生成虚假商品交易订单的拼多多网络电商交易平台系统。

本案争议焦点是：为四方支付平台从事软件开发及维护的人能否构成从犯。吴某及其辩护人认为：吴某只是从事软件开发及维护并单纯收取软件使用费，没有技术入股及分红，应认定为从犯。法院认为，吴某搭建的虚假商品交易订单系统，是整个犯罪流程重要的环节，且早已明知该刷单系统系为赌博平台充值，仍提供技术支持并共分收益，其在共同犯罪中所起作用明显较大，应认定为主犯，获取收益的方式并不影响其主犯的认定。

根据帮信罪的规定，刑法将技术帮助行为单列罪名入罪，实现了帮助行为

---

① 《程伟强、廖晓霞等帮信罪一案》，福建省宁德市中院〔2021〕闽09刑终152号刑事裁定书。

正犯化。这种情况属于刑法上的想象竞合犯，从一重罪处置。

第二节 技术链主体的行为定性

一些有名的互联网游戏公司，为什么没有被牵涉到网络开设赌场罪案件中，是因为他们对有关网络游戏监管规定已经有了足够的认识和理解，在刑事合规、运营合法方面相对完善，刑事风险防控的投入力度较大。为避免陷入犯罪泥潭，技术人员等应吸取相关案件的教训，远离网络开设赌场犯罪。

一、罪与非罪

网络开设赌场犯罪，往往存在定性难、取证难等共性问题，需要对证据进行深入分析，达到事实清楚、证据确实充分，准确认定犯罪。

（一）关联性证据

技术支持者在为涉赌者提供非法技术支持时，为规避刑事打击，往往都刻意隐藏自己的真实信息，为自己套上合法"马甲"，因而具有很强的隐蔽性，有些案件在案证据难以证明其涉赌的事实，导致被撤案或不起诉或改变定性。根据检索分析，因为证据不足不起诉认定无罪，约占到网络赌博案件不起诉案例的 30% 左右。

案例：叶某某案 ①

温州某网络科技有限公司及犯罪嫌疑人叶某某，公安机关认定其在明知他人从事赌博游戏网站活动的情况下，为非法牟利，为他人提供网站防护等技术支持，累计收到资金 70 余万元。最终检察院认为"在案证据无法认定叶某某主观上明知是赌博网站，且关于其向网站提供网络技术服务的具体过程以及托管服务器的种类、数量等信息仅有叶某某自己供述证实，无其他证据印证，不能形成完整的证据锁链，经二次退回补充侦查，本案属于事实不清、证据不足，最终决定对叶某某不公诉"。

---

① 江苏省金湖县人民检察院金检刑一刑不诉〔2019〕1号不起诉决定书。

网络赌场案件因游戏平台组织结构复杂，涉案人数多，在侦查阶段往往将所有相关的涉案人员均采取强制措施拘留审查，但并非所有与游戏平台有联系的人员都构成犯罪。技术人员为赌博网站提供技术服务的关联性证据，包括人员口供、资金流向、网络数据信息等。要重点研判此三类证据与当事人的关系，看关联性是否充足，例如：涉赌游戏软件是否由该技术人员开发和维护；其虽然参与了该软件的开发，但其中赌博功能模块是否由当事人开发，或经过多次迭代和功能升级后，能否证实当事人参与开发程度较高、贡献力较大等；该技术人员是否已经收取技术服务费用；是否为境外赌博网站提供传输通道等、加速跳转等技术支持。如果此三类证据链无法完全证明犯罪嫌疑人（被告人）与赌博网站的关系，则属于事实不清证据不足，不应当定罪。

（二）梳理"明知"的证据

部分赌博网站形式与正常娱乐游戏网站一致，不法分子后来自行添加了相关赌博功能模块，正常的游戏平台变成赌博网站。此类案件中，原游戏开发人员或部分技术服务人员，实际上不存在帮助开设赌场的犯罪故意，仅为涉案赌博网站提供技术支持，不应认定为共犯。如果最终没有充分证据证明技术人员"明知"自己专门为赌博网站提供服务，则罪名不能成立。

案例：王某某案①

在本案中，公安机关认为：王某某明知自己所承揽的众多业务基本全是网络诈骗团伙及众多网络开设赌场团伙，为获取高额报酬仍为开设网络赌场犯罪活动提供服务器接入、网络维护、安全证书租售帮助，非法获利390余万，构成犯罪。但检察机关认为：该工作室系企业法人，其经营范围为提供服务器租赁及相关网络服务，单就提供服务器租赁及网络安全服务而言，本身属中立性质的技术服务行为，该工作室也并非为犯罪而设立，业务未超出其经营范围，业务员的行为属职务行为，现有证据不能证明该工作室及业务员主观明知或可推定明知，故检察院最终不公诉撤销案件。

网络开设赌场罪的突破了空间和地域限制，主观"明知"的共同犯意联络，

---

① 阳泉市城区人民检察院阳城检一部刑不诉〔2020〕40号不起诉决定书。

一向是技术犯罪的认定难题,掌握"明知"、"推定明知"的证明标准,认真梳理和分析以下证据:

嫌疑人或被告人口供;技术人员是否为技术主管以及负责的内容;会议记录、QQ 群、微信群商讨为涉赌平台或游戏提供技术支持的记录,涉及赌博以及相关功能的发言记录;收取技术服务费明显异常的证据;采用隐蔽上网、加密通信、销毁数据、修改数据等措施或者使用虚假身份,逃避监管或者规避调查;为他人逃避监管或者规避调查提供技术支持帮助等。

二、此罪与彼罪

当前信息网络犯罪融合交错,实践中"技术链"犯罪案件司法适用混乱,罪名争议大,不同的罪名量刑的幅度不同。对比第 287 条之帮信罪的法定刑(最高三年)与开设赌场罪的法定刑(基本犯五年,情节严重五年到十年),相比较之下,此罪还是彼罪问题,对当事人量刑影响较大。

案例:王某、李某等涉赌案[①]

王某委托李某制作私彩赌博网站,接入"澳洲幸运五""澳洲幸运十"等私彩,从事赌博活动;李某制作了"富翔娱乐"网站并交付王某等使用,且应其要求为该赌博网站修改操控网站数据,通过后台控制输赢。后李某通过软件开发、修改数据、后台技术支持,收取了费用。法院最终认定:李某明知他人利用信息网络实施犯罪,仍为他人犯罪提供互联网接入、服务器托管等技术支持,情节严重,构成帮助信息网络犯罪活动罪。

本案中,有部分人员被认定为开设赌场的从犯,判处的刑期达 2—3 年,如果李某作为技术支持提供者构成开设赌场罪的共犯,其刑期也可能是实刑 2—3 年,但最终李某的罪名定为帮信罪,量刑差异明显。

案例:技术人员构成帮信罪[②]

在该案例中,法院认为,同案王某、刘某等主要犯罪人员也均证实,只是让

[①] 《王犇等开设赌场罪、李明帮助信息网络犯罪活动罪一案》,芜湖市镜湖区人民法院〔2020〕皖 0202 刑初 220 号刑事判决书。

[②] 东莞市第二人民法院〔2018〕粤 1972 刑初 932 号刑事判决书。

何某等技术人员开发修改或维护游戏，未告知技术人员通过该游戏实施诈骗或传销等违法犯罪的情况；此外，三被告人除了领取工资和开发游戏的补贴，也并未从犯罪所得中领取不合理的报酬，因此被告只是知道涉案游戏被用于犯罪，却依然提供技术支持，但是主观上和同案人王某等人并无诈骗或者组织领导传销的共谋，依法应当以帮信罪追究三人的刑事责任。

可见，涉网络赌博犯罪，不仅要考虑开设赌场罪共犯问题，还可能涉及到帮信罪，需要综合分析。

三、其他罪轻情节

（一）主从犯关系

网络开设赌场犯罪分工复杂，被告人行为的作用如何认定，影响主从犯认定，而从犯地位可以大幅度降低刑期。

案例：开设赌场案[①]

检察院指控：被告人俞某等利用互联网游戏平台、微信等软件，组织多人进行聚众赌博、资金结算等活动，并从中渔利，均情节严重，均应当以开设赌场罪追究刑事责任。法院最终认定：被告人张某、李某作为软件开发商仅负责软件平台的开发及后台维护，在共同犯罪中均起次要、辅助作用，均应认定为从犯，在具体量刑时结合各被告人的地位、作用、实际参与时间、程度等犯罪情节酌情有所区别。

帮助犯之所以是帮助犯，就说明其行为仅是起到帮助作用，尽管这一帮助作用可能很重要，可是它毕竟还只是整个犯罪环节中的一环，而不可能成为犯罪的主要组成部分。帮助犯的犯意必然是依附于主犯的，其不可能独立形成赌博犯罪的犯意，且其实施的不是直接的赌博行为，而只是为赌博行为提供某种帮助。[②] 开设赌场案件中，如果技术人员的行为认定为帮助犯，有利于争取其从犯地位，进而争取到较小的责任和较短的刑期，考虑因素包括：

---

① 《俞瑞齐、裴腾峰等开设赌场罪一案》，海宁市人民法院〔2019〕浙0481刑初294号刑事判决书。
② 戴长林：《网络犯罪司法实务研究及相关司法解释理解与适用》，人民法院出版社，2014年版，第126页。

（1）入职时间。有些技术人员可能刚大学毕业，找工作时误入涉赌网络游戏公司，考虑到其初入社会，社会经验有限，判断能力有所欠缺，入职时间不长，行为仅起到次要、辅助作用，根据宽严相济的刑事政策，可以从宽处理。

（2）身份地位。技术人员是否属于公司决策层或团队运营主要负责人，或主要出资人或者实际控制人，还是处于被管理、被支配的作用，将影响从犯地位的认定。

（3）岗位和职责。包括主要工作内容、工作细节等，在有的案件中，技术主管辩称自己是普通技术人员，意在降低自己岗位或职责的敏感性。应根据具体的岗位、职责来判断其在团队中有无管理、组织职责，是否担任经理、技术总监、业务部长等具有管理职能的岗位，是从犯地位的考量因素。

（4）获利情况。行为人是拿固定工资还是参与分红，或领取远超当地同类普通技术人员的高额工资，非法获利情况也是从犯地位的考虑因素。

（二）其他情节

为了维护当事人的合法权益，认罪态度、初犯偶犯、自首与坦白、积极退赃、立功表现等情节，也会影响最终责任的大小和刑期的长短。

综上，一般人会认为，在监狱服刑多一天少一天没什么区别，实际上，只有失去后才懂得珍惜，只有被剥夺自由后，才会懂得自由的宝贵。准确认定犯罪和正确量刑，是对当事人的合法权益的保障。互联网技术公司、网络游戏公司的技术人员，应考虑规避刑事犯罪风险，避免成为他人网络犯罪的工具。

擅除害者察其本，善理疾者绝其源。基于网络空间不确定的技术风险和复杂化的犯罪形势，当务之急是将技术元素纳入法治，以法治确立规范性标准，以技术应对犯罪手段的多元变化，确立"法治＋技术"共治逻辑。[1]

---

[1]　夏伟：《破解网络犯罪的管辖、取证和财产处置三大难题》，载《法治日报》2022年9月7日第五版。

第十章　关联人员与开设赌场

　　一个完善的游戏产业涉及游戏开发商、平台开发商、游戏发行商、平台运营商和推广渠道商等多个主体。而网络赌博游戏背后的利益链中，就包括作为推广渠道商的网赌代理和银商，就其涉网络开设赌场罪情形，本书简要分析如下。

第一节　赌博网站代理

　　据报道，2022 年我国公安机关共侦办跨境赌博相关犯罪案件 3.7 万余起，打掉网络赌博平台 2600 余个、非法支付平台和地下钱庄 2500 余个、非法技术服务团队 1200 余个、赌博推广平台 1600 余个。[①] 跨境网络赌博的猖獗和规模确实令人触目惊心，网赌代理在案件中起到了推波助澜的作用。

一、网赌代理的特点

　　游戏运营平台网站想要吸引到更多玩家，就要招募更多的游戏推广渠道商（下级代理）来帮助推游戏平台的游戏。腾讯游戏、网易游戏、完美世界、阿里游戏、巨人网络等联运平台，一方面从国际游戏研发大厂购买游戏版权进行发行代理，一方面也面向国内游戏运营者开放运营代理，即通过渠道合作伙伴联运发展。"游戏代理"就是经一款游戏或平台授权后，去推广运营，吸引用

---

① 人民网，2023-01-03 。

户进入游戏，最后产生的充值消费按一定比例进行分成。

但是，为赌博网站从事代理并发展下线和玩家的，可能构成开设赌场罪，本书主要分析这类非法主体，并简称"网赌代理"。

（一）网赌代理的业务组织结构

赌博网站的账号一般分"代理账号"和"会员账号"，通常二者是独立的客户端。"代理账号"的权限一般包括：分发下级代理账号或会员账号，分配赌博信用额度（代理层级越高拥有的赌博信用额度越高）、查看投注及输赢情况及其应当提取的利益、关闭权限、清算赌博输赢等。可见，代理账号的权限特征，体现在对下级代理账号及会员账号的管理与控制功能。

"会员账号"一般权限包括：利用会员账号直接投注或者供他人投注，查看投注和输赢，与其上家清算并获得其应当提取的利益。但是，会员账号不能设置下级账号，不具备分出账号并进行管理控制的权限功能。

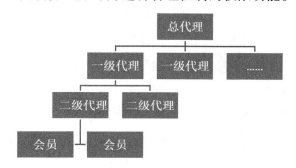

图 10‑1：赌博网站代理组织架构示意图

赌博网站一般设有管理者→股东→总代理→代理→会员等多个级别。[①]代理账号又分为股东级、总代理级、代理级等多层级。实际上，代理层级往往较多，同一层级并列的代理一般也不止于二三个，甚至总代理也可能有很多，也可能另有名称，如大股东代理、股东代理、地区总代理等等。但是，代理有一个共同的组织功能，即分发下级代理账号或者直接分发会员账号，通过分支（下级代理）再去发展新的分支（下下级代理），同时还具有直接发展会员的功能，形成一个由高到低由各级代理逐级控制和管理的"金字塔结构"。

---

① 刘建华：《广东最大网络赌博案调查》，载《小康》2010 年第 8 期。

会员与赌博网站组织的关系，可以用下图表示：

图 10‑2：会员与代理关系示意图

会员可能由不同层级的代理产生，但无论哪一级代理产生的会员，在赌博网站的组织发展中，只是整个网络的最末端，不具有再分支的功能。在赌博网站分支拓扑网络中，会员是终点，而不是分支的节点。

从"代理"的运作模式看，赌博网站通常分为投注网和管理网，投注网显示不同赌博项目、接受参赌会员投注、计算赌博结果等；而各级代理通过管理网进行管理，可以发展下级代理、发展参赌会员、为会员设置信用额度、兑换筹码、查看所有下级账户等。对"代理"而言，其持有代理账号，可以开立子账号授权他人使用并投注，具备一定的设定赌博对象、赔率、方式、投注额度、抽头比例、开设或注销参赌会员账号等权力，实现了对投注资金、下级账号等的支配和控制，"相当于在该赌博网站设立了一个分赌场，认定其为开设赌场罪的实行犯完全正确。"[1] 根据《意见》第一条（三）的规定，这种情形应当认定为"为赌博网站担任代理"。

综上，赌博网站代理与会员，无论在网络赌博的组织发展功能上，还是在账号的权限功能上，都存在根本性的不同。在网络开设赌场刑事案件中，网赌"代理"是一个法律概念，其内涵具有法定性，不是一般意义上民事"代理"概念，其法定性体现在司法解释对其认定方法做出了明确规定。

（二）网赌代理的获利模式

有赌博网站采用"非代理制"运营模式，赌徒不需要代理人引荐即可与赌

---

① 戴长林：《网络犯罪司法实践研究及相关司法解释理解与适用》，人民法院出版社，2014 年版，第 74 页。

场对接，直接登录赌博网站赌博。但常见的还是通过发展代理的模式进行运营，尤其是境外赌博网站，多数是通过发展国内代理向境内渗透，危害很大。

1. 传统获利模式

赌博网站通过"代理"来发展会员，并向代理发放佣金提高其积极性。而代理的获利模式主要有：一是传统代理行为，仅依据投注金额收取固定的佣金，其称为"返水""水钱"；二是参与赌博网站的利润分成，方式是低价从上线购入筹码，高价卖给下线，加价部分的盈亏自负；三是采用租用赌博网站代理账号的方式，定期交付租金，单独作为庄家寻找参赌会员对赌获利。

某网络棋牌游戏公司采取"房卡"经营模式，除了游戏玩家直接从游戏客户端上充值购买房卡，公司还将房卡销售给游戏代理商，代理商再出售给游戏玩家，从中赚取差价。代理商为了牟取更大的利益，组建微信群、QQ群，在群里出售房卡，并默许、鼓励游戏玩家在群里利用该游戏进行赌博。由此，代理商组建的微信群、QQ群实际就已经变成了虚拟的网络赌场，而代理商就是这个赌场的开设者，显然构成开设赌场罪。①

案例：李某开设赌场案②

在李某开设赌场罪一案中，被告人李某以下级代理身份，向李某某、尤某某（另案处理）购买百川棋牌App房卡，先后建立"点炮群""百川杠次一分一块""跑的快"3个微信群，利用百川棋牌App房卡开设网络房间组织微信群内人员进行赌博，从中抽取渔利。

最终法院认定，被告人以营利为目的，通过邀请他人加入微信群、QQ群，进行控制管理，持续组织赌博活动，其行为已构成开设赌场罪。

可见，2016年左右出现的"房卡模式"棋牌玩法虽然风行一时，但房卡模式易被用于赌博，刑事风险很大，代理商可能被直接认定为开设赌场罪的正犯。

---

① 此类案件文书较多，如湖北省蕲春县人民法院〔2019〕鄂1126刑初331号刑事判决书，河北省清河县人民法院〔2020〕冀0534刑初201号刑事判决书。辽宁省阜新市中级人民法院〔2021〕辽09刑终179号刑事判决书等。

② 《李杰开设赌场罪一案》，洛阳市涧西区人民法院〔2018〕豫0305刑初654号刑事判决书。

2. 推广赌博网站发展会员获利

实践中，较有争议的是，受雇推广赌博网站发展会员获利情形应如何定性。行为人虽在赌博网站上注册为代理，但不直接接受投注，而是通过微信、QQ、搜索引擎等各种方式，发布、推广特定的赌博平台推荐码或者推广链接，吸引会员到赌博网站参与赌博。对该类行为是否也认定为代理型的开设赌场罪，存在争议。

《意见》第二条第一款（一）对构成网上开设赌场罪的共犯的三种情形予以明确，即明知是赌博网站而提供服务或帮助的，比如接入网络、投放广告、发展会员、资金结算等情形。

此类仅进行推广的行为人虽持有赌博网站的代理账号，但并不用于投注，而是用来区分、计算各行为人所发展的有效会员人数，按投注数额比例获取奖金等非法利益。故其账号只能查看注册会员的人数，对所发展的会员的赌博情况、投注的赌资、抽水比例等均没有控制力，因此，其虽然也是抽头渔利，但与接受投注的网赌代理相比，在赌博网站中参与的程度、行为的积极性和作用的直接性等方面，显然是有差异的，更符合《意见》"为赌博网站投放广告、发展会员"的规定，应直接以开设赌场罪的帮助犯进行定罪处罚，其在共同犯罪中所起的作用相对小于"代理"的作用，认定为从犯更合适一些。

案例：吴某光开设赌场案

被告吴某光经他人介绍，成为服务器开设在境外的网上赌博平台"Agg"的一级代理，分别为低级别的代理人和赌徒开设代理账户和赌博账户，并发展了尚某、左某等下级代理200余名，左某获得吴某光为其开设的赌博账号后，又发展了张某等下下级代理150余名。

本案中，对吴某光的行为，有观点认为，其没有接受较低级别的代理和赌博人员的赌注，故不构成开设赌场罪。根据《意见》第一条（三）的规定，对于"代理型"开设网络赌场行为，既要求行为人接受投注，又要求其代表赌博网站与玩家或下级代理进行投注和赌资结算。尽管吴某光在此案中的行为客观上有助于网络赌场的开设，但与直接充当代理并接受投注资金的行为有本质区别，不能直接认定为"网络型"开设赌场的代理行为，其行为是为赌博网站投放广告、发展会员，故吴某光获得的返点和分红应属于服务费，最终认定吴某光为开设赌场的共犯。

二、网赌代理的认定标准

"为赌博网站担任代理"，即以赌博网站名义发展下线和招揽会员，并使得会员与赌博网站之间发生业务。网赌"代理"是开设赌场的实行犯而非帮助犯，不仅要对行为后果负责，而且要与上级代理或者庄家共同承担刑事责任。

（一）拥有"代理"账号与下级账号

代理账号与会员账号在组织功能和赌博功能上有本质区别，故如何认定并以证据证明犯罪嫌疑人的账号是代理账号变得尤为重要。

1. "代理"账号与下级账号

网络赌博代理的认定，《意见》第三条第 5 款列举了"有证据证明犯罪嫌疑人在赌博网站上的账号设置有下级账号"这一种情形。对此有不同的观点：

（1）"形式符合说"

该说认为，本条明确了认定"代理"的两个条件：一是要在赌博网站上注册账号，与之产生了稳定的联系；二是要在该账号下设置有下级账号，即反映其名下发展的注册会员情况，体现上下级账号的管理与控制关系，凸显代理人的代理权限和地位，这正是"代理"被认定为开设赌场的原因之一。据此，网络赌博代理的认定应符合司法解释的规定，即：拥有赌博网站代理账号。

很多网赌平台采取无限代理的模式，所有玩家账号既是会员也可以是代理，就像传销系统一样，只要用自己的账号生成了邀请码给别人注册，系统就会显示此号是代理，用自己邀请码注册的玩家就成了自己发展的会员赌徒，系统会根据这些赌徒的投注金额自动计算返水金额。此类案件，虽然注册账号没有明确代理级别，但是该账号之下可以注册下级账号，应被认定为代理账号。

案例：张某开设赌场案[①]

境内参赌人员韩某，成为"美高梅、塞班、济州、拉斯维加斯"等赌博网站

---

① 《张承广开设赌场案》，吉林省长春市中院〔2022〕吉 01 刑终 8 号刑事判决书。

高级代理人员后，发展仇某、刘某、张某等人为下级代理或会员，再由下级继续发展参赌人员，组织赌博活动。张某从韩某处获取赌博网站"美高梅"的赌博盘后，组建"吉林快三"微信群招揽赌博人员，以福利彩票开奖结果为参照，接受玩家投注转给上级庄家进行赌博，从中抽头渔利。

法院认为，张某以营利为目的，为赌博网站担任代理并接受参赌人员投注，参与利润分成，情节严重，构成开设赌场罪。

（2）"实质符合说"

该说主张，本款属于强调性规定，意在提示注意该种情况可以直接认定为赌博网站代理，而不是对《意见》第一条（三）款的限制，即使赌博网站的代理账号没有设置下级账号，如果符合代理的构成要件，当然可以认定为代理，设置下级账号的情况仅是构成赌博网站代理的特殊情形之一。①

该说强调，不应该机械照搬《意见》规定的认定方法，不能仅以是否掌握代理账号为唯一的判断依据，应作出一些扩张的解释，对其行为进行综合评价。无论代理账号还是会员账号本质上均属于为赌博网站担任代理的形式要件，因而，应以"实现了网络赌博中重要的信息和资金的流转"，"起到了赌博网站与参赌会员间的沟通作用"作为实质性标准，对网赌代理身份进行认定。

而且，网络赌博具有跨地域性、虚拟性、电子证据取证困难等特点，行为人为逃避打击，会通过各种形式变换赌博网站的网址，案发后，该网址可能已不能登录，也无法查看其账号下是否还设有下级账号。如果机械的以是否"设置有下级账号"作为认定代理的唯一标准，则可能会放纵网络赌博犯罪。

（3）本书赞同"形式符合说"

本条的核心字段为"设置有下级账号的""应当认定为代理"。此条文属于《意见》第三条，标题为"关于网络赌博犯罪的参赌人数、赌资数额和网站代理的认定"，可见其为认定网赌代理的唯一标准。因此除了"设置有下级账号"，原则上不应包括其他情形。

以上观点的争议，也是罪刑法定原则与法益侵害性观点之争。但是，对

---

① 杨洪广等：《利用网络实施赌博犯罪如何适用法律》，载《人民检察》2014年第6期。

《意见》的理解和解释应遵循法律解释的规范方法，只有采用体系解释、历史解释等方法不能解决法律适用遇到的困难时，才可引入社会危害性、法益损害大小等衡量因素，避免将法律解释演变成以个人理解为主的一种解释。

《意见》规定的标准实际上是一个简单而明确的实质性标准，它明确包含了两层含义：一是有设置下级账号的事实，二是这个事实必须有证据证明。而且，《意见》规定的代理认定方法是"设置有下级账号"，而不是"发展下线"或"发展会员"，这是一个确定的、清晰的和严谨的法定标准。是否吸收他人投注、是否在赌资流动链条中发挥了作用、是否扩大了网络赌博规模，并非实质性标准。"赌博网站中的上下线关系是比较明确的，通过网站上的数据证实其账号设置有下级账号的，则可以证明其有下线，进而认定其为赌博网站的代理。这一规定有助于遏制赌博网站以金字塔形组织结构发展赌博业务。"[1]

案例：宋某开设赌场一案[2]

宋某利用赌博平台进行线上赌博，并为赌博网站担任代理。宋某辩称帮史某上过分，自己用过两个会员账号，剩下的是史某用的。辩护意见是宋某无"以营利为目的"的主观故意，且赌资数额认定不清，不构成开设赌场罪。最终法院认定，"没有获利"并不代表"没有以营利为目的"，宋某为史某等多人提供下级会员账号，接受投注共计人民币达60多万元，其行为已构成开设赌场罪。

2. 仅利用会员账号的定性争议

（1）仅利用一个会员账号投注

实践中常见情形是，行为人不掌握代理账号，仅掌握会员账号，但是其向没有会员账号的人收取赌资，并通过其会员账号投注。此类情形的定性，在实践中分歧最大，有以下观点和做法：

其一，该行为属于聚众赌博。依据传统赌博犯罪中的认定标准，如果行为人对赌博场所、赌场的内部组织结构及经营活动具有控制力，应当属于开设赌场行为；相反，应当属于聚众赌博。所以综合来看，如果没有形成上述三种控

---

[1]　陈国庆等：《〈关于办理网络赌博犯罪案件适用法律若干问题的意见〉理解与适用》，载《人民检察》2010年第20期。

[2]　北京市二中院〔2021〕京02刑终240号刑事裁定书。

制力，则属于聚众赌博行为，此种情形如果定性为开设赌场，那么实践中将没有聚众赌博行为存在的空间。[①]

其二，此种情形应当具体分析，如果实施行为的时间较长，表明行为人三种控制力的程度强，对该类行为有必要予以规制，为开设赌场的行为；反之，为聚众赌博的行为。[②] 对于时间较短的情形，由于造成的影响范围有限，以开设赌场罪追究其责任将造成罪刑不均衡。但"短时间""长时间"的区别没有法律依据，时间是否较长也没有统一的标准，仍需要法官的自由裁量，这与赌博犯罪定罪标准不断完善化、规范化的司法趋势相悖，也与罪刑法定原则相悖。

其三，不构成犯罪。因为行为人并没有建立或控制赌博场所，也没有发展会员或者自己的下级代理，只是将自己的账号提供给他人使用，其行为的性质是"介绍"赌博，[③] 由于我国刑法并没有设立介绍赌博罪，所以根据罪刑法定原则应当认定行为人无罪。

行为人通过会员的身份吸引不特定的人参与赌博，因此是行为人个人发挥了重要的作用，而并非通过网站的功能发挥作用，应当认定为聚众赌博，[④] 其行为不符合司法解释规定的为赌博网站担任代理情形。根据法益侵害理论，该行为与组织多人到赌场参加赌博并无区别，本质上都是通过为参赌人员提供渠道从而获利。因此，应认定为聚众赌博型的赌博罪。

如何评价这种利用会员账号接受投注的行为，权威观点认为，如果行为人没有为赌博网站担任代理，仅以营利为目的，通过利用自己掌握的赌博网站的网址、账户、密码等信息，组织多人进行网络赌博活动，则其行为不属于刑法规定的"开设赌场"，符合聚众赌博标准的，则应认定为聚众赌博罪。[⑤] 该表

---

① 任志中、汪敏：《审理网络赌博案件适用法律的若干问题》，载《人民司法》2005年第4期；李连华、鞠佳佳：《开设赌场与聚众赌博的界限》，载《中国检察官》2009年第4期。

② 张艳：《网络赌博犯罪疑难问题研究》，载《中国检察官》2017年第19期。

③ 杜永浩：《聚众参与赌博不一定是"聚众赌博"》，《检察日报》2015年2月11日。

④ 张艳：《网络赌博犯罪疑难问题研究》，载《中国检察官》2017年1月下。

⑤ 高贵君等：《〈关于办理网络赌博犯罪案件适用法律若干问题的意见〉理解与适用》，载《人民司法》2010年第21期。

述包括了三层意思：①利用自己账号组织多人赌博的，并不等同于代理。②不担任代理而利用自己的账号组织网络赌博活动不属于开设赌场。③上述组织网络赌博活动，符合聚众赌博罪定罪标准的，应认定为聚众赌博。

案例：孟某、郑某开设赌场一案①

被告人孟某等建立"赢在猴年"赌博微信群，通过收发红包和微信转账的形式接受、返还参赌人员赌资，后登录网络名为"98彩票网"的网站进行押注，并从中抽头渔利，期间共盈利达6万余元。公诉机关以开设赌场罪提起公诉。法院最终认定，被告人应构成赌博罪。

开设赌场区别于聚众赌博的本质在于"经营赌场"，司法解释对开设赌场具体行为的界定体现了经营性，而对聚众赌博的界定则主要体现行为的组织性。微信群可以认定为虚拟的赌场，关键是看起能否对该微信群中进行的赌博活动进行管理和控制。本案被告人所建微信群仅具有通报赌博信息和召集参赌人员的作用，不是赌博平台；被告人使用的是一般赌博会员账号，没有分设下级账户，与赌博网站没有担任其代理方面的意思联络和利润分成，不具有担任赌博网站代理的特征。故法院认定被告人实施了聚众赌博行为，构成赌博罪。

（2）提供多个会员账号投注

实践中另一种常见争议情形是，行为人将其持有的多个会员账号提供给他人，由他人直接利用会员账号投注。

对于利用会员账号长期聚集参赌人员进行赌博的行为，有观点认为这实际上已经形成了一个实体的小赌场，对行为人应当以开设赌场罪定罪处罚，会员账号不过是一种实现其赌场经营的工具，故不需要再援引"代理"的规定。②根据该观点，行为人若能获得多个会员账号，虽然表面上没有"代理"身份和代理账号，但他却能够通过会员账号将赌博网站与参赌人员形成联系和沟通，意味着其已经得到赌博网站的授权，可以获得多个会员账号用以发展会员，故

① 唐山市曹妃甸区人民法院〔2017〕冀0209刑初112号刑事判决书。类似案件还有〔2014〕穗天法刑初字第2115号刑事判决书。

② 姚珂：《论利用网络开设赌场犯罪的法律适用》，载《中国检察官》2012年第5期；梁晓文、郭钰薇：《为赌博网站担任代理的认定》，载《人民司法·案例》2016年第5期。

二者之间可以认定有作为"代理"的意思联络而形成代理关系，实际作用上与代理行为的实质性要求一致，应以网络开设赌场定罪处罚。

行为人是否成立网赌代理，应全面考察其行为：[①] ①上下级之间应有意思联络：行为人要成立代理，需要考察其与上线代理或赌博网站是否有意思联络。②有为赌博网站发展会员或者招募下级代理的行为。网赌代理是通过发展下线而获利，下线包含下级代理和注册会员，但不包括不具有赌博网站账号的线下参赌人员，此类线下人员与网站之间没有直接的关联，也不存在任何依附和从属关系，不能认定为行为人发展的会员。

据此，行为人持有的会员账号因不能设置下级账户，故不能认定为网赌代理，亦不属于《意见》中规定的开设赌场的其他几种类型，该类行为人与上线之间缺乏意思联络，既没有实际设立一个赌场，也不制定规则，故也不能认定为开设赌场行为人的共犯。其通过自己掌握的投注渠道，接受多人投注，从中抽头渔利，该行为与组织多人到赌场参加赌博并无区别，应认定为聚众赌博型的赌博罪。

综上，本书认为，对仅利用会员账号接受投注的情形，后一种观点更加合理，以赌博罪定罪处罚符合罪刑法定原则，也更符合《意见》的精神以及社会一般民众的常识、常情、常理。

案例：全某聚众赌博案[②]

被告人全某在广州某小区经营的通信商店内，通过其自己在赌博网站享有的账号（包括账户和密码）接受六十余人六合彩赌客的投注，并进行抽头渔利。

本案中被告人全某是否构成开设赌场罪？根据《意见》第三条关于认定网站代理的规定，全某的行为实质上不属于代理行为，本案中，全某仅是为了牟利，组织多人使用其拥有的网站的账户，密码和其他信息来进行网络赌博，其行为不是开设赌场，应视为聚众赌博。

---

① 蔡福华、董凌楠：《"为赌博网站担任代理"的五种情形及实务认定》，微信公众号"刑事实务"，2019 年 8 月 2 日，https://mp.weixin.qq.com/s/kVWifcJEPK7AxarPN-RJgg。

② 广东省天河区人民法院〔2014〕穗天法刑初字第 2115 号刑事判决书。

（二）接受他人的投注

案例：洪某某开设赌场案①

在洪某某代理型利用网络开设赌场案中，洪某某就是赌博网站的代理人，通过接受赌资的方式，以现金直接获利。洪某某在其代理权限范围内对是否接受投注、具体结算方式有着绝对的支配力。

根据《解释》和《意见》的规定，担任代理不能仅仅只是具备代理身份，还要实质上"接受投注"才能认定构成本罪。"为赌博网站担任代理"并"接受投注"是构成开设赌场罪的两个并列的条件，缺一不可。

代理接受投注有两种方式：一是代理直接接受会员投注，再转给其上家；一是赌客在其会员账户中直接投注，并显示在发展该会员的代理账户中，因二者是绑定关系，则会员的投注直接代表了该代理接受了会员投注。在实践中主要存在以下争议问题：

1. 会员直接向赌博网站投注

无论是哪一级别的代理，其行为的最终目的都是通过赌博网站组织他人赌博以获利，其性质是一样的，即使其没有发展下级代理，也还是代理，只要其接受投注的，也为开设赌场。②

问题在于，在实践中下级会员不直接向"代理"进行投注，而直接向赌博网站投注，此时"代理"的行为是否属于开设赌场？

有观点认为，必须由"代理"接受投注，才构成开设赌场的行为。也有观点认为，只要接受投注，不管是跟网站进行投注还是跟代理进行投注，都应当认定为开设赌场的行为。③

"接受投注"并不要求参赌人员必须通过"代理"本人进行投注，只要参赌人员事实上进行了投注行为，即便是通过网站直接投注也成立"接受投注"，即由代理人拓展的参赌人员将赌资汇入各大赌博网站的注册账户，则代理人接

---

① 洪国豪开设赌场案，〔2016〕粤0114刑初1836号刑事判决书。

② 高贵君等：《〈关于办理网络赌博犯罪案件适用法律若干问题的意见〉的理解与适用》，载《人民司法（应用）》2010年第21期。

③ 杨洪广等：《利用网络实施赌博犯罪如何适用法律》，载《人民检察》2014年第6期。

受投注的行为既遂,汇入赌资的途径在所不问。①

只有接受了投注,行为人与赌客之间的管理与被管理、控制与被控制关系才得以产生,才应当认定为开设赌场的"代理"。如果没有接受投注,即使注册了"代理"账户,但没有接受投注的行为和意图,也不属于"开设赌场"的实行行为。因此,如果下级会员只是跟网站进行结算,那么代理实际上就没有"接受投注"的行为,故不能认定开设赌场罪。代理的作用除了发展下线,同时还应当与下级会员进行结算,是赌博网站与参赌人员之间的中介。如果没有下级会员"投注"的行为,那么代理的作用就只是发展会员,第二种观点显然与《意见》不符,实际上一种扩大解释,不符合罪刑法定原则。

2. 代理账号仅接受自己投注

该行为不是代理行为,不应认定为开设赌场罪。根据《意见》的规定,该条文规制的是"接受他人投注"的代理,而非是本人投注情形。另一方面,网赌代理的作用是开通下级账号,拓展参赌人员,以实现赌博网站的扩展营利,"担任代理但是只供自己投注"不具有上述功能。

《意见》规定,以赌博网站活跃的会员账号数来辅助计算参赌人员数量,若同一账号数人使用或一人使用数个账号,应依照实际使用人数计量。行为人掌握代理账号,未发展会员,只用于自身下注的,实际上是自己代理自己,其仅仅是利用代理账号实现自己参赌的目的。这与招揽他人参赌的行为和代理目的存在本质不同,行为人没有实现赌博网站与参赌会员之间的有关信息、赌资等内容的交流,其行为只构成一人参与赌博活动,是自己参与赌博的特殊表现方式。因此,不宜认定为"开设赌场"。

此外,"接受他人投注"意味着在计算赌资数额时,网赌代理自己参赌的赌资,不应计入其犯罪数额。从司法实践来看,目前多地的司法机关对于网赌代理本人投注的金额,也做出了剔除的处理,只将代理接受他人投注的金额作为其犯罪数额来认定。

综上,对代理身份和投注行为的准确认定是判断其是否构成开设赌场罪的

---

① 周尧杰:《网络开设赌场案件若干问题研究》,载《上海公安学院学报》2021年第31卷第2期。

主要因素。与赌博平台的经营管理者不同，网赌代理只是参与了整个网络赌博活动的一个环节，事实上属于网络开设赌场的帮助犯。司法解释将其直接规定为开设赌场罪，是共犯行为正犯化的体现。相关司法解释的完善，提供了更加具体的标准，也提出了更高要求。因此，对网赌代理嫌疑人的定罪量刑，应严格依据司法解释的标准，避免主观随意性，并根据罪责刑相适应原则，体现相应的差异，区分开设赌场罪情节严重、开设赌场罪、赌博罪等，予以定罪量刑。

第二节 "银商"与开设赌场

在涉赌案件中，"银商"也是一个重要的群体。游戏产业需要研发、运营和推广渠道等多方的合作。除了合法的代理行为之外，银商行为是否合法及定性都存在较大争议，也是合法网络游戏平台避免刑事风险和监管的难题之一。本书就此作简要分析。

一、银商的分类

案件涉及网络游戏中的"银商"（银子商、币商等，本书统称为银商），主要是指通过买卖游戏金币（道具、点数、积分、钻石、游戏币等）赚取差价牟利的中间商。

合法的游戏平台中，资金的流动是人民币—虚拟货币—游戏道具，不能反向兑换，即可以上分（充值），但不能下分（提现）。其中，上分是指为他人充值，将人民币兑换成游戏币的行为；下分是指为他人提现，将游戏币兑换成人民币的行为。上下分则实现虚拟货币与人民币之间的双向转换。银商可以通过低买高卖的形式为玩家和赌客上下分，从而为玩家、赌客提供了虚拟币与人民币兑换和结算服务。

注意区别的是，还有一类行为人为各类网络游戏（包括合法网络游戏、赌博游戏、私服游戏等）做充值代理，赚取服务费，与银商行为有所不同。

根据相关统计数据，各个网络游戏平台内均存在"银商"，可以说是一种难以杜绝的市场现象，根据作者办理的案件情况，本书将银商分为以下三类：

（一）自发银商

这类行为人自认为在网络游戏中存在"商机"，可以通过低买高卖游戏币赚取差价，于是自己招揽玩家兑换游戏币，并可能在多个游戏平台开展业务，为玩家上下分过程中赚取差价牟利，业务扩大后进一步自行招聘、组织人员设立独立工作室牟利。由于正规游戏平台并不发展银商甚至严厉打击银商的存在，因而这类银商是自发形成的私下行为，未取得平台认可，与平台没有共同的意思联络和利益分配，与普通玩家差异在形式上并不明显，因而其定性上存在较大争议。

案例：林某某等人开设赌场案[①]

被告人林某等开设工作室，在"龙皇棋牌""集结号""850"等网络平台上注册账号，发布"收售游戏分"等信息，通过充值和提现方式兑换游戏筹码赚取差价。法院认为，被告人林某某等人利用已有的网络游戏平台，将该平台作为自己实施开设赌场犯罪的工具，设定兑换筹码的方式和比例，使参赌人员通过该网络平台进行赌博，其行为构成开设赌场罪。

本案是重庆法院网络空间司法保障典型案例，惩治的是"银子商"依托游戏网站提供游戏币兑换服务开设赌场的犯罪情形。犯罪分子虽没有直接建立赌博网站和设定赌博方式、规则，但利用游戏网站，提供游戏分与人民币双向兑换服务，为赌客参与赌博便利，其行为构成开设赌场罪。本案判决虽未涉及相关网站定性的内容，但从相关内容来看，此类游戏平台仍是非法平台，可能构成开设赌场的共同犯罪。

（二）内部银商

是指由网络游戏平台或赌博平台自行设立的银商，也即所谓游戏平台的"官方银商"。作为专门的游戏币代理，其作用是将从赌博平台获取的游戏币出售给各级代理商或赌客，为赌博网站提供筹码销售与回收服务，为参赌人员提供资金结算。因其与平台双方存在共谋，意思联络最为紧密，甚至能发挥赌博

---

① 林建光等人开设赌场案，重庆市二中院〔2020〕渝 02 刑终 53 号刑事判决书。

平台控制输赢的作用，所以存在官方银商的游戏平台通常被认定为网络赌场，涉嫌构成开设赌场罪。

案例：陈某某等人开设赌场案[①]

陈某某等开设赌场罪一案中，被告人成立杭州迅狐科技有限公司，经营联城游戏网站，取得文化部核发的《网络文化经营许可证》，发行虚拟货币"银子"。后来为了牟取巨额利润，利用登录超级账号修改服务器数据库资料的手段，向自己建立和与他人共同建立的多个银商点提供"银子"。玩家可按 45 元人民币购买 100 万"银子"的比例购买，而银商点则以 30 元出售、29 元回收，从中赚取差价。银商点的存在使"银子"和人民币之间实现了顺利的兑换，法院认定被告人构成开设赌场罪。

（三）指定银商

是指购买网络游戏平台的银商账号/充值代理权的银商，他们通过为玩家充值、上下分服务赚取差价，并通过平台的奖励或佣金而获利。根据其行为表现，可以分为两种情形：

1.只提供上分服务的指定银商。即为合法网络游戏做游戏币代理商，只是从游戏官方拿货，为平台销售游戏币的，服务于游戏玩家，实际上是游戏币充值发行代理，并不违法。文化和旅游部废止《网络游戏管理暂行办法》后，网络游戏运营企业发行网络游戏虚拟货币不需特定资质，不需通过审批，银商买卖虚拟货币行为本身也不需要任何资质，虚拟货币存在一定价值，银商获得折扣后低买高卖赚取差价，并没有违反禁止性规定。

2.提供上下分服务的指定银商。指定银商明知是赌博、私服等违法游戏而倒卖游戏币，为此甚至成立工作室，搭建专门的支付平台、跑分平台等，为游戏平台回购或者兑换服务，平台通过默许、纵容指定银商打出 QQ 联系方式及买卖游戏币价格等内容的广告，进行宣传推广，扩大影响；其为参赌人员上下分，当然是违法行为。在开设赌场罪的分析框架下，本书特指此类不法指定银商。

---

① 《陈为俊、乐清权等开设赌场罪一案》，杭州市中院〔2014〕浙杭刑终字第 633 号刑事判决书。

案例：谢某开设赌场案 [①]

在本案中，银商谢某明知该游戏平台运营涉赌游戏，仍然在该游戏平台注册了账号，代理该赌博平台，为该赌博平台进行推广，并为玩家提供游戏"魂石"与人民币的兑换服务，从中赚取差价及该平台银商的返利。

法院审理认为，被告人以营利为目的，明知他人利用互联网建立的赌博网站开设赌场，仍积极提供结算赌博筹码的帮助行为，构成开设赌场罪。

二、银商行为定性

一般认为，对于银商惩治的必要性在于，银商为赌博网站销售或者回收游戏币（道具），赌客通过"银商"这一平台实现游戏币与人民币之间的双向兑换，从而使得网络赌场得以形成和扩大。

赌博网站的"官方银商"认定为开设赌场罪，实务中较少争议，对银商行为定性的分歧，主要集中在"自发银商和指定银商"两种，特别是游戏平台未被认定为赌博网站的情况下，为游戏平台上下分的银商如何定性方面。

（一）银商构成开设赌场罪

1. 银商构成开设赌场犯罪的核心要件是"明知"

根据《意见》关于网上开设赌场共同犯罪的认定，如果"明知是赌博网站，而为其提供资金支付结算服务，……"，则属于开设赌场罪的共同犯罪。

可见，银商必须"明知"所买卖的游戏币（道具）性质，才可能构成网络开设赌场罪的共同犯罪。如果行为人确实不知晓兑换游戏币（道具）的性质，那么就有可能不构成开设赌场罪，而可能是其他相应的罪名，比如帮信罪、洗钱罪、非法经营罪等。

案例："黄赌合流"直播平台案 [②]

黄某舒等 3 名女主播号称提供裸聊服务，而在直播过程中，又推荐各种赌博游戏，平台服务器架设在境外，赌博公司也在境外。江阴市检察院对该"柚子直播平台"犯罪团伙多人提起公诉。法院认定，其中 9 名"上分"成员，构成帮助

---

① 安化县人民法院〔2021〕湘 0923 刑初 144 号刑事判决书。
② 扬子晚报官方账号，2022-07-07。

信息网络犯罪活动罪，8 名"下分"成员构成开设赌场罪。黄某舒等则涉嫌传播淫秽物品牟利罪仍在检察机关审查起诉中。

明知是帮助网络赌博犯罪提供资金结算服务的非法平台仍然为其跑分，如何定罪量刑？

该案中，赌博公司将"上下分"服务交给不同洗钱团伙。其中"跑分"平台的开设者与赌博网站达成合作关系，招募人员为赌博平台接收、洗白、转移赌资，对跑分进行管理。这里"跑分"行为的本质是提供资金账户，协助犯罪分子将资金转移，依据《刑法》第 287 条之二第三款的规定，应择一重罪处罚，从"明知"的内容上看，他们对所帮助的犯罪也心知肚明，应当以开设赌场罪共犯论处。

对于"跑分客"的行为，他们在跑分平台上注册会员，通过上传个人收款码等支付账户协助转账。从"明知"的内容上看，他们可能笼统地认识到自己的行为可能在为网络犯罪活动进行帮助，却并不确切知道帮助的是何种犯罪，则属于"明知他人利用信息网络实施犯罪"情形；也可能"明知存在具体的犯罪，仍然为其提供非法资金结算"，则属于"明知是开设赌场的具体犯罪"。可见，能否被认定为开设赌场罪的共犯，对"跑分客"的主观认定要求更高。行为如何定性，应根据相关证据综合认定，根据主客观相一致的原则定罪量刑。

2. 银商利用合法游戏平台的行为定性

在合法游戏平台中，典型的上下分行为是：银商在游戏中与玩家联系后商定，利用对局游戏相关规则，以故意逃跑、故意的输赢等方式，将已经押注的游戏币归对方或故意输给对方等方式，来实现游戏币在双方账户之间的转移，再私下以微信、支付宝、网银转账等方式进行资金结算。

这种交易方式利用了平台规则或功能的漏洞，较为隐蔽，以逃避平台的监管。对于银商在正规游戏平台为玩家上下分行为应如何定性，司法实践中存在较大争议，有开设赌场罪和赌博罪的争议，还有认定为非法经营罪的个别情形。

（1）银商构成开设赌场罪

案例：张某、王某开设赌场案[①]

张某、王某利用市面上已有的"同城游、老虎机"等App网络游戏平台，以低买高卖形式为赌博人员肖某、段某等不特定人员提供"上下分"服务，在为赌博人员实现游戏币与人民币之间双向兑换的同时，以赚取差价方式牟取非法利益。

本案银商构成开设赌场罪，该游戏App本身是合法的，但由于犯罪嫌疑人赋予该App"上下分"功能，使得赌客可以通过该App进行赌博，该游戏App也就成为"网络赌场"。

综上，对于自发银商和提供上下分的指定银商，在他人合法网络游戏平台中通过充值和提现方式兑换游戏筹码赚取差价，系对合法网络平台及游戏规则的改造利用，此时由于行为人加入了提现功能，合法平台同时也就具有了赌博网站性质，其在实质上便是建立了赌博网站并接受投注，应构成开设赌场罪。[②]

相关案例表明，法院认定银商构成开设赌场罪的思路是：不论其是否与游戏网站有关联，只要在案证据证明银商存在双向回兑行为，使得游戏失去纯粹娱乐性而被附加了金钱评价的射幸功能，则游戏变为赌博游戏，网站变为网络赌场。银商行为就相当于借用他人平台即虚拟场地为自己所用，自己招揽顾客，设定兑换筹码的方式和比例，吸引不特定人员到他人场地内进行赌博或金钱娱乐活动。而且，不论游戏玩家基于赌博或者娱乐的心态，所有进出网站的资金均可以认定为赌资流水。

（2）游戏平台的共犯问题

无论将银商认定为开设赌场罪的正犯还是帮助犯，逻辑前提都需要论证有网络赌场存在。在游戏平台本身合法的情形下，赌场由银商改造而成，银商成立开设赌场罪，游戏平台是否因此构成犯罪？

如果仅存在自发银商，自行安排其人、财、物及经营行为、利润分配等，网络游戏平台对此没有任何干涉，与游戏平台之间完全不存在控制和管理的关

---

① 吴强林：《利用网络游戏平台为他人赌博提供"上下分"服务以牟利的行为定性》，载广州市法学会：《法治论坛》（第54辑），中国法制出版社，2019年版，第371页。

② 沈平：《利用合法网络平台赌博构成开设赌场罪》，载《人民司法》2021年第8期。

系，也无共谋，根据"责任自负"原则，网游公司及其股东、工作人员则无须对其他独立主体的行为承担法律责任，更何况是刑事责任。[①]

案例：谢某开设赌场案[②]

法院综合全案证据认定，东方棋牌游戏中心游戏币不能提现，官网没有商行和银商，不宜定性为赌博网站。而本案无充足证据证实被告人就银商一事存在意思联络。银商谢某通过为游戏玩家提供游戏币兑换现金服务的方式买卖游戏币获利，主观上有营利的目的，客观上使得游戏币成为赌博筹码，使案涉 9 名游戏玩家有机会获利，将合法的娱乐行为变成违法的赌博行为。属于"聚众赌博"，构成赌博罪。

从案件可以看出，玩家可以利用游戏平台积分进行娱乐，但积分不能兑换为现实货币，否则便属赌博。本案的特点在于，存在正规网络服务平台，只出售积分，而不回收，故本案并没有追究平台的责任。这表明谢某与平台没有意思联络，其为玩家上下分的行为是一种独立的行为，实际上也就是自发银商，自发银商本身构成了赌博罪，平台不是开设赌场罪的共犯。

仅存在自发银商情形下，在案证据是否能证明二者有过犯意联络，显得尤为重要。如果没有意思联络，也不能推定有此种意思联络，只是银商规避监管规定，绕过平台管理规则，私下买卖游戏币，这种自发存在的银商是难以避免的市场现象。玩家可以直接在游戏平台上进行充值，也可以在通过银商进行充值，不仅违背合法游戏平台意志，也侵犯了其虚拟货币合法经营权，损害其利益。在禁而不绝的情况下，平台应当承担的是管理查禁不严的行政责任，不能简单对平台以刑罚苛责。

（二）银商构成赌博罪

银商类犯罪是新型犯罪，案件中也存在取证难、定性差异大等问题，实践中被改判构成赌博罪的情形较多，本书以此为例进行说明。

近年来，对于银商行为，检察院以开设赌场罪指控，法院变更为赌博罪的案件不在少数，检法两家均认可构成赌博罪的情况也越来越多，但裁判理由各

---

① 马云波：《网络赌博中开设赌场罪无罪辩护的几点思考》，载《中国律师》2018 年第 9 期。
② 谢新建开设赌场案，安庆市宜秀区人民法院〔2018〕皖 0811 刑初 63 号刑事判决书。

不相同，尚未形成共识，主要有"聚众赌博"和"帮助赌博"两种观点。

1. 聚众赌博

案例：周某某、秦某某等开设赌场案①

"华游大厅"是2014年新华网游戏频道与其他公司合作开发的一款手机游戏大厅产品，被告人通过华游平台向赌博人员收购、出售游戏币牟利。一审认定构成开设赌场罪，二审认为原审判决事实不清楚，发回重审，重审后一审认定为构成赌博罪，二审仍被认定为赌博罪。被告人申请再审。

再审法院认为：秦某某等人利用互联网向玩家提供特定网站的游戏币和人民币的兑换服务，使游戏币变成赌博的筹码，从而变相将玩家纠集至特定的网站赌博。在客观方面，助推赌博行为扩大化，具有较大社会危害性；在主观方面，其知道或应当知道玩家购买游戏币用于赌博，出于营利目的，仍为其提供相关兑换服务，具有纠集或帮助赌博的主观故意。故行为符合聚众赌博的主、客观构成要件，构成赌博罪。

本案中，被告人辩护理由是：根据本案证据，不能认定该平台属网络赌博平台，且其既非其经营者也非代理商，更没有参与平台经营的利润分成，仅为玩家兑换游戏币，不存在组织玩家赌博的情形，故一直请求改判无罪。此种情形也是本案之所以争议之处。

而法院最终认为，在案证据不足以证明华游（平台）提供虚拟货币与人民币双向兑换服务，亦不足以证明银商与平台存在代理关系和参与利润分成的事实，故游戏平台未认定为赌博网站的情况下，认为银商构成开设赌场罪错误，应构成赌博罪。

从本案可以看出，法院对事实认定之后，对网络平台存在的自发银商行为定性其实是存在争议的，其采用"知道或应当知道"表述也意味着，银商构成开设赌场犯罪的核心要件是"明知"，而明知的认定是主观心理状态的判断问题，在其客观化的判断方面，需要扎实的相关证据来证明。

---

① 《周友利等人开设赌场案》，浙江省衢州市中院〔2019〕浙08刑终199号刑事判决书，〔2020〕浙08刑申5号通知书。

案例：魏某某等人赌博案①

魏某某等在网络游戏平台上注册游戏账号，通过手机微信、游戏平台论坛、游戏贴吧等，向新老游戏玩家宣传游戏平台游戏玩法、提供游戏积分（游戏币）收售服务等信息，并雇佣他人（均另案处理）与游戏玩家微信联系后，按约定的兑换比例，以一方故意输掉游戏或双方互相赠送积分的形式，为玩家提供人民币与游戏积分的双向兑换服务，以此赚取利差。经审计，魏某通过 33 个微信账号，共计向游戏玩家销售游戏积分 190939 人次 11992435.42 元，向游戏玩家回收游戏积分 15935 人次 8941XX.94 元，非法获利 263786 元。

法院认为，在案证据表明，玩家遵从购买—输赢—兑换模式，被告人亦是通过这一过程才能获利，这种购买—输赢—兑换实质上就是赌博，如果被告人不提供兑换，玩家只能付费玩游戏，无法进行赌博。魏某通过上述行为，吸引网民聚众赌博，其行为已构成赌博罪。

2. 帮助赌博

有法院的观点认为，银商低买高卖虚拟币为参赌人员提供兑换服务，间接为网赌活动提供资金结算，从中赚取差价盈利的行为，是帮助行为，不应认定为开设赌场罪的共犯，应构成赌博罪。

案例：陈某某等人开设赌场案②

在陈某某等人开设赌场案中，被告人陈某某等以营利为目的，利用网络游戏平台，纠集游戏玩家进行聚众赌博的行为，构成赌博罪。法院认为二被告人对游戏平台和参赌人员的赌博活动无管理和控制力，其行为不符合开设赌场罪的特征，公诉机关的指控罪名不成立。

案例：吕某某等人开设赌场案③

在吕某某等人开设赌场案中，也存在此类情形：法院认为，被告人明知游戏玩家利用游戏平台进行赌博，仍然为赌客提供费用结算的直接帮助。根据《解释》第四条规定，存在"明知"赌博犯罪活动仍为其提供赌博费用结算等直接

---

① 《魏永财等人赌博案》，福建沙县人民法院〔2020〕闽 0427 刑初 131 号刑事判决书。
② 《陈晓川、任科开设赌场案》，大邑县人民法院〔2019〕川 0129 刑初 348 号刑事判决书。
③ 《吕俊灿等人开设赌场案》，政和县人民法院〔2019〕闽 0725 刑初 173 号刑事判决书。

帮助，公诉机关指控开设赌场罪的罪名不当，应予变更为赌博罪。

3.存在的争议

根据《解释》关于赌博罪的规定，仔细分析银商行为，二者之间差异较大。一是银商可能同时在不同的游戏平台倒卖游戏币；二是在同一游戏平台，银商买卖游戏币的对象是不特定的玩家或赌客，玩家玩不同的游戏，赌客之间并不存在紧密联系，并非聚集在一起赌同一游戏，所以银商行为并不符合组织三人以上聚众赌博的行为，本身不能构成赌博罪。当然，除极个别情况外，多数玩家本身进行小金额充值的游戏，更无证据能认定其是以赌博为业。

在不能认定玩家构成赌博罪的情况下，显然不能将银商行为认定为帮助犯；而银商本身只是提供筹码兑换，并非赌博行为，未聚众赌博，不能认定构成赌博罪。

此外，游戏玩家并非全是赌客，其充值资金也并非是赌博资金，按照所有游戏玩家的流水来认定银商作为赌博罪共犯的赌资显然是不妥当的，实务中这样的判例，定罪的逻辑及赌资认定思路显然存在漏洞，不能获得普遍认同。[①]

（三）银商不构成犯罪

如上述，如果现有证据不能证明属于内部银商或进行上下分的指定银商，则自发银商是否构成开设赌场罪是存在争议的。

此种情形银商的行为是违法行为的可能性较大。相关案件表明，公安机关以涉嫌赌博罪立案调查后，多数并没有认定为赌博罪，也没有认定为开设赌场罪，从而移交检察机关提起公诉，进入到审判阶段的此类案件少之又少。例如，前述谷某某开设赌场案[②]中，赌博网站负责人谷某某被以开设赌场罪追究刑事责任，但原审公诉机关撤回对银商王某等人的指控，未对提供游戏道具欢乐豆和法币转换的"银商"追究刑事责任。从银商的证言可见，双方并没有共谋，但是网站不干预银商买卖欢乐豆，存在一定的默许情形。

---

① 鄢继灯：《网络游戏之银商犯罪问题实证研究——以博弈型、对局型游戏为主要视角》，南平检察公众号，2022-12-09。

② 盐城市中级人民法院〔2016〕苏 09 刑终 113 号刑事裁定书。

案例：张某某不诉案

在案号为宁六检刑检刑不诉〔2021〕Z66 号案件中，被不起诉人张某某和某游戏网站通谋，共同开设赌场的证据仍不充分，虽然公安机关指控张某出资 100 万元购买充值设备并获利 50 万元，但最终检察院以事实不清证据不足为由不起诉。

该案件说明，银商构成犯罪需要有充足证据证实：其一是银商的身份信息。此类案件中，银商为规避监管，通常注册一大批游戏账号，多数并不和实名制的 QQ、手机号等信息绑定，有时银商账号还会被转让，因而涉案银商账号的开户信息、充值端口、交易时间、转账金额等都需要鉴定后才能作为证据。

其二是交易行为以及资金流向。涉及的问题是，游戏平台中与银商交易的有普通玩家也有赌客，是否应进行区别对待；银商的交易资金往往数额较大，使用的微信、支付宝等第三方支付账号较多，资金流向复杂，且与网络赌博平台中赌资流转的体系不同，资金流向难以查清，出现仅依据查扣的游戏数据进行鉴定或审计的情形，可能并不准确。

综上，对于银商的定性，在司法实务中并未形成统一的认识，从灰色地带到赌博罪、开设赌场罪均有涉及。这些案件中的裁判思路，一是分析游戏网站的性质，看是否存在赌博网站和网络赌场，提供上下分服务的银商，其对象是游戏玩家还是网站；二是看是否与赌博网站存在共谋或指派关系，利润来源是来自低买高卖游戏币的差价、提供充值服务收取的服务费，还是存在网站的佣金或返利；三是看银商行为是否对赌博活动具有一定的管理和控制力，从而考虑构成开设赌场罪共犯。

银商、充值代理、第三方或第四方支付等网络支付类犯罪案件，涉及的行为定性和量刑问题十分复杂，应特别注意运营模式、牟利手段等在案证据，通过在案证据的三性特征，穿透行为表象，分析银商行为是否符合开设赌场的核心特征，从而正确认定银商行为。

第十一章　关联罪名之界分

同样的行为置于不同的犯罪构成要件时，部分条文可能出现交叉、重叠，[①]如何区分网络开设赌场罪和其他相关犯罪，是实务中的重点与难点。

第一节　赌博罪

1997年刑法典原本将聚众赌博、以赌博为业和开设赌场并列规定为赌博犯罪的三种行为方式。但基于开设赌场行为较大的社会危害性有必要加大惩治力度的考虑，刑法修正案（六）将开设赌场行为从赌博罪中剥离，规定为独立的罪名。赌博罪和开设赌场罪的区分是学界和实务中不可避免的问题。

一、聚众赌博型赌博罪

由于赌博罪与开设赌场罪的量刑差异已经拉开，为确保罪名适用的准确性，从罪责刑相适应的原则出发，有必要明确赌博罪与开设赌场罪的界定标准。根据立法规定，普通赌博犯罪又包括了两种行为方式：一是聚众赌博；二是以赌博为业。本书对聚众赌博进行简要分析：

（一）聚众型赌博

聚众赌博是指为赌博提供场所、赌具，组织、招引他人参与赌博，从中抽头渔利的行为。[②]根据《关于公安机关管辖的刑事案件立案追诉标准的规定

---

① 张明楷：《犯罪之间的界限与竞合》，载《中国法学》2008年第4期。

② 高铭暄、马克昌：《刑法学》，北京大学出版社、高等教育出版社，2014年第六版，第547页。

（一）》第 43 条规定，聚众赌博是指"组织三人以上赌博"。

聚众赌博必须要以营利为目的，根据 2005 年《解释》第九条规定，不以营利为目的，进行带有少量财物输赢的娱乐活动，以及提供棋牌室等娱乐场所只收取正常的场所费用的经营行为等，不以赌博论处。例如，亲友间日常互发红包、主要为联络感情、活跃气氛等，且不涉及营利目的，并不违法，其与网络赌博的区别在于是小额互发、没有获利抽水，可视为赠予。

但是，生活中一些娱乐项目存在随机性、博弈性较强的射幸类型规则，特别容易涉及赌博，然而赌博与娱乐活动之间并没有一道清晰的界限，需要结合法律规定和行业惯例等情况，综合分析判断行为人主观上是否以"抽头渔利"方式达到营利目的，进而准确定性行为是否构成赌博犯罪。

（二）网络赌博

案例：陈某等人聚众赌博案①

世界杯足球赛期间，被告人陈某等参照赌博网站的赔率，以比赛输赢、进球数量等开设盘口吸引赌客下注，并通过口头、电话、微信等方式接受赌注，在比赛结束后通过支付宝、微信转账、现金交易等方式，结算赌资共计 200 余万元。法院经审理认为：行为人组织他人赌球并从中抽头渔利，具有营利目的，符合"聚众赌博"的客观要求，构成赌博罪。

随着互联网技术的发展，许多赌博活动正在从传统的牌桌上转移到线上，并衍生出了多种赌博活动形式，比如赌球、赌马、时时彩、百家乐等。有的是面向公众的公开性网络赌博，主要是在赌博合法化的中国澳门及菲律宾和柬埔寨等东南亚国家，赌场和网络服务器设在境外，但赌客主要来源于内地；有的是面向特定群体的隐蔽性网络赌博，有的则是在网络游戏中衍生出赌博活动，即变相的赌博类网络游戏。

无论形式如何，"十赌十输"也是赌场亘古不变的规律。网络环境互动性强、隐蔽性强的特点，网络赌博传播范围更大、发展更快，其危害也更大。根据相关规定，网络赌博也需要达到聚众赌博或者以赌博为业才会构成犯罪，仅

---

① 柳报传媒微报公众号，2022-11-22。

仅是参与赌博，可能根据赌博金额进行行政处罚。

（三）聚众赌博与开设赌场的区分

开设赌场是行为人为赌徒提供场所、设定赌博方式、提供赌具、筹码、资金等多种有偿服务，营运商业性赌场、组织赌博的行为。[①]

这里主要是指线下开设赌场的形式。线下开设赌场的构罪门槛较低，除了赌博机设立的构罪标准及"情节严重"的标准，根据现行法律及相关的司法解释，其余线下开设赌场犯罪行为，并没有关于"情节严重"的规定。

开设赌场罪的前提是开设一个"赌场"，然后再组织、招揽他人进行赌博。聚众赌博在行为上也表现为组织、招揽他人进行赌博，为了实施这一行为，也必然需要事先准备一个以供赌博的场所。刑法中并没有明确规定赌博必须在赌场内进行，因此，传统的区分标准认为，在赌场内组织开展的赌博活动构成的是开设赌场罪，而不在"赌场内"则不能定性为开设赌场。当然，线下形式中，二罪名都包含有聚集、吸引、组织他人并为赌博提供场所、赌具等物质便利条件的行为，因而界限容易混淆。

《刑事审判参考》第 58 集（2007 年第 5 集）中，对聚众赌博与开设赌场的行为该如何区分提出了具体的标准：

（1）规模人数。聚众赌博在行为对象人数上的最低要求是 3 人，一般规模较小，成员相对固定；而开设赌场在行为对象的人数上远远不止 3 人，参赌人员并不特定，且人员众多。

（2）赌博场所是否相对固定。聚众赌博的场所随意性较大，通常不固定，即并不强调赌场的设立，只要其组织人员到相关的场所进行赌博即可；而开设赌场的赌博场所一般是固定的处所，重点在于赌场的设立，如果是线上情形，则包括网络赌博空间。

（3）赌场存续时间是否相对稳定。聚众赌博一般具有临时性，持续时间短，即大多数属于临时纠集而为之，下一次赌博通常需要重新组织；而开设赌场则一般具有稳定性、持续性，即赌博场所在营业时间内能够不间断地向参赌人员

---

① 高铭暄、马克昌：《刑法学》，北京大学出版社、高等教育出版社，2014 年版，第 554 页。

开放，随时可以到其中进行赌博活动。

（4）公开还是隐秘。聚众赌博通常具有一定的隐秘性，即在小范围熟人内组织他人参赌；而开设赌场通常具有半公开性，甚至向不特定的公众开放，所以其赌博活动甚至赌博地点等具体情况通常会被一定范围内的公众所知晓。

（5）召集与参与。聚众赌博的赌头往往会利用其人际关系来召集、组织每一次的具体赌博活动，具有"人合性"，赌头本人有时会参与赌博；而开设赌场的经营者一般情况下不亲自参与召集、组织人员参与赌博，经营者本人一般不会参与赌博。

案例：陈某等开设赌场案[①]

法院认为，被告人陈某、程某虽有提供赌博场所和赌具，但并未聘请其他工作人员，赌博规模较小，系小范围人员参赌，参赌人员系轮流坐庄，同时，每次聚赌的时间都不固定，具有临时性，且持续时间不长，不具有开设赌场罪的规模性、组织性、稳定性。而综合在案证据可认定二被告人组织参赌 7 次，参赌人数累计已达 20 人以上，获利约 7000 元，故行为更符合聚众赌博的情形，应以赌博罪对二被告人定罪处罚。

综上，区分二罪的关键是对赌博活动的支配程度，即行为人对赌博活动是否有明显的组织、控制和管理能力。

聚众赌博目的是通过组织他人参赌来使自己获利，行为人对赌博活动的支配能力通常较弱，行为相对随意和无序，一般表现为参赌者可以自带赌具、参赌者可以临时确定赌博方式或规则、通常不能对其他参赌者采取强制驱逐出赌博场所等约束手段。而开设赌场中，行为人有严密的规则、分工，有很强的组织性，对赌博活动的支配能力较强，通过设定赌博方式、提供赌具、设定强制驱逐规则等行为来实现对赌博活动的控制。可见，"提供赌博场所行为的关键在于其提供的场所应当受提供者实际控制，如果提供人不能实际的控制该场所，则该行为就不应认定为提供赌博场所，而应认定为聚众赌博"。[②]行为人

---

①　《陈城、程光艳开设赌场案》，东莞市第二人民法院〔2017〕粤 1972 刑初 1005 号刑事判决书。

②　董玉庭：《赌博犯罪研究》，载《当代法学》1999 年第 4 期；张艳：《网络赌博犯罪疑难问题研究》，载《中国检察官》2017 年第 1 期。

对赌博活动的控制力表现是，对赌博场所、赌博内部组织、赌场经营具有控制权。

二、网络聚众赌博和网络开设赌场

在网络空间实施的开设赌场行为和聚众赌博行为，存在重合的可能性，而两罪由于法定刑设置并不相同，应当加以区分。但是，根据《意见》和《解释》规定，对此并没有明确，理论上似乎容易区分开设赌场和聚众赌博之间的差异，但是实践上则很难进行准确界定。

在对裁判文书的审判结果进行检索分析后发现，很多案例对赌博罪与开设赌场罪的认定存在差异，表现为一审和二审中认定的罪名不同，不少二审案件中，上诉人的上诉理由都是一审法院认定的罪名不正确。可见，由于赌博犯罪发生在网络空间，人员的聚集方式以及赌场的表现形式都呈现出了新的特点，司法实践中如何界定两罪存在不同的理解。

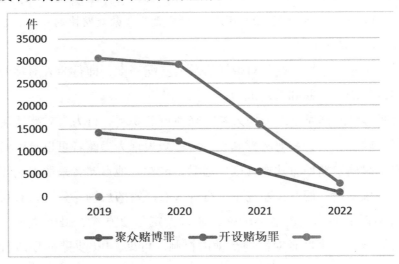

图 11-1：聚众赌博罪与开设赌场罪案件数量图

数据来源：中国裁判文书网，检索日期：2022 年 11 月 29 日。

司法解释并未对在网络上聚众赌博行为作出规范性解释，故有观点认为，网络行为的分散性，决定了在网络赌博中只存在开设赌场罪，不存在聚众赌博行为的空间和可能。该观点值得商榷，在司法实践中，应结合具体案件的行为方式和特点，分析是否符合聚众赌博的要件，做出是否构成赌博罪的认定。

（一）网络聚众赌博与网络开设赌场的区分

网络开设赌场与聚众赌博都涉及组织、招揽、吸引多人参赌，行为人都从中渔利，实践中有时很难区分。从广义上说，聚众赌博的外延涵盖了开设赌场行为，也就是说，开设赌场实际上都是聚众赌博行为，只是由于具备了某些特定的特征而不同于一般的聚众赌博，而这种特定的特征就是二者区别的关键点。

区分的关键在于对赌博行为的认定，因此可以借鉴传统赌博的区分方法，从赌博犯罪活动的组织性、开放性和经营性等几个方面进行区分：

1. 控制性

无论采取什么方式，开设赌场行为都有一个重要特征：行为人对整个赌博活动具有明显的控制性，包括对赌博场所的控制性、对赌场内部组织的控制性、对赌场经营的控制性。这是开设赌场与一般以营利为目的的聚众赌博行为的关键区别。

网络赌博是互联网科技不断发展的产物，其与传统赌博只是客观载体的不同，本质上都是射幸行为，因此，区分网络聚众赌博与开设赌场不能脱离传统二罪的本质区别，即围绕行为人对赌博活动是否有明显的控制力来判断。网络赌博的控制性较弱，是靠行为人个人的行为吸引不特定的人参与赌博；而网络开设赌场常见的形式是建立赌博网站，或充当境外赌博网站代理，通过层层代理的形式扩张发展，因此，其控制性常体现为对游戏账号的管理和控制，以此实现对参赌人员的组织管理、赌资的流转及各层级之间的管理和控制。

2. 赌场的组织性、稳定性、持续性

随着科技的发展，网络赌博的出现弱化了传统开设赌场对物理场所的依赖性，由此，在网络中聚众赌博一般是临时起意，纠集人员进行赌博，不具有长期性、稳定性特点。例如在"微信型"的网络聚众型赌博犯罪中，赌头一般先将参赌人员拉入临时微信群中，在赌博结束之后，为了避免侦查机关侦查或者他人举报，一般会解散微信群，体现出微信群创立和解散简便松散的特点。而网络开设赌场，以赌博网站为典型，为便于宣传和吸引赌客，有固定的网络赌博平台，即链接一般都是固定的，而为了逃避侦查，在更换网址时，管理人员也会通过各种方式通知给网站的会员。

3. 经营性

《解释》强调"聚众赌博的"的组织性和抽头渔利，《意见》关于网络开设赌场的规定，强调的则是对赌博网站的运营。可见，将两种行为区分开来的是"经营性"。《解释》第 9 条规定，构成赌博罪的前提，必须具备"以营利为目的"的特别主观要件。在网络中聚众赌博中，赌头为了实现营利目的，主动邀请圈子内熟人进行赌博，这就决定了其参赌人数相对较少，也没有具体的分工，波及范围相对较小，而且其自身往往也会加入网络赌博之中。而开设网络赌场，具有明确的经营性目的，面向不特定的群体，导致参赌人员是不特定的，参赌人数众多；同时，为了方便管理，赌场内部设置严密，有固定的人员分工，而网站的架设和运营，完全由经营者进行管理。

4. 开放性

网络聚众赌博相对来说人员较为固定，参与的人大多为熟人好友，陌生人不经引荐一般很难参与进来，体现出圈子的封闭性和赌博时的隐蔽性特点。而网络开设赌场则是半公开运营的，面向的群体是所有网络用户，为了经营赌场，还会不断投放广告吸引赌客，参赌人员的流动性大。

案例：以公开性区分赌博罪与开设赌场罪的官某等开设赌场案[①]

被告人以合股的形式在腾讯微信平台中建立群名为"兄弟情普京娱乐会所""辉辉拉斯维加斯娱乐会所"等微信群，通过微信拉人等方式聚集一百余人，以进群以抢红包的方式进行"牛牛"赌博，期间招募被告人朱继远、周淑露等人负责群内赌局管理、赌资结算、抽头营利等工作。

一审法院认为本案构成开设赌场罪，二审认为本案中涉案赌博群主要由被告等人利用自己的人际关系拉人进群参与赌博活动，其赌博场所并不具有自动吸引赌博人员的特点，相对隐蔽不公开，因而构成赌博罪。

---

① 浙江省台州市中院〔2017〕浙 10 刑终 6 号刑事判决书。

可见，网络聚众赌博常常表现为：为网络赌博客户提供赌博网站的账户和密码，也就是为赌客或玩家提供进入网络赌场的"通行证"和"席位"。因此，所谓网络聚众赌博，是指为了营利而为他人提供赌博网站的账户和密码，组织多人上网投注的行为。只要组织者把赌博网站的账户和密码告诉赌博客户的人数达到多人，即成立聚众赌博的行为。其与网络开设赌场区别在于是否对获取的账号密码有控制管权利，而一个重要的指标即是否有下级账号。

（二）新型"代理"的认定

案例：武某等开设赌场案①

被告人武某在"菲赢国际"赌博网站注册了会员账号，然后利用自己及他人的微信号建立了很多微信群，直接在群内发布赌博网站中"龙虎合"赌博输赢规则，然后使用手机微信接受群内成员投注，组织、招引微信群内成员参与赌博，同时赚取赌博网站返利。本案一审法院认定行为人构成赌博罪，二审法院认定构成开设赌场罪。

本案争议焦点在于，通过在赌博网站注册账号，然后再利用微信群接受投注是否构成"代理"情形。在本案中，行为人并不像传统网络赌博一样，通过利用网络赌博网站进行严格的上下级代理，而是将下级代理的形式转换成了微信群的形式，但是其本质与目的与传统网络赌博都是一样的。行为人在微信群内利用微信红包或转账形式，接受他人的投注，从中抽头渔利，将赌客投注的钱款直接投入到网站之中，又接受返水，变相的成为赌博网站的下级代理，完全构成赌博网站代理的要件，应构成开设赌场罪。如果局限与传统观点的理解，则可能认为此种情形属于网络聚众赌博罪。

（三）组织、招引他人到赌博网站参赌行为的认定

为赌博网站招募、发展会员属于开设赌场的帮助犯，一般表现为通过发布广告、链接等方式组织、招引他人到某赌博网站参赌，根据赌资或会员人数抽头。但是，聚众赌博一般也表现为组织、招引他人到某赌博网站参赌，也是根据赌资或会员人数抽头。

---

① 《武磊、常远会开设赌场案》，三门峡市中级人民法院〔2019〕豫12刑终213号刑事判决书。

二者的区分应当考虑以下内容：①其一，行为的主观目的。聚众者的目的限于组织他人参赌，以此营利；而发展会员目的是使网站的发展壮大，并通过对会员的抽水和网站的返水获利。其二，行为的稳定性。聚众赌博者招引他人参赌的网站可能并不固定，其熟知的赌博网站都在其引荐之列，故行为相对随意、无序，行为对象也往往仅局限于其人际关系网。而开设赌场即使是帮助犯，也具有相对的稳定性、连贯性，行为人与该赌博网站有某种固定关系，如系某赌博网站负责推广、招募会员的专职人员、注册的代理会员、针对不特定对象发布同一赌博网站链接等。就是说，如果仅以营利为目的，将自己掌握的赌博网站的网址、账户、密码等信息发给多人，组织多人进行网络赌博活动，其行为不属于刑法规定的"开设赌场"，符合聚众赌博标准的，应认定为聚众赌博罪。

需要注意的是，按照《解释》中的规定"组织中华人民共和国公民 10 人以上赴境外赌博，从中收取回扣、介绍费的"行为被认定为涉嫌赌博罪而非开设赌场罪。但是，根据《跨境赌博意见》第二条第一款第 3 项的规定，将招揽他人境外赌博的行为按照行为主体的特殊性，认定为构成开设赌场罪而非赌博罪，境外赌场"老板""管理人员"及其"雇佣、指派"的"打工人"。而且当招揽他人境外赌博的人从"赌场"获得费用、其他利益的，将被定性为开设赌场行为，而如果招揽人只是从"参赌人员"中获取费用、其他利益的则仍然被定性为"赌博"行为。

综上，刑事诉讼的目的不仅是打击犯罪，更是为了保障人权，对于开设赌场罪与赌博罪这两类实质上独立的犯罪行为，基于二者量刑方面的差异，应当准确界定，以保护被告人的合法权益，同时也有利于我国司法公正的实现。

第三节　帮助信息网络犯罪活动罪

随着开设赌场罪的网络化发展，行为人是构成开设赌场罪的共犯，还是单

---

① 戴长林：《网络犯罪司法实务研究及相关司法解释理解与适用》，人民法院出版社，2014 年版，第 75—76 页。

独的帮助信息网络犯罪活动罪、非法利用信息网络罪等具体罪名，成为处理该类案件时必须考虑的问题。

一、帮信罪法律规定

（一）法律法规

网络开设赌场罪离不开技术手段的支持帮助，与传统犯罪相比，网络犯罪往往要借助搭建网站、IP 跳转等技术实施，从而衍生出一系列犯罪下游黑产，严重损害了网民利益，破坏了社会秩序。2015 年的《刑法修正案（九）》，增加了第二百八十七条之二，即帮助信息网络犯罪活动罪，俗称"帮信罪"。

2019 年两高发布《关于办理非法利用信息网络、帮助信息网络犯罪活动等刑事案件适用法律若干问题的解释》（简称《帮信解释》，[①] 明确了帮信罪条文的含义以及具体适用情形。两高一部《跨境赌博意见》《电信网络诈骗意见》也涉及帮信罪的规定，主要讨论数罪的处理问题。

浙江省高院会议纪要里，[②] 关于帮信罪明确提到"明知自己经营的网络游戏被他人用于网络赌博的情形下，拒不整改，不履行《网络信息服务管理办法》规定履行停止服务等义务，也不向公安机关报告，为他人网络赌博提供便利的，以帮助信息网络犯罪活动罪论处"。

2022 年 3 月 22 日的两高一部《关于"断卡"行动中有关法律适用问题的会议纪要》，关于帮信罪中行为人是否"明知"他人利用信息网络实施犯罪的问题，根据主客观相一致原则，提出七个标准判定帮信罪主观明知，审慎认定主观明知问题。

（二）适用情况

根据报道，[③]2021 年全国刑事案件中，"帮助信息网络犯罪活动罪"首次进入案件量排名的前十，以 4.7 万件位列第七。2020 年 10 月"断卡"行动以来，

---

① 2019 年 11 月，最高检联合最高法出台《关于办理非法利用信息网络、帮助信息网络犯罪活动等刑事案件适用法律若干问题的解释》，法释〔2019〕15 号。

② 浙江省高院、高检及公安厅 2020 年 11 月 26 日联合发布的《关于办理跨境赌博相关刑事案件若干问题的纪要（试行）的通知》。

③ 2021 年 11 月 23 日上午，最高人民法院新闻发布会公布本年度案件相关数据。

检察机关起诉涉嫌帮信犯罪案件上涨较快，目前起诉人数在危险驾驶罪、盗窃罪之后，排名第三。[①]

本书以"帮助信息网络犯罪活动罪"为关键词在中国裁判文书网上进行全文检索，截至 2023 年 2 月 19 日，裁判文书数量如下图 11-2 所示：

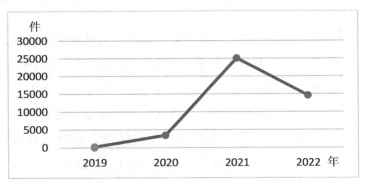

图 11-2：帮信罪案件数量图

数据来源：中国裁判文书网，检索日期：2023 年 2 月 19 日。

分析以上数据可见，2019 年只有 197 个案件，但 2019 年《帮信解释》出台后案件剧增，司法解释为法院适用帮信罪提供了更加明确的条件和标准，可操作性的适用规则，使得帮信罪被更广泛适用。检察机关 2021 年共起诉帮信犯罪近 13 万人，2022 年上半年起诉达 6.4 万人。从地域上来看，湖南、河南、广东、浙江和广西排在全国前列，案件数量都超过 2000 件。从程序上来看，多数为一审案件，二审数量较少，可以看出帮信罪的上诉率极低，且案件中被告人几乎都存在退赃、退赔、自首、坦白等情形。

上述最高检发布的内容表明，帮信罪多以犯罪团伙形式实施，如"卡农—卡商—卡头"的组织模式，分工相对明确，便于持续性、规模化为上游犯罪提供支持帮助。从案件看，帮信行为的上游电信网络犯罪主要集中在电信网络诈骗、网络赌博等领域，主要有一是非法买卖"两卡"，为上游犯罪提供转移支付、套现、取现的工具，80% 以上；二是提供专业技术支持、软件工具，如

---

① 《最高检发布："帮信罪"正式成为我国第三大罪名，大量学生涉案！》，法律新视野公众号，2023-02-17。

GOIP 设备、批量注册软件等；三是开发专门用于犯罪的黑产软件工具，如秒拨 IP 等，逃避监管或规避调查。

2010 年《意见》中明确提到，明知是赌博网站，还为其提供服务的，属于开设赌场罪的共犯行为。通过对比法条可见，帮信罪的构成要件与开设网络赌场中规定的共同犯罪情形几乎完全相同，二者犯罪构成要件的主客体方面一致，在客观行为内容也基本相同，即行为人向被帮助人提供互技术服务或帮助，这就必然涉及如何认定帮信罪与下游犯罪罪名的问题。

从检索的案件来看，在帮信罪的认定上仍存在一些不确定性。仅从条文上来看，该罪存在定义不明、界限不清的问题，因此司法实践中定性选择的具有不确定性，甚至同案中的近似帮助行为不同判的现象也偶有存在。在考察"明知"要件成立后，是以实行犯触犯的罪名定性还是帮信罪定性仍未有确定标准，如何选择罪名更多的是取决于其他因素。由于大多数帮助行为人主观上可能只概括明知下游犯罪内容，刻意提供帮助的可能性低，主观恶性较小，且其行为本身可以是中立的帮助行为或独立的合法行为，按实行犯的共犯或帮助犯处罚可能偏重，在下游犯罪构成更严重犯罪时，更倾向于以量刑较轻帮信罪定罪处罚，这也是多数辩护人的罪轻辩护方向。

二、帮信罪的理解与适用

《刑法》第二百八十七条之二第一款内容是对帮信罪的定义：指针对明知他人利用信息网络实施犯罪，为其犯罪提供互联网接入、服务器托管、网络存储、通讯传输等技术支持，或者提供广告推广、支付结算等帮助的行为。

帮信罪虽然作为一个独立的罪名，但在性质上尚未达成共识，有对中立帮助的处罚说，帮助行为正犯化说和量刑规则说等多种观点。从法条规定来看，帮信罪这种新型网络犯罪其并不依附于传统网络犯罪，凭借其直接联络广大网络用户的能力，在犯罪产业链上独立生存，所起的作用并非只是辅助性的，而是不可或缺的关键条件。[①] 在帮信罪适用推定明知原则下，定罪门槛较低，互

---

① 皮勇：《论新型网络犯罪立法及其适用》，载《中国社会科学》2018 年第 10 期。

联网人员特别是技术人员，应当增强风险意识，避免构成帮信罪犯罪。

（一）构成要件

根据以上法条规定，帮信罪构成要件是：其一，主观上要求明知；其二，明知的内容必须是"他人在利用信息网络实施犯罪"；其三，客观行为是为犯罪活动提供了技术支持和业务帮助两类行为；其四，该罪是结果犯，需要达到情节严重才构成本罪。

1. 主观上明知的认定

根据两高《帮信解释》的条文规定，本罪认定的关键是行为人的主观方面，即行为人主观上是否"明知"是构成帮信罪的前提条件。行为人的主观心态必须为故意，也即必须明知他人利用信息网络实施犯罪而提供帮助，反之，不构成帮信罪。

有观点认为，帮信罪的"明知"是指知道他人必然会或者可能会利用信息网络实施犯罪，完整对应直接故意（确定的故意）和间接故意（未必的故意），是广义说和狭义说之外的"平义说"。①

与传统犯罪团伙不同，帮信犯罪团伙内部不同层级、成员之间往往不曾谋面，平时主要通过网络以代号、暗语等方式联系，看似联系"松散"实则"心照不宣"协作紧密，"明知"的认定难度更大。

"明知"应当是明确地知道，但是直接证明"明知"的证据只有被告人的有罪供述，但往往难以取得且不稳定，司法解释又规定了推定证明的方法，依据反常的事实来推定行为人"明知"他人犯罪，除非有相反证据推翻。《帮信解释》第十一条列举出了下列七种情形：

（1）经监管部门告知后仍然实施有关行为的。此种情形包括三部分内容，告知的主体是网信、电信、公安等监管部门，告知的内容是他人利用其提供的技术支持或者帮助实施犯罪，告知的形式是不要求书面，只要有相关证据可以证明已经告知即可。告知后如果及时按照要求整改，没有实施有关行为，或者证据证实监管部门没有告知行为人，则表明不存在明知情形。

---

① 冀洋:《帮助信息网络犯罪活动罪的证明简化及其限制》，载《法学评论》2022年第4期。

（2）接到举报后不履行法定管理职责的。其中，"举报内容"是他人利用其提供的技术支持或者帮助实施犯罪；"管理职责"是不按照网络安全法等法律法规履行停止提供服务、停止传输、消除等处置义务的。此种情形比较明确，如在接到举报的网站为赌博网站后，立即采取了关停、删除、报案等措施，没有继续为网站提供服务的，可以认定为主观上不明知。

（3）交易价格或者方式明显异常的。"明显异常"的标准是"行为人的交易价格明显偏离市场价格，交易方式明显不符合市场规律"。对此最高院在条文解读中举了一个例子：第三方支付平台从一般的支付活动中收取 1.5% 的费用，而在赌博案件中第三方支付平台收取超过 10% 的费用。这种差异属于明显异常的情况，可以看出该第三方支付平台对服务对象从事犯罪活动实际上是"心知肚明"的，故推定其具有主观明知。该类犯罪模式主要表现在第三方支付平台为其他犯罪主体提供支付支付接口，或者支付接入通道帮助。实务中，如果行为人收取的费用是符合市场价收费标准的，那么就有可能不构成犯罪。

（4）提供专门用于违法犯罪的程序、工具或者其他技术支持、帮助的。对于"专门"的定义，最高院的解释是"不是正常生产生活和网络服务所需，只属于为违法犯罪活动提供帮助的专门服务的"，比如建设"钓鱼网站、制作专用木马程序等"。随着网络犯罪的分工细化，滋生出了专门用于违法犯罪的活动，如：替人开发小程序、App 等服务，但并不是从事上述行为就一定构成犯罪。例如，检察院认为："在案证据无法证实销售的软件用途，无法在销售的软件和实施犯罪的软件之间建立联系，行为人的行为不符合起诉条件。"①

（5）频繁采用隐蔽上网、加密通信、销毁数据等措施或者使用虚假身份，逃避监管或者规避调查的。

（6）为他人逃避监管或者规避调查提供技术支持、帮助的。

（7）其他足以认定行为人明知的情形，属兜底情形。

此外，2021 年《关于办理电信网络诈骗等刑事案件适用法律若干问题的

---

① 芜湖市南陵县人民检察院南检刑不诉〔2019〕23 号不起诉决定书。

意见（二）》，^① 对涉"两卡"（即手机卡、信用卡）的帮信罪进行了补充规定；2022 年《关于"断卡"行动中有关法律适用问题的会议纪要》^②第一条列七种"作为"情形，对其构成"明知"与否做出判断。

有观点认为，上述所列十三种"作为"情形之外，并不代表其一定不"明知"，即使在上游被告人尚未到案，被告人与被帮助人的犯意联络无法查清时，仍然应当综合全案证据，结合被告人的认知能力、既往经历、交易对象、与上游信息网络犯罪被告人的关系、相关行为是否违反法律的禁止性规定、被告人的辩解是否合理等情况进行综合判断，只要不同种类证据之间相互印证，能够认定被告人应意识到其"不作为"具有基本法益的侵害性，仍放任危害结果的发生，就应当推定被告人主观"明知"。^③

案例：张某开设赌场案^④

被告人张某在网上认识一名网友，应网友要求向其提供一款可以用于计分、理数的软件，并收取服务费。判决法院认为张某明知他人利用网络实施赌博犯罪活动，仍然提供帮助并从中获利，构成开设赌场罪。本案张某属于提供软件并收取服务费同时有明知的故意。

2. 明知的内容

明知的内容是"他人在利用信息网络实施犯罪"。该罪的"明知"应当限定解释为"确切知道"下游犯罪的性质和现实发生，认识到所实施的是严重社会危害行为，但不要求知道其具体活动内容。

案例：余某不起诉决定^⑤

在余某一案中，犯罪嫌疑人余某明知他人利用信息网络实施犯罪，仍向黄某某出售三个 QQ 及服务器七天的权限，致使苏州某公司被骗取人民币 560 余万元。法院认为：帮助信息网络犯罪活动罪中对于明知不应解释为泛化的可能性认知，

---

① 两高一部 2021 年 6 月 17 日《关于办理电信网络诈骗等刑事案件适用法律若干问题的意见（二）》（法发〔2021〕22 号）。

② 两高一部 2022 年 3 月 22 日下发的《关于"断卡"行动中有关法律适用问题的会议纪要》。

③ 张三保：《浅议帮信罪"不作为"之放任》，江苏检察网清风苑，2022-09-13。

④ 《张硕开设赌场一案》，广昌县人民法院〔2020〕赣 1030 刑初 16 号刑事判决书。

⑤ 苏州市虎丘区人民检察院虎检诉刑不诉〔2019〕26 号不起诉决定书。

而应当限制为相对具体的认知，认定被不起诉人余某某主观明知他人购买 QQ 的目的将用于信息网络诈骗犯罪的证据不充分，不构成犯罪。

对于被帮助的犯罪行为的证明程度，司法解释规定："被帮助对象实施的犯罪行为，但尚未到案、尚未依法裁判或者因未达到刑事责任年龄等原因依法未予追究刑事责任的，不影响帮助信息网络犯罪活动罪的认定。"

可见，帮信罪的成立需以被帮助行为构成犯罪为前提，但只需查证确认存在该犯罪即可，因为网络犯罪的技术性高、隐蔽性强，"查证属实"并非易事，司法解释作出特殊规定，不要求被帮助对象构成犯罪亦可定帮信罪，同时又明确了两个适用条件：一是确因客观条件限制无法查证被帮助对象是否达到犯罪的程度；二是相关数额总计达到情节严重标准五倍以上，或者造成特别严重后果的。此外还强调适用情形为"帮助对象人数众多"，而"对于帮助单个或者少数对象利用信息网络实施犯罪的，必须以被帮助对象构成犯罪为入罪前提"。

案例：俞某某等开设赌场罪一案[①]

被告人张某系浙江雪马公司实际经营人，受被告人俞某某等委托开发了"小鱼在线"网络游戏平台，内有"杭州麻将""富阳麻将""富阳八张"等游戏，有房卡模式和积分场模式，收取服务费 5 万元。法院判决认为，被告人张某明知他人利用游戏平台、微信群等进行聚众赌博犯罪活动，仍为他人提供平台开发、后台维护等服务，收取服务费，其行为已构成开设赌场罪。本案张某属于提供游戏服务并收取服务费同时有明知的故意。

3. 客观行为及后果

行为人客观上提供了技术支持或业务帮助。要想确定何种具体行为属于帮信罪的行为，需要结合具体案例确定，例如"提供互联网接入"，简言之就是为帮助对象提供了上网的便利、帮助等，常见有三种成立犯罪情形：

一是行为人与他人合谋，为之利用信息网络实施严重犯罪提供技术支持和帮助；二是行为人片面帮助他人利用信息网络实施严重犯罪；三是行为人与相互独的多人合谋或者片面帮助多人利用信息网络实施轻罪，单独评价对各人

---

① 《俞瑞齐等开设赌场罪一案》，浙江省海宁市人民法院〔2019〕浙 0481 刑初 294 号刑事判决书。

的帮助行为尚不达应受刑罚处罚的严重程度，但是，帮助多人犯轻罪整体属于严重情节，具有"积量构罪"结构。该情形不构成帮助犯，只构成帮信罪。[①]

至于后果，程度要达到情节严重情形。司法解释提出了七种具体的情形及一种特殊的入罪标准，此处不再赘述。

案例：柴某某帮信罪一案[②]

被告人柴某某经营某网络开发有限公司，开发专门的加密通信软件。期间曾收到用户关于聊天软件有涉赌信息的举报，但未进行防范和改善，继续经营。判决法院认定柴某构成帮助信息网络犯罪活动罪。本案柴某某属于提供应用程序未起到防范作用没有主观上涉赌的故意，构成帮信罪。

（二）区分帮信罪与开设赌场罪共犯

根据《意见》的规定，实务中通常以犯罪金额作为定性区分标准，如果收取的服务费数额达到2万元以上，以开设赌场罪的共犯论处；尚未达到2万元的，可能构成帮信罪。《跨境赌博意见》出台之后，删除了犯罪金额要求，入罪门槛更低。因此，行为人为赌博网站提供技术服务或者帮助并收取服务费的行为，在定性上是帮信罪，还是开设赌场罪共犯，存在较大争议。

1."明知"情形

若在案证据能够证明行为人与被帮助对象存在共谋或至少有过犯意联络，且明知对方所实施的是网络开设赌场犯罪行为，则构成开设赌场罪的共犯。即主观上考察行为人是否具有赌博或开设赌场或建立、经营赌博网站的共同犯意，客观上考察是否具有参与开设赌场嫌疑人的密谋、建立、研发、经营运作、出租赌博网站等一系列违法活动，行为人主观明知是解决定性问题的关键。

（1）就技术帮助而言，行为人是否负责维护应用程序是重要因素，如果在案证据证实行为人仅负责开发应用程序，涉赌功能是在交付后二次开发的，后期使用维护等均与行为人无关，则很难认定行为人存在明知。

是否参与收益分成，也影响行为人主观明知判断。开发费用是一次性付清

[①] 皮勇：《论新型网络犯罪立法及其适用》，载《中国社会科学》2018年第10期。
[②]《柴某申一审刑事案》，深圳市南山区人民法院〔2020〕粤0305刑初357号刑事判决书。

的，还是收取开发费用加后续收益分成，也可以判断行为人主观上是否具有通过他人实施网络赌博犯罪活动继续谋利的意图，主观上的明知情形。

至于行为人开发的应用程序能否认定为赌博类型的应用程序，如果该应用程序具备赌博功能，一般可以认定为开设赌场罪的共犯，反之则构成帮信罪。如果该应用程序本身不具备赌博功能，则需要核实该程序能否进行资金结算特别是虚拟货币的双向兑换功能，或是否具有无风险防范措施比如禁赌的模块功能，非赌博类型的应用程序会设置风险触发机制，对违规行为及时进行制止，停止登陆、注销账号等。

（2）就支付结算帮助而言，如前述，银商可以分为三类，存在自发银商的情况下，如果后续的发展出现明知存在犯罪的情形下，自发银商转化为指定银商，则双方都可能构成犯罪。

案例：唐某等开设赌场案①

公诉机关指控，唐某某等明知他人利用信息网络实施犯罪，为其犯罪提供支付结算帮助，应当以帮信罪追究刑事责任。后又变更指控认为，明知是赌博网站而为其提供资金支付结算服务，是开设赌场罪。法院认为，唐某某等明知所谓的"跑分"平台是为赌博网站进行资金支付结算，依然共同参与到该平台来，进行实际的赌资等资金转账，为赌博网站提供资金支付结算服务，其行为属于开设赌场罪的共同犯罪，构成开设赌场罪。

可见，应考察行为人明知的具体内容，仅"明知他人利用信息网络实施犯罪"，但不知道他人开设网络赌博平台，那么行为人为其提供资金支付结算服务仅构成帮信罪；若行为人"明知他人开设网络赌博平台"，那么行为人既构成帮信罪，又构成开设赌场罪的共同犯罪，属于想象竞合择一重罪处断，以开设赌场罪定罪处罚。《跨境赌博意见》第四条第（五）项规定：构成赌博犯罪共犯，同时构成非法利用信息网络罪、帮信罪等罪的，依照处罚较重的规定定罪处罚。

总之，网络赌博犯罪的帮助行为也是复杂多样，应根据主客观相统一的原

---

① 《唐国益、卢恒等帮助信息网络犯罪活动罪案》，广安市中院〔2021〕川 16 刑终 52 号刑事判决书。

则，对各种情形予以有效区分，认定行为人构成开设赌场罪还是帮信罪。

2. 利用合法游戏网站，存在推定明知情形

在真实案件的审理中，间接证据往往多于直接证据，印证推定往往多于证明，故应对推定明知情形合理分析。如果将"明知"理解为"可能知道"，则可能造成帮信罪的扩大适用，并不利于网络技术的正常发展。

上述唐某某案是开设赌场罪的共同犯罪，还有一种较为特殊推定明知情形，即银商或代理商利用了合法游戏网站的情形。

（1）网站经营人员构成帮信罪

若在案证据仅能证明行为人知道被帮助对象是在利用信息网络实施犯罪行为，但不确知具体所实施的到底是何种犯罪行为的，则构成帮信罪。

案例：熊某等开设赌场案①

公诉机关指控被告人熊虎作为公司负责人，聘用被告人渠某等组织研发未来棋牌类、H5 类赌博游戏，招募代理，进行赌博，经司法会计鉴定，公司从销售虚拟房卡（钻石）中获利 3 亿余元，应当以开设赌场罪追究其刑事责任。

本案中，涉案公司研发的系符合规定的正规游戏，网站不是赌博网站，熊某等人为推广游戏而招聘代理，单纯游戏软件营销、推广行为，如不违反规定并不犯罪。在案证据表明，仅有部分代理供述推广人员有指导、协助组织赌博的行为，但该行为是公司的要求，还是推广人员为了自身业绩擅自所为，并不能以证据证实。

最终法院认为：代理人员开设赌场不是在被告人熊某等人及涉案游戏公司的领导、指挥等管理之下实施，具有自主实施、不受限制和控制、赌资收益不受抽水等特点，故熊某等人没有设置赌博网站，没有研发赌博游戏，没有自己开设赌场，也没有与他人共同开设赌场，其只是对明知他人使用其游戏开设赌场，并积极予以协助、配合和提供帮助，该行为应当构成帮助信息网络犯罪活动罪。

---

① 《熊虎、陈斌开设赌场一案》，河南灵宝市人民法院〔2019〕豫 1282 刑初 430 号刑事判决书。

（2）唐某的代理人员王某某等构成开设赌场罪

案例：王某某等开设赌场案^①

法院认为，熊某等人成立三只小熊公司，研发网络游戏，招聘王某某等人负责游戏的销售和推广工作，他们通过招募代理以及代理发展下线，由代理建微信群组织玩家进行线上赌博。王某某又指派邹某等去它市发展市场，层层发展代理，由代理组建微信群邀请玩家进行线上赌博，通过销售游戏房卡"钻石"抽头渔利，其行为均已构成开设赌场罪。

本案中，代理人员层层又设立下级代理和发展下线，虽然代理人员建立微信赌博群，利用合法游戏平台的游戏数据进行赌博，但是在案证据不能证明代理人员和游戏公司之间有明确的指导、协助关系，可以推定推广人员为了自身业绩擅自所为，故这一系列的涉案人员分别构成不同的罪名。

根据《意见》的规定："明知是赌博网站的而为其提供下列服务或帮助的，属于开设赌场罪的共犯......"行为人客观上提供了开设赌场的帮助行为，但其主观上一定要存在"明知"。如果行为人仅仅认识到自己在实施犯罪，而没有认识到其他犯罪人在配合，或者行为人虽然认识到他人在实施犯罪，但自己却未以行为或语言表明自己决意参与该犯罪，那么二者之间就因缺乏意思联络而未形成共同的犯罪故意，因而不构成共同犯罪。

判断行为人是否构成共犯的难点在于如何认定"明知"，无论以上哪种情形，应合理认定该罪的"明知"和下游"犯罪"。当无法查清行为人与被帮助人具有共同实施开设赌场犯罪的犯意联络，不应当以开设赌场罪的共犯论处。只是知道其提供技术支持的网站被用于犯罪，客观上除提供技术服务外未参与其他的具体犯罪行为，也未从犯罪所得中领取不合理的报酬，应认定为帮信罪。

综上，构成帮信罪，以明知他人利用信息网络实施犯罪为前提，相关司法解释对于主观明知进行了较为详细的规定，如果行为人并不具备上述主观明知的情况，不应作为犯罪处理。

---

① 《王青华、王增远开设赌场案》，三门峡市中院〔2019〕豫 12 刑终 241 号刑事判决书。

第三节　其他罪名

当前网络犯罪主要表现为侵犯计算机信息系统安全犯罪、传统犯罪的网络化、与之有共生关系的新型网络犯罪和侵犯数据的犯罪。有些罪名与网络开设赌场犯罪也有一定的关联性，在相关案件的处理时，需要对这些罪名的理解与适用有基本的认识。

一、非法利用信息网络罪

《刑法修正案九》对网络型犯罪有两条补充规定：第 287 条之一是"非法利用信息网络罪"，指利用网络组建用以实施犯罪的网站或群组，发布、交流犯罪方法及信息，情节严重的行为。第 287 条之二则是关于帮信罪的规定。两罪最高刑期均为三年有期徒刑，单位可以是该罪主体，若与其他罪构成想象竞合，以处罚较重的论处。

网络型开设赌场罪与非法利用信息网络罪在罪状的描述上也很相似，共犯行为类型又与帮信罪高度重合，三个罪名都涉及网络型犯罪行为，有必要对三者进行界分。

现行刑法第 287 条明确了使用计算机进行金融诈骗、盗窃等犯罪的，依据刑法相关规定处罚，该条实为网络型犯罪的"提示性规定"，不是说网络犯罪及其帮助犯就当然以该罪论处，而"非法利用信息网络罪、帮助信息网络犯罪活动罪"系此条附加罪名，理应受此条规制，《解释》将网络型开设赌场行为纳入开设赌场罪，也正与"注意规定"契合。

少数网络从业人员，为他人的犯罪活动提供网络传播消息的渠道及技术支持，实际并未参与犯罪，也无共同犯罪故意，不符合传统"共同犯罪"的理论，但该类行为与普通的网络型违法违规行为比社会危害性更大，《刑法修正案九》将这种行为独立出来，有其存在的意义。但作为兜底性条款，在适用过程中应遵循"特殊优于一般"的原则，对刑法相关条款有其他明确罪名的，首先考虑以该相关规定进行处罚。故若行为人构成赌博类罪名的同时也构成上述二罪，则依赌博类罪名处罚。

案例：郭某某非法利用信息网络罪一案 [①]

郭某某租用未备案的服务器源代码，自行设立赌博网站达 34 个，应租客黄某等人（均另案处理）要求发送、更新网站链接，对网站版面中的股东、代理增减、会员注册下单、注单更正、回水退水、信用返点、开盘开奖、赔率赔付等事项进行设置，通过微信沟通发布信息、后台操作的方式对运行过程中出现的技术问题提供网络维护服务，同时定期向租客收取租金。法院认为，被告人郭某某利用信息网络设立用于实施违法犯罪活动的网站，情节严重，其行为已构成非法利用信息网络罪。

二、非法经营罪

行为人违背了国家相关制度，违法经营且情节严重，扰乱市场秩序的行为构成非法经营罪。

1979 年，我国取消了投机倒把罪，后专门增设非法经营罪，目的在于以法律强制力对限制经营、专门经营、特许经营三类行为的市场准入严格监管，即进入相关市场领域必须获得授权，以维护国家的经济管理秩序。

开设赌场罪与非法经营罪的区别比较明显。从客体上来看，非法经营行为严重破坏了我国特定行业的市场秩序，故国家利用强制手段对经济运行进行控制，确保国家在资源配置中发挥主导作用。开设赌场罪侵犯的则是良好的社会淳美风俗，而非社会主义市场经济秩序；从客观方面来看，非法经营涉及的经营活动在限制规定出台之前是合法的，只要经营者依照审批程序获得有关部门的行政许可执照，这些特定的物品、行业都允许正常经营。开设赌场从本质上来讲就是一种违法行为，开设赌场无论是在过去还是现在都是我国刑法明确禁止的行为；单位具备非法经营罪的犯罪主体资格，而开设赌场罪的犯罪主体不包含单位。

[①] 《郭楚祥非法利用信息网络罪一案》，佛山市南海区人民法院〔2021〕粤 0605 刑初 930 号刑事判决书。

（一）开设赌场罪与非法经营罪的关联

开设赌场罪是为了营利，本身就是一种营业性犯罪，而营业性犯罪与非法经营罪本身就存在一定的相似性，但从所侵犯的客体来看，二者根本不同。之所以出现交叉重合关系，主要在于客观方面没有统一的司法认定标准，带来认定界限不清晰。

案例 1：甘某开设赌场案 ①

2019 年 8 月至 10 月，被告人甘某在某民宅开设赌场，接受"六合彩"赌博投注，后被公安机关抓获。经核对甘某收款收据本及微信扫码本发现，其销售金额累计达 8 万余元。法院认为，甘某的行为构成开设赌场罪，判处有期徒刑 8 个月并处罚金。

案例 2：叶某非法经营案

2018 年 5 月至 2019 年期间，家住浙江省庆元县的被告人叶某以营利为目的，非法接受他人六合彩投注，累计接受投注金额合计人民币 60000 余元，情节严重。庆元县人民法院以被告人叶某构成非法经营罪判处有期徒刑 6 个月，缓刑 1 年，并处罚金 2000 元。

以上两个案例案情类似，但判决结果却不一样。原因在于参照了不同的司法解释进行定罪处罚。案例 1 参照的司法解释是 2010《意见》中网络开设赌场行为的规定，认定为开设赌场罪。案例 2 参照的是 2005 年《解释》规定，将擅自发行、销售彩票行为属于非法经营罪，并以该罪定罪处罚。然而，两个判决都并没有太大的争议性，因为 2010 年《意见》出台后并没有否定 2005 年《解释》的效力问题，这就导致了司法认定过程中的冲突。

（二）构成竞合的情形

1. 非法生产、销售赌博机或赌博游戏软件并向赌场供应的，如果情节严重，应认定构成非法经营罪。

根据《赌博机意见》第四条"关于生产、销售赌博机的定罪量刑标准"的规定，即"以提供给他人开设赌场为目的，违反国家规定，非法生产、销售具

---

① 福建省福州市仓山区人民法院〔2020〕闽 0104 刑初 75 号刑事判决书。

有退币、退分、退钢珠等赌博功能的电子游戏设施设备或者其专用软件，情节严重的，依照刑法第二百二十五条的规定，以非法经营罪定罪处罚"，即生产销售具有退币功能的计算机游戏专用软件，若构成非法经营罪还需要符合"以提供给他人开设赌场为目的""情节严重"等构成要件，对相关司法解释未明确认定该行为为非法经营罪的，不应擅自做扩张性解释。

2.为赌博网站提供支付结算行为的定性。第四方支付逃避央行支付牌照监管和监督，直接无牌从事资金聚合式结算业务，即涉嫌触犯非法经营罪。若第四方支付仅提供通道，由平台注册商户自行与上下游商户进行资金结算，或者委托合法经营的第三方机构从事资金结算，因其未独立实施资金结算业务，不宜认定为非法经营犯罪，构成其他犯罪的，以该犯罪罪名认定。

案例：林某等非法经营罪[①]

被告人林某等人以点擎公司名义，在未获得支付结算业务资质的情况下，以银行或第三方支付平台为接口，自建支付结算系统，利用向他人收买、公司员工注册、下游商户提供等方式收集的大量无实际经营业务的壳公司资料（包括工商资料、对公银行账户、法人资料、虚构的电子商务网站等），在支付宝注册数百个公司账户，再将支付接口散接至上述账户，非法从事赌博资金支付结算业务。

法院认为：被告人搭建"第四方支付"平台，为赌博网站提供资金支付结算业务的行为，同时符合非法经营罪和开设赌场罪的构成要件，应择一重罪论处，以非法经营罪定罪处罚。

本案系新型的利用网络技术实施的为赌博网站提供非法资金支付结算业务的案件，构成一个行为损害多个法益的想象竞合关系，属于想象竞合犯，应当择一重罪论处。随着电子信息技术对经济社会的深入参与，第四方支付工具被用于违法犯罪的可能性也大大增加，对此类犯罪的防治，需要进一步整合技术逻辑与法律逻辑进行认定，经营主体也需要预防新型支付工具可能面临的违法风险。

---

① 《林稳、王应淇等非法经营罪一案》，杭州市中院〔2020〕浙01刑终406号刑事判决书。

三、非法吸收公众存款罪

《网络游戏管理暂行办法》第十九条（二）规定：发行网络游戏虚拟货币不得以恶意占用用户预付资金为目的。

我国《刑法》第176条明确规定，行为人如果违背金融管理方面的法律规定，直接（变相）吸纳不特定公众的存款，造成国家金融秩序混乱的，以非法吸收公众存款罪论。

根据上述规定，赌场开设者是否向不特定人员集资、是否产生了危害金融秩序的后果，是认定能否构成该罪的关键点。

无论是传统或是网络开设赌场类型，赌场都会为参赌人员提供充值现金、筹码兑换、虚拟币兑换等业务，参赌过程中，参赌人员会员账户中存放了大量具有现金价值的筹码、虚拟币，这些名目各异的参赌虚拟货币就是赌博资金的沉淀，人数越多金额越大，因而可能涉嫌非法吸收公众存款罪。

参赌人员在游戏网站上充值（购买虚拟货币）后，款项即进入了赌场开设者的账户，但并非立即因输赢等全部转移给其他参赌人员，而是沉淀在开设者账户中等待分配，形成"资金池"。赌资的流转是现金—筹码、虚拟货币—现金的过程，即在"资金池"的往返流动，因网络开设赌场的会员人数众多，赌资流水巨大，加之网赌游戏平台采取"促销"的优惠折扣吸引参赌人员大额充值，闲置在资金池内的资金数额惊人。这些资金完全由赌场开设者控制，实为变相向不特定群体吸纳资金，不仅违反了有关金融法规，还导致金融市场秩序严重混乱，构成"非法吸收公众存款罪"，且应当和开设赌场罪进行数罪并罚。实践中，虽然《网络游戏管理暂行办法》做出了规定，但并未检索到相关案例。

四、侵犯著作权罪

根据《著作权法》等相关法律法规的规定，游戏软件厂商或者个人作者开发的正版游戏软件，受著作权法保护。在未经著作权人许可的情况下，以经营为目的搭建私服，运营他人享有著作权的互联网游戏作品，属于一种对他人著作权的侵犯。

结合两高《关于办理侵犯知识产权刑事案件具体应用法律若干问题的解释》，如果私服与正版游戏之间在客户端程序文件名、内容以及服务端程序等方面是否具有实质性相似，就会被认定为是对正版游戏的一种"复制发行"，进而会被认定为构成侵犯著作权罪。

案例：龙某某、李某等侵犯著作权、帮助信息网络犯罪活动案 [①]

龙某某未经著作权人许可，在泰国利用电脑和远程控制软件协助"老大"（另案处理）架设、运营私服游戏《歪歪神武》。经鉴定，与广州多益网络公司自主研发的《神武》游戏程序相似度达"甚高同一性"。机械牛公司和程某明知上述违法犯罪行为，仍通过网上支付平台提供玩家充值通道和支付结算。法院认为，龙某某等构成侵犯著作权罪。机械牛公司明知龙某某、李某等人利用信息网络实施犯罪，为其犯罪提供支付结算帮助，构成帮助信息网络犯罪活动罪；程某是其单位直接负责的主管人员，应按帮助信息网络犯罪活动罪定罪处罚。

本案是一起因侵犯网络游戏著作权而引发的著作权犯罪、帮助信息网络犯罪活动罪案件。被告人通过境外服务器跨境运营与权利人的网络游戏具有高度同一性的网络游戏，作案方法新颖且有隐蔽性，在犯罪收益获取方面，亦是运用网络结算工具进行。

案例：李某某等侵犯著作权案 [②]

法院认定："被告人李某某通过非正当渠道获取《永恒之塔》服务端程序，后未经著作权人许可，以营利为目的，租用服务器搭建了《永恒之塔》私服。李某某、方某某、石某商量后，又共同搭建、经营名为"永恒之塔大师服"网络私服游戏，并通过向游戏玩家出售游戏装备、给玩家上权限、转职获利。其行为均已构成侵犯著作权罪。"

典型案例比较直观地反映了新型开设赌场犯罪的新变化和新特点，侵权网络游戏不抄袭代码即不属于犯罪的观念已经终结，对新类型网络侵犯著作权犯

[①]　广州市黄埔区人民法院〔2018〕粤 0112 刑初 1410 号刑事判决书。

[②]　《李刚强、方家俊等侵犯著作权案》，常州市天宁区人民法院〔2019〕苏 0402 刑初 616 号刑事判决书。

罪案件具有较高参考价值。

五、诈骗罪

诈骗罪，行为人以非法占有为目的，采用虚构事实情况、隐瞒事实真相的方法，骗取他人大额财物的行为。即"行为人实施欺骗行为—致使他人陷于认识错误—他人自愿处分财产—财产发生转移"。[①]

诈骗罪为一般主体，应具备非法占有、故意的主观要件，客体上侵害到他人的公私财产权益，客观方面体现为用虚构事实情况、隐瞒事实真相等方式蒙骗他人，他人受到影响即陷入错误认知后自愿的处分了自己的财产。

以开设赌场罪和诈骗罪的构成要件来分析，两者在主观方面、客体、客观方面三个层面均不相同，通常情况下，两者的区别较为清晰。就网络开设赌场而言，有以下两种情形需要进一步区分：

（一）"诱骗型赌博"

此类行为本质上属于赌博，行为人引诱并欺骗他人参赌，赌博输赢随机偶然决定，各参与者在赌博活动中地位公平，不受赌场开设者控制，因此应以赌博类犯罪论处。在马某等赌博罪案件中，[②]法院认为：曹某等人先共同预谋设立赌局引诱他人参赌，再通过直接参赌或串通作弊等行为获利，属于设置圈套诱骗他人参赌获取钱财的行为，根据最高人民法院相关批复意见[③]的规定，属赌博行为，构成犯罪的，应当以赌博罪定罪处罚。

（二）"设赌诈骗"

这一类型中，每一赌局的赌博结果早就通过作弊手段设置完毕，行为人稳赚不赔，参赌人员十赌九输，其只是按照套路送钱而已，即赌场开设者的出发点是非法占有，意图谋取、占有参赌人员的财物，而不是以营利为目的的渔利。

---

① 周光权主编:《刑法各论讲义》，清华大学出版社，2003年版，第125页。
② 北京市海淀区人民法院〔2015〕海刑初字第1047号刑事判决书。
③ 1995《关于对设置圈套诱骗他人参赌又向索还钱财受骗者施以暴力或暴力威胁的行为应如何定罪问题的批复》。

在实践中网络开设赌场行为往往与诈骗等犯罪行为紧密联系在一起，由开设赌场衍生出诈骗罪案件，二者区分的关键在于网络开设赌场是行为人的手段还是目的。

案例：王某、李某某诈骗、开设赌场案[①]

在本案中，被告人招募人员通过统一培训后，使用女性微信、相关话术等手段引诱被害人，进而在其赌博网站进行开户充值并下载 App，引导被害人进行押注，该平台通过网站后台提前知晓押注结果，通过后台操作控制输赢，从而骗取被害人钱款。被告人利用网络赌博平台实施"杀猪盘"式诈骗违法犯罪活动，最终法院认定其成立诈骗罪。

司法实践中，对"设赌诈骗"的定性有诈骗罪、开设赌场罪及应构成牵连犯择一重罪论处等观点，具体区分来说：

行为人在主观上是以非法占有为目的，客观上采用了欺诈的手段，架设网站后，私自改代码控制结果，支配、控制网络赌场的输赢，并使被害人产生了错误认识，"自愿"交付财物给行为人，赌资流动是单向的，仅仅由被害人流入"赌场开设者"，偶有赢钱也是行为人吸引其继续下注的诱饵。可见，这一行为虽披着赌博的外衣，但本质上仍为诈骗罪，网络开设赌场是手段行为，手段与目的牵连，应当以诈骗罪定罪处罚。

若行为人使用一些欺诈的手段，引诱他人加入网络赌场中，但目的是为了诱骗他人参与网络赌博，并不直接导致参赌人员处分财产，主要还是靠网络开设赌场的行为人对于赌场本身的控制来获得利益，且赌博胜负的大小具备一定的偶然性，赌资流是双向的，参赌者有输有赢，则仍然属于网络开设赌场的行为。

案例：覃某某诈骗案[②]

被告人覃某某与他人建赌博微信群，并邀集专门从事网络诈骗的"鱼手"（网络用语）来拉被害人进入该赌博微信群，进行充钱兑换游戏分进行名为"PC 蛋蛋"、"幸运 28"的赌博活动。被害人要求退分将游戏分兑换为钱时，四人则将

---

① 《王巍、李利红诈骗、开设赌场一案》，浦江县人民法院〔2021〕浙 0726 刑初 120 号刑事判决书。
② 湖南省桃江县人民法院〔2017〕湘 0922 刑初 7 号刑事判决书。

该被害人踢出该群，并将其拉黑后分配所得钱款。

法院认为，被告人伙同他人以非法占有为目的，虚构事实，隐瞒真相，骗取他人钱财，数额较大，其行为均已构成诈骗罪。

六、洗钱罪

刑法第191条是关于洗钱罪的规定，洗钱是指将犯罪或其他非法违法行为所获得的违法收入，通过各种手段掩饰、隐瞒、转化，使其在形式上合法化的行为。

行为人实施上述有关洗钱行为从而构成洗钱犯罪。在网络开设赌场犯罪中，非法第四方支付平台通过一系列违法操作，实现了赌客和网赌平台间的资金充值结算，把赌资"洗白"和转移。公安机关破获了大量的此类黑灰产团伙案件，查实的主要赌资洗钱方式包括：网银转账、跑分模式、注册电商平台虚假商户、虚拟币洗钱等方式，还包括社交群组红包、退款模式、刷单模式等。[1]

在"断卡行动"的持续严厉打击下，此前的网银转账方式已经式微，转向更加隐蔽的跑分模式，本书第四章已经作了分析。就注册电商平台虚假商户方式，是将赌资充值交易伪装成平台商户虚构的购物交易，借用电商平台支付通道实现赌资充值，再通过中间账户层层离析和归并转移。例如在某网络赌博案件中，洗钱团伙将专门的话费充值平台与境外赌博网站链接到一起，利用赌客充值的资金为正常充值客户完成话费充值，再将话费充值资金结转到赌博集团指定的账户中，完成赌资的"洗白"。

至于虚拟币洗钱方式，虽然我国监管机关明确禁止虚拟货币发行融资和兑换活动，但由于各个国家和地区对比特币、以太币等虚拟货币采取的监管政策存在差异，经由"外汇—虚拟货币—外汇"的传送链条，虚拟货币通过境外虚拟货币服务商、加密货币交易所（OTC）交易实质上可实现与人民币进行兑换，加之虚拟财产交易过程中均是匿名操作，虚拟货币很容易被利用成为逃避外汇管制、跨境清洗资金的工具。

---

[1] 陈铭：《网络赌博资金洗钱分析及监测防控建议》，载《安全内参》2021年7月23日，https://www.secrss.com/articles/32896，访问时间：2023年2月12日。

游戏运营者为了获取利益，留住游戏用户，对游戏中存在的违规违法行为经常视而不见，使得一些违法犯罪活动在游戏中蔓延，比如通过网络游戏进行诈骗、赌博、非法集资、传销等等。由于游戏市场发展迅速，游戏用户的身份信息无法做到完全真实，游戏虚拟财产在较大程度上可以进行市场流通，因此，通过网络游戏进行"洗钱"，也成为一种犯罪方式。

案例：潘某某洗钱案 [①]

在本案中，被告人潘某某与"阿陈"约定，在收到后者通过网络 QQ 信息诈骗得来的钱款后，将上述资金通过合法途径、正常价格购买某游戏的点券，再通过淘宝网将游戏点券低价转卖给他人的方式提取现金，随后交给陈某。起诉书指控被告人潘某某犯诈骗罪，法院认为，潘某某明知他人的资金是通过犯罪获得的非法资金，为了获取不法利益，将赃款通过游戏币转卖的方式变现转移，构成掩饰、隐瞒犯罪所得罪。

本案是通过网络游戏方式进行洗钱，行为人先将诈骗、盗窃、赌博等犯罪活动获取的非法资金，用于合法购买游戏币或游戏道具，再通过游戏平台或第三方交易平台，将这些游戏道具低价转卖出去，买家购买上述物品并将款项转入卖家指定的银行账户，这样赃款便转换成合法的收入。这一模式下的买家，可能是卖家的同伙，也可能是普通的游戏玩家，因而具有一定的隐蔽性。

需要注意的是，本案陈某的行为是诈骗犯罪的延续，不另外构成犯罪；诈骗行为人将由其实际控制的赃款通过网银转入被告人潘某控制的银行账户，潘某某再将该款转至网络市场通过买卖游戏币的方式套回现款，这一犯罪行为应为诈骗犯罪的下游犯罪，潘某某并不构成诈骗罪的共犯。潘某某明知陈某的资金是通过诈骗得来，而帮其"洗白"，因此被认定为掩饰、隐瞒犯罪所得罪。但相反的，如果潘某某对资金的来源并不知情，陈某并未向其告知，那么潘某某就不构成洗钱类犯罪。

也有的是通过游戏代练方式将赃款洗白。有部分玩家为了达到一定的游戏等级或获取特定的游戏道具等，会花钱委托一些职业游戏玩家为其"练号上

---

① 《潘文海犯掩饰、隐瞒犯罪所得罪》，襄州区法院〔2015〕鄂襄州刑初字第 00173 号刑事判决书。

分",但这种委托游戏代练方式并没有统一的市场定价标准,行为人可能互相串通,通过虚假的高价代练合同,将资金洗白。其他的直接通过网络游戏赌博、通过第三方交易平台交易游戏皮肤、装备等等,都可以成为洗钱的途径。

洗钱犯罪的要点是当事人对与相关资金的来源是否明确知情,而主观是否知情,又可以通过是否存在交易价格明显高于或低于市场价格、是否频繁更换银行账户进行交易等客观行为进行判断。

总之,开设赌场罪的关联罪名较多,是此罪还是彼罪,是一罪还是数罪,涉及刑法总论的原理和刑法分则各个罪名的规定,涉及罪数理论问题,还涉及吸收犯、牵连犯、想象竞合犯等各类犯罪形态,颇为复杂,需要认真分析。

在分析这些纷繁复杂的开设赌场犯罪现象时,首先应适用刑法总则的一般性规定,若有特殊规定的,应适用特殊优于一般的判定原则。分析涉及开设赌场行为的犯罪活动在个案中的罪数问题,应根据具体情况识别某些罪数形态的特征,区分一罪和数罪,最终确立不同罪数形态的处断原则,有助于对开设赌场犯罪正确定罪及量刑。

综上,刑罚的目的在于打击犯罪和保障人权并重,开设赌场罪是比赌博罪等更严厉的罪名,为保障被告人的合法权益,确保法律的准确适用,应严格厘清相关各罪的界限,恪守罪刑法定原则,真正符合宽严相济的刑事政策,更好地推进我国法治实施体系建设。

最后,我们以习近平法治思想中关于公平正义的论述作为本书的结尾,总书记指出:"要懂得'100-1=0'的道理,一个错案的负面影响,足以摧毁九十九个公正裁判积累起来的良好形象。执法司法中万分之一的失误,对当事人就是百分之百的伤害。"[1]

---

[1] 习近平:《在中央政法工作会议上的讲话》(2014年1月7日),载中共中央文献研究室编:《习近平关于全面依法治国论述摘编》,中央文献出版社,2015年版,第96页。

附录：网络游戏行业监管主要法律法规及政策

序号	文件名称	简称	制定机关（发布部门）、文件编号	生效日期	备注
1	《文化部关于加强网络游戏产品内容审查工作的通知》		文化部，文市发〔2004〕14号	2004年5月14日	
2	《关于办理赌博违法案件适用法律若干问题的通知》		公安部，公通字〔2005〕30号	2005年5月25日	
3	《关于禁止利用网络游戏从事赌博活动的通知》		新闻出版总署，新出音〔2005〕25号	2005年1月11日	
4	《非经营性互联网信息服务备案管理办法》		信息产业部，令〔2005〕第33号	2005年3月20日	
5	《关于办理赌博刑事案件具体应用法律若干问题的解释》	《解释》	两高，法释〔2005〕3号	2005年5月13日施行	
6	《公安部关于办理赌博违法案件适用法律若干问题的通知》		公安部，公通字〔2005〕30号	2005年5月25日	
7	《关于净化网络游戏工作的通知》		文市发〔2005〕14号	2005年6月9日	
8	《关于网络游戏发展和管理的若干意见》		文化部、信息产业部	2005年7月12日	
9	《关于规范网络游戏经营秩序查禁利用网络游戏赌博的通知》	《查禁赌博通知》	公安部、信产部、文化部、新闻出版总署，公通字〔2007〕3号	2007年1月25日发布	
10	《关于进一步加强网吧及网络游戏管理工作的通知》		文市发〔2007〕10号	2007年2月15日	

序号	文件名称	简称	制定机关（发布部门）、文件编号	生效日期	备注
11	《关于保护未成年人身心健康实施网络游戏防沉迷系统的通知》		新出联〔2007〕5号	2007 年 4 月 15 日	
12	《关于规范进口网络游戏产品内容审查申报工作的公告》		文化部办公厅，国办发〔2008〕79号	2009 年 4 月 24 日	
13	《关于加强网络游戏虚拟货币管理工作的通知》		文化部、商务部，文市发〔2009〕20号	2009 年 6 月 4 日	
14	关于贯彻落实国务院《"三定"规定》和中央编办有关解释，进一步加强网络游戏前置审批和进口网络游戏审批管理的通知		新出联〔2009〕13号	2009 年 9 月 28 日	
15	《关于改进和加强网络游戏内容管理工作的通知》		文化部	2009 年 11 月 13 日	失效
16	《关于加强网络游戏市场推广管理、制止低俗营销行为的函》		市函〔2010〕74号	2010 年 7 月 6 日	
17	《网络游戏管理暂行办法》	《办法》	文化部令第49号	2010 年 8 月 1 日施行、2017年12月15日修订	2019 年 7 月 10 日废止
18	《关于办理网络赌博犯罪案件适用法律若干问题的意见》	《意见》	两高一部，公通字〔2010〕40号	2010 年 8 月 31 日施行	
19	《网络游戏虚拟货币监管和执法要点指引》	《虚拟货币指引》	文化部办公厅，办市发〔2010〕33号	2010 年 10 月发布	
20	《互联网信息服务管理办法》		国务院令第292号	2011 年 1 月 8 日修订	
21	《"网络游戏未成年人家长监护工程"实施方案》		文市发〔2011〕6号	2011 年 1 月 15 日	

序号	文件名称	简称	制定机关（发布部门）、文件编号	生效日期	备注
22	《互联网文化管理暂行规定》		文化部令57号	2011年2月17日发布	2017年12月15日修订
23	《关于启动网络游戏防沉迷实名验证工作的通知》		新出联〔2011〕10号	2011年10月1日	
24	《关于开展棋牌类网络游戏专项核查工作的通知》		文化部文市函〔2012〕42号		
25	《网络文化经营单位内容自审管理办法》	《自审管理办法》	文市发〔2013〕39号	2013年12月1日	
26	《关于开展第十九批违法违规互联网文化活动查处工作的通知》		办市函〔2013〕453号		
27	《关于办理利用赌博机开设赌场案件适用法律若干问题的意见》	《赌博机意见》	两高一部，公通字〔2014〕17号	2014年3月26日	
28	《关于深入开展网络游戏防沉迷实名验证工作的通知》		新广出办发〔2014〕72号	2014年10月1日	
29	《文化部关于加强网络游戏宣传推广活动监管的通知》		文化部	2015年4月13日	
30	《关于落实"先照后证"改进文化市场行政审批工作的通知》		文化部文市函〔2015〕627号	2015年7月2日	
31	《网络出版服务管理规定》		广电总局、工信部令第5号	2016年3月10日	
32	《移动游戏内容规范（2016年版）》		音数协字〔2016〕第005号	2016年5月24日	
33	《关于做好移动互联网视听节目服务增项审核工作有关问题的通知》		国家新闻出版广电总局办公厅，新广电办发〔2015〕109号	2016年5月27日	
34	《关于移动游戏出版服务管理的通知》		新广出办发〔2016〕44号	2016年7月1日	

序号	文件名称	简称	制定机关（发布部门）、文件编号	生效日期	备注
35	《移动互联网应用程序信息服务管理规定》		国家互联网信息办公室	2016 年 8 月 1 日	
36	《关于加强网络视听节目直播服务管理有关问题的通知》		新 广 电 发〔2016〕172 号	2016 年 9 月 2 日	
37	《互联网直播服务管理规定》		国家互联网信息办公室	2016 年 12 月 1 日	
38	《关于办理电信网络诈骗等刑事案件适用法律若干问题的意见》	《电信网络诈骗意见》	两高一部，法发〔2016〕32 号	2016 年 12 月 19 日发布	
39	《互联网文化管理暂行规定》		文化部令第 27 号	2017 年 12 月 15 日修订	
40	《文化部关于规范网络游戏运营加强事中事后监管工作的通知》	《监管通知》	文市发〔2016〕32 号	2017 年 5 月 1 日施行	已废止
41	《关于严格规范网络游戏市场管理的意见》		中宣部、公安部等八部委	2017 年 12 月	
42	《关于加强棋牌类网络游戏市场管理工作的通知》		文旅部	2018 年 5 月	
43	《关于开展涉赌牌类网络游戏专项整治行动的通知》		文化和旅游部办公厅	2018 年 6 月	
44	《公安机关对部分违反治安管理行为实施处罚的裁量指导意见》		公通字〔2018〕17 号	2018 年 6 月 5 日	
45	《关于加强网络直播服务管理工作的通知》		"扫黄打非"办、工信部、公安部、文旅部、广电总局、国家网信办	2018 年 8 月 1 日	
46	《关于办理非法利用信息网络、帮助信息网络犯罪活动等刑事案件适用法律若干问题的解释》	《帮信罪解释》	两高，法释〔2019〕15 号	2019 年 11 月 1 日起施行	

续表

序号	文件名称	简称	制定机关（发布部门）、文件编号	生效日期	备注
47	《办理跨境赌博犯罪案件若干问题的意见》	《跨境赌博意见》	两高一部，公通字〔2020〕14号	2020年10月16日发布	
48	《人民检察院办理网络犯罪案件规定》			2021年1月22日施行	
49	《关于"断卡"行动中有关法律适用问题的会议纪要》		两高一部	2022年3月22日	
50	《关于办理信息网络犯罪案件适用刑事诉讼程序若干问题的意见》		两高一部法发〔2022〕23号	2022年9月1日施行	

参考文献

一、著作类

1. 陈瑞华：《刑事证据法》，北京大学出版社 2021 年版。

2. 高铭暄主编：《当代刑法前沿问题研究》，人民法院出版社 2019 年版。

3. 闻志强：《论刑法中的"明知"》，法律出版社 2019 年版。

4. 姜涛：《刑法解释的基本原理》，法律出版社 2019 年版。

5. 于志刚：《虚拟空间中的刑法理论》，社会科学文献出版社 2018 年第二版。

6. 刘静坤：《证据审查规则与分析方法》，法律出版社 2018 年版。

7. 任彦君：《犯罪的网络异化与治理研究》，中国政法大学出版社 2017 年版。

8. 张明楷：《刑法学》，法律出版社 2016 年第五版。

9. 高铭暄、马克昌主编：《刑法学》，北京大学出版社 2016 年第七版。

10. 黎宏：《刑法学各论》，法律出版社 2016 年第二版。

11. 戴长林：《网络犯罪司法实务研究及相关司法解释理解与适用》，人民法院出版社 2014 年版。

12. 郑毅：《网络犯罪及相关问题研究》，武汉大学出版社 2014 年版。

13. 罗胜华主编：《网络法案例评析》，对外经济贸易大学出版社 2012 年版。

14. 张明楷：《刑法分则的解释原理》，中国人民大学出版社 2011 年第二版。

15. 莫开勋：《扰乱公共秩序罪立案追诉标准与司法认定实务》，中国人民公安大学出版社 2010 年版。

二、论文类

1. 孙灵珍、杨淑贤：《利用网络游戏开设赌场犯罪的司法认定》，载《中国检察官》2022年6月第11期。

2. 冀洋：《帮助信息网络犯罪活动罪的证明简化及其限制》，载《法学评论》2022年第4期。

3. 周尧杰：《网络开设赌场案件若干问题研究》，载《上海公安学院学报》2021年第31卷第2期。

4. 刘晶晶、戴蓬：《聚合支付非法应用风险及治理研究》，载《中国人民公安大学学报（社科版）》2021年第6期。

5. 江海洋：《论创建微信群组织抢红包赌博行为之定性》，载《西北民族大学学报（哲社版）》，2020年第3期。

6. 李鉴振等：《利用网络游戏的虚拟场景开设赌场的认定》，载《上海法学研究》集刊2020年第23卷。

7. 于志刚：《中国网络犯罪的代际演变、刑法样本与理论贡献》，载《法学论坛》2019年第2期。

8. 姜涛：《刑法中国家工作人员定义的个别化解释》，载《清华法学》2019年第1期。

9. 尹淑艳：《建微信群组织赌博构成开设赌场罪》，载《人民司法》2019年第5期。

10. 姜涛：《基于明确性原则的刑法解释研究》，载《政法论坛》2019年第3期。

11. 吴卫：《聚众类赌博行为的定性标准认定——以组织微信红包赌博为路径》，载《人民法院报》2019年6月20日第6版。

12. 吴强林：《利用网络游戏平台为他人赌博提供"上下分"服务以牟利的行为定性》，载广州市法学会《法治论坛》2019年第54辑。

13. 刘艳红：《网络犯罪的刑法解释空间向度研究》，载《中国法学》2019年第6期。

14. 陈纯柱:《网络赌博的处罚困境与治理路径》, 载《探索》2019 年第 2 期。

15. 孙运梁:《帮助信息网络犯罪活动罪的核心问题研究》, 载《政法论坛》2019 年第 2 期。

16. 杨毅:《网络开设赌场犯罪审理难点及建议》, 载《法治论坛》2018 年第 2 期。

17. 马云波:《网络赌博中开设赌场罪无罪辩护的几点思考》, 载《中国律师》2018 年第 9 期。

18. 卢勤忠、钟菁:《网络公共场所的教义学分析》, 载《法学》2018 年第 12 期。

19. 孙敏笛:《现有规定适用于认定开设实体赌场之"情节严重"》, 载《检察日报》2018 年 12 月 17 日第 3 版。

20. 于冲:《网络犯罪帮助行为正犯化的规范解读与理论省思》载《中国刑事法杂志》2017 年第 1 卷第 1 期。

21. 陈兴良:《刑法教义学的逻辑方法: 形式逻辑与实体逻辑》, 载《政法论坛》2017 年第 5 期。

22. 周立波:《建立微信群组织他人抢红包赌博的定性分析》, 载《华东政法大学学报》2017 年第 23 卷第 3 期。

23. 张艳:《网络赌博犯罪疑难问题研究》, 载《中国检察官》2017 年第 1 期。

24. 陈峰:《开设赌场罪情节严重的司法认定》, 载《人民司法》2017 年第 20 期。

25. 李光宇:《共同故意的基础问题检讨》, 载《南京大学学报(哲社版)》2017 年第 4 期。

26. 朱雯勘:《网上开设赌场的刑法适用研究》, 吉林大学 2017 年硕士学位论文。

27. 孙万怀、郑梦凌:《中立的帮助行为》, 载《法学》2016 年第 1 期。

28. 宗凤月:《新型社交网络赌博犯罪的进化——以"微信红包变现赌博"为例》, 载《犯罪研究》2016 年第 5 期。

29. 罗开卷、赵拥军:《组织他人抢发微信红包并抽头营利的应以开设赌场罪论处》, 载《中国检察官》2016 年第 9 期。

30. 于志刚:《网络开设赌场犯罪的规律分析与制裁——基于 100 个随机案例的分析和思索》,载《法学》2015 年第 3 期。

31. 于志刚:《网络"空间化"的时代演变与刑法对策》,载《法学评论》2015 年第 2 期。

32. 许晓娟、张龙:《对在住宅中开设赌场的认定分析》,载《法学杂志》2015 年第 11 期。

33. 于洪亮:《如何区分赌博罪与开设赌场罪》,载《江苏法制报》2015 年 11 月 12 日。

34. 周光权:《刑法解释方法位阶性的质疑》,载《法学研究》2014 年第 5 期。

35. 于志刚:《网络思维的演变与网络犯罪的制裁思路》,载《中外法学》2014 年第 4 期。

36. 杨明珍、郑智哲:《雇佣的服务员是否构成开设赌场罪共犯》,载《当代检察官》2013 年第 10 期。

37. 皮勇:《我国新网络犯罪立法若干问题》,载《中国刑事法杂志》2012 年第 12 期。

38. 姚珂、田申:《论利用网络开设赌场犯罪的法律适用》,载《中国检察官》2012 年第 5 期。

39. 宋君华等:《开设赌场罪与聚众赌博罪之区分应重点判断行为人对赌博活动的控制性》,载《中国检察官》2012 年第 24 期。

40. 陈国庆等:《〈关于办理网络赌博犯罪案件适用法律若干问题的意见〉理解与适用》,载《人民检察》2010 年第 20 期。

41. 高贵君等:《〈关于办理网络赌博犯罪案件适用法律若干问题的意见〉的理解与适用》,载《人民司法》2010 年第 21 期。

42. 张娅娅:《为境外赌球网站担任代理构成开设赌场罪》,载《人民司法》2009 年第 24 期。

43. 邱利军、廖慧兰:《开设赌场犯罪的认定及相关问题研究——以〈刑法修正案(六)〉和"两高"关于赌博罪司法解释为视角》,载《人民检察》2007 年第 6 期。

后　记

在信息时代，网络社会环境中产生了新的财富形式、商业模式和社会关系，而新型网络犯罪是网络技术发展的产物，具有不同于传统犯罪的新特点。

我国正在建设智慧社会、迎来人工智能时代，将会面对网络犯罪等更多新型犯罪的挑战。目前新型网络犯罪立法有一定的不足之处，与司法实践的需求不相适应。在分析新型网络犯罪特点的基础上，坚持司法公正的法律理念，综合网络开设赌场的适用范围和刑事制裁的正当性，结合刑法教义学理论，总结司法规则建议，可以为完善立法、制定司法解释提供参考。

随着网络时代发展，电子游戏摆脱娱乐产品的单一属性，已成为对一个国家产业布局、科技创新具有重要意义的行业。网络游戏企业应加强合规管理特别是刑事合规，防范刑事风险，才能使企业走得更稳健。研究新型网络犯罪，厘清网络赌博、开设赌场类犯罪与普通违法的界限，既有效惩治犯罪，又避免打击面过大，将有助于游戏娱乐产业的健康发展。

本书从策划到撰写历时两年多的时间，但由于个人能力和法学理论水平的不足，仍有很多问题考虑并不成熟，期待各位读者的批评指正。同时，本书在写作过程中，也借鉴参考了很多专家学者的研究成果，在此表示衷心的感谢！

本书的写作得到了很多法律实务工作者的指导和帮助，书中的很多办案技巧和案例也都源自他们的经办案件和经验总结，他们是吕合强律师、齐九霖律师、周永律师、陈峰老师、赵建良老师、魏黎明老师等，正是在与他们的讨论和学习过程中，成为良师益友，作者受益匪浅。

　　在此，还要特别感谢山东财经大学法学院的各位领导、老师的关心与支持，是他们的指导和鼓励给予了作者写作的动力。

　　最后，对本书的写作和顺利出版过程中给予过帮助的所有朋友们，一并表示感谢！